TANK ACTION

AN ARMOURED TROOP COMMANDER'S WAR 1944-45

坦克行动

一名装甲部队指挥官的战争
（1944 年至 1945 年）

［英］大卫·伦德尔　［英］斯图亚特·图特尔　著

李金操　王 聪 译

民主与建设出版社
·北京·

ⓒ 民主与建设出版社，2024

图书在版编目（CIP）数据

坦克行动：一名装甲部队指挥官的战争：1944年至
1945年/（英）大卫·伦德尔，（英）斯图亚特·图特尔
著；李金操，王聪译. -- 北京：民主与建设出版社，
2024. 6. -- ISBN 978-7-5139-4640-7
　Ⅰ. E195.2; E923.1
中国国家版本馆CIP数据核字第2024RS0327号

Tank Action – An Armoured Troop Commander's War 1944‐45 by David Render, Stuart Tootal
Copyright ©2016 Stuart Tootal
Originally published in 2016 by Weidenfeld & Nicolson.
Copyright in the Chinese language translation (simplified character rights only)
©2024 Chongqing Vertical Culture Communication Co., Ltd
This Translation of Tank Action – An Armoured Troop Commander's War 1944‐45 is published
by Chongqing Vertical Culture Communication Co. Ltd. by arrangement with The Orion Publishing
Group Ltd.
All rights reserved.

著作权登记合同图字：01-2024-3128

坦克行动：一名装甲部队指挥官的战争（1944年至1945年）

TANKE XINGDONG YIMING ZHUANGJIA BUDUI ZHIHUIGUAN DE ZHANZHENG (1944NIAN ZHI 1945NIAN)

著　者	［英］大卫·伦德尔　［英］斯图亚特·图特尔	
译　者	李金操　王　聪	
责任编辑	金　弦	
封面设计	王　星	
出版发行	民主与建设出版社有限责任公司	
电　话	（010）59417749　59419778	
社　址	北京市海淀区西三环中路10号望海楼E座7层	
邮　编	100142	
印　刷	重庆长虹印务有限公司	
版　次	2024年6月第1版	
印　次	2024年7月第1次印刷	
开　本	787毫米×1092毫米　1/16	
印　张	16	
字　数	300千字	
书　号	ISBN 978-7-5139-4640-7	
定　价	99.80元	

注：如有印、装质量问题，请与出版社联系。

决定战争胜败的是人，而不仅仅是机械。如果坐在坦克里的不是精诚合作、训练有素的团队，如果队员们缺乏顽强的战斗意志与必胜的信念，那么再好的坦克都毫无裨益。

陆军元帅伯纳德·蒙哥马利

——《作战指导》札记，写于 1944 年 11 月

英制—公制单位换算表

距离和长度

1 英里 ≈1.609 千米

1 码 ≈0.914 米

1 英尺 ≈0.304 米

1 英寸 ≈2.54 厘米

重量

1 磅 ≈0.453 千克

1 盎司 ≈28.349 克

1 英担 ≈50.802 千克

1 短吨 =0.907 吨

容积

1 英制加仑 ≈4.546 升

目　录

CONTENTS

CONTENTS

前言

　　我采访过许多二战老兵，也撰写过许多关于他们的文章。这些曾经为国效力的老人组建了一个颇有名气的战友会。而我第一次见到大卫·伦德尔并与他"对话"，就是在这个战友会为纪念诺曼底战役胜利 70 周年而举办的"乔里克弗河历史节"（Chalke Valley History Festival）上。当时，大卫面向座无虚席的听众，回忆并述说起 1944—1945 年间自己担任装甲连指挥官的经历。他的讲述坦率、谦和又不乏幽默，令在座的听众为之着迷。演讲结束时，听众们全体起立鼓掌，掌声持续了好几分钟。

　　在 1944 年的诺曼底，新任装甲连指挥官在战场上的平均存活时间仅为两周。大卫当时只有 19 岁，是一名刚从桑德赫斯皇家军事学院结业的陆军尉官，他在种种机缘巧合之下被派往法国，以伤员替补的身份加入了舍伍德义勇游骑兵队（Sherwood Rangers Yeomanry，虽称"队"，但本质为"团"）。舍伍德义勇游骑兵队是一支由身经百战的老兵组成的装甲部队，此前已在北非沙漠中征战多年。大卫加入该部队时，已是盟军登陆诺曼底的第 5 天，部队里久经沙场的老兵们并没有对这名年轻军官抱太大的期望，认为他根本活不过两周时间。然而，激烈战斗持续了数周时间，大卫在 90% 以上的坦克指挥官阵亡的情况下多次化险为夷，与死神擦肩而过，赢得了手下的尊重与上级的表彰，被中队长笑称为"为打仗而生的伦德尔先生"。在经过了战斗的磨砺之后，大卫本人也变得从容与自信起来。

在二战的最后一年里，大卫·伦德尔始终奋战在战斗的最前线。在卡昂周围的树篱田地带，他经历了二战历史上最为惨烈的近距离坦克混战，并再次幸运地活了下来，继续参与了盟军于诺曼底发起的突围行动。他率领麾下的"谢尔曼"装甲连快速突入比利时境内，并加入"市场花园行动"，试图以最快的速度前去营救被围困在阿纳姆的英军伞兵，却遗憾地以失败而告终。接下来是酷寒的冬季，战斗变得更为艰难，他随舍伍德义勇游骑兵队越过荷兰境内泥泞的堤围泽地，向"齐格菲防线"发起猛烈进攻，在损失麾下两辆坦克的情况下成功穿越莱茵河，肃清了多股负隅顽抗的德军，最后挥师东进，直插第三帝国的心脏。

大卫的讲述有一个鲜明的特点，那就是敢于反思战争的本质，勇于探讨以往二战亲历者回忆录中避之不及的种种争议性话题。他在娓娓道来的同时，揭示了多日持续作战的压力给士兵身心造成的巨大影响，并且对敏感话题毫不回避，如军队领导层的明争暗斗、战斗的恐怖场景，以及血腥消耗战涉及的道德问题。他的讲述揭露了人性的善与恶，还原了战争期间的丑陋现实，以一种带领读者进入战斗中心的方式，让读者时刻被危机四伏的紧迫感所包围，从而切身感受到战斗的紧张节奏与惊险刺激。

我万分荣幸能够结识大卫，有幸陪他重走昔日的战场，聆听他讲述往事，在遇到不解之处时可以直接同他探讨其中的细节。自始至终，他的谦逊、幽默和慷慨无私给我留下了深刻的印象。2016年年初，我再次有幸陪同大卫出席在伦敦举行的授勋仪式。当法国大使在仪式上授予其法国荣誉军团勋章（Légion d'honneur）时，他再次表现出谦虚的一面，告诉在场的所有人，真正的英雄其实是那些没能活下来讲述自己故事的人。

现如今，在世的二战老兵已为数不多，像大卫这样头脑清晰、性情温厚的老人更是凤毛麟角。凭借才华与人品，他闯荡商界并做出了一番事业，甚至还在60岁高龄时赢得了全国汽车竞速赛的冠军。总而言之，大卫的战争经历极具传奇色彩，值得传颂。

斯图亚特·图特尔

引言

在舍伍德义勇游骑兵队的作战日志中，一篇成文于 1944 年 9 月 25 日的日志，简要地记录了该团在荷兰城镇奈梅亨附近同敌人激烈交战的情况。这段文字仅有寥寥数语，至今让人读起来不明所以：

于北线作战的 A 中队遭遇敌人猛烈炮击，
哈利·希南中尉在战斗中牺牲。

短短两行文字，采用了标准的战报文体，简明扼要地概述了当天的战况。显然，这段文字出自某个疲惫不堪的参谋之手，他在令人筋疲力尽的鏖战结束后，例行公事地记录下了这些内容。一名年轻军官的牺牲，在他眼里只不过是战时庞大伤亡数字中的沧海一粟，虽令人惋惜，但不足以使其动容。

这篇日志并没有告诉我们的是，哈利·希南究竟为何牺牲，更不可能提及文字背后的辛酸悲楚：悲痛欲绝的父母始终无法接受失去独子的事实。哈利是为了救我而失去了生命，他是我最好的朋友。然而，你不知道的还有：德军 88 毫米口径反坦克炮瞄准了我们，炮弹扑面而来，发出令人恐惧的啸叫声，炮弹击中坦克的瞬间恐惧袭满我们全身。如今，每当读到这段文字，我仍会不寒而栗，70 年前的惊魂一幕仿佛就在眼前：炮弹呼啸着朝我们飞来，径直扎进坦克旁边的地面，划出一道道长沟，使得泥土溅满了坦克的侧身。

舍伍德义勇游骑兵队在二战期间立下的战功，远多于其他部队。因此该团的官方档案（如上文提到的战争日志），成了研究二战军事史的重要资料。但是，战争并不是干巴巴的官方记录，也不等同于参谋官与高级指挥官运筹帷幄时在地图上标出的部队调动轨迹，而是关乎在一线苦战的每一个士兵。他们个个蓬头垢面，污垢满身，随时会遭遇各种不测，稍有不慎便会殒命战场。他们背负着巨大的精神压力，再加上持续多日作战缺乏睡眠，所有人都已精疲力竭。每到天亮，他们又会拖着疲惫的身躯回到坦克内，重复前一天所做的事情，同时在心里祈祷能多活一天。黎明时分稍纵即逝，他们需要利用这段时间赶往下一个敌占区，去夺取下一座村庄，或者带领整个中队沿着僻静的道路前进，随时提防敌人的炮弹从任何一个方向射来。如果真有炮火声响起，坦克兵们便会在心中默默祈祷这枚炮弹不是冲他们而来，或者是再退一步，即使炮弹击中了坦克，也不要将坦克变成熊熊燃烧的炼狱。

以上内容几乎不可能出现在官方战报或干瘪的舍伍德义勇游骑兵队战史中，却往往被历史学家与专业作家视若珍宝。事实也的确如此，从诺曼底登陆首日到盟军最终击败德国，这期间发生在欧洲西北部的战斗，早就成为无数作家笔下经久不衰的话题，可考证的记述层出不穷。但是，这些作家与学者往往倾向于从宏观层面记述某场战役的全貌、某次军事行动的战略部署，以及某支部队的整体调动情况，将记述的重点放在了运筹帷幄的将军与宏大的战略上。他们虽然意识到士兵的作战经历对于真正意义上的战争至关重要，但只要提及普通士兵或年轻军官，往往局限于个体的奇闻逸事，或是从不同的基层部队中抓取几个战斗瞬间，然后用寥寥数行文字一笔带过。

本书讲述了二战最后一年发生在欧洲西北部的战事，详细地记录了我在长达11 个月时间里，指挥一个"谢尔曼"装甲连作战的亲身经历。本书围绕舍伍德义勇游骑兵队下辖的 A 中队第 5 装甲连的战斗经历，既详述了连队的作战情况，也给予了士兵充分的关注。我既不是历史学家，也不是专业作家，所以无意称颂那些高高在上的著名指挥官，如蒙哥马利和艾森豪威尔。前方士兵冲锋陷阵的时候，他们稳坐在后方指挥所里指点江山，既无丧命之虞，也不用担心被枪弹击中。这些人的深谋远虑与宏大战略眼光和我无关，我只会在其直接影响到第 5 装甲连作战时略提一二，以方便读者理解连队行动的战略背景。本书旨在凸显近距离作战时的人性,关注的对象是微观层面的战术行动,关注的范围不会超出坦克指挥官站在车长指挥塔舱口内的视野,关注的内容通常包括:前方下一道树篱线距离我们有多远,树篱背后藏有怎样的危险,我们会不会成为领头的连队,我们能不能活着看到第二天落日的余晖。

你可能会问我,如今距离战争结束已有70多年,为什么到现在才想起来写这些事情,又想从哪些方面下笔呢?对此,我想说明三点。第一,我当时仅仅是一名位卑言轻的中尉,隶属第21集团军群,所指挥的第5装甲连也只是庞大战争机器上一颗微不足道的螺丝钉,像我这样在欧洲西北部作战的士兵有成千上万,我仅仅是在做本职工作,不敢妄称有何英雄壮举。第二,我无意描绘自己所亲历的战役的宏大,因为此类主题的精彩作品已数不胜数。第三,纵使士兵们在诺曼底滩头奋勇杀敌,从危机四伏的树篱田地带杀出重围,于酷寒的冬季越过冰冷刺骨的荷兰堤围泽地,最后长驱直入纳粹德国心脏,击败负隅顽抗的德军,这样的行为也无法引起历史学家的关注。所以,我想反其道而行之,如实地记录自己所看到的一切。

以往的二战史作品,往往只在分析英军士兵时能够做到客观全面,只要一谈及我们的敌人,就会陷入刻板的印象之中,一味地夸大对手的强大与专业。其实,在德国国防军、党卫军部队和德国空降兵中,既有顽抗到底的战争狂徒,也有不少找准机会就投降的“投机分子”。我曾看见敌我双方都有人临阵脱逃,也曾目睹英军步兵奋勇向防守森严的德军阵地发起冲锋,以及德军士兵端起刺刀扑向我方坦克。然而,他们既不是战后好莱坞电影里塑造的英雄,也不是单纯的受害者。在二战的历次战斗中,虽然步兵的伤亡率往往会超过一战时的伤亡率,装甲连指挥官的平均存活时间也不到两周,但我们作为普通的士兵,只是在做好手头的工作,并没有想太多。

对于普通英国士兵而言,他们已经将当兵当成了工作,打仗早已是家常便饭。如果你问他们在战场上会不会感到恐惧,得到的一定是肯定的回答。这是因为,大多数身穿作战服、肩扛步枪、驾驶“谢尔曼”坦克的士兵,以及少数像我们这样自愿参军的军官,其实都不是职业军人,只是因为原本平静的生活被打破,才被强行卷入战争之中。二战时期,英国陆军正是由这些被强征入伍的公民组成的。他们中的大多数人并不想参军,但在这件事上别无选择。战争期间,他们只想完成任务活下来并尽快回家,恢复正常的生活。不过,这支由征召兵组成的军队,在战争的第五年，仍然能每天冒着生命危险冲锋陷阵，这恰恰证明了其是一支英勇之师。令人欣慰的是，到战争结束时，这一时期的英国陆军已发展成为英国历史上装备最为精良、规模最为庞大的军队，尽管仍存在种种不足，但其绝对是一支摧坚不摧的武装力量，在解放欧洲和击败纳粹的过程中发挥了举足轻重的作用，令世人瞩目。

敌我双方兵戎相见时，战场上总是危机四伏，遭遇恶劣的天气是家常便饭，失误与倒霉是常有之事，死亡与毁伤也在所难免。所以，负责做决定的大多数将军总是不受一线作战部队待见。但我们也不能苛责他们，因为决定战斗结果的因素有很多。第一，将军们时刻背负着巨大的压力，需要在信息不够全面的情况下当机立断，一旦出现失误还会被人"马后炮"般地指手画脚。第二，战争中的不确定因素太多，意外如影相随，生死需看天命，这期间人性的弱点暴露无遗。第三，战斗的节奏很快，所有人都置身局内，无法做到"旁观者清"。而作战计划再周密，一旦战斗开始，计划也会被打乱。第四，战斗的结果不光取决于我方的准备，也取决于我们将会遇到怎样的敌人。我们一路走来，经历了上述种种情况，在诺曼底的尘土中头顶烈日汗流浃背，在泥泞的沼泽中艰难跋涉，于凄冷的冬季在德国边境的泥沼里摸爬滚打。

战后，我虽然加入了舍伍德义勇游骑兵队的战友会，并随老友们重访了曾经战斗过的地方，但从未深入地思考过去的经历。一直以来，我无意批判我方坦克的质量，不屑苛责我方指挥官不如德军将领激进，更觉得盟军多次错失良机与我无关。这些年里，我沉浸在自己的事业与家庭之中。肯定有心理学家会说，我这是在通过转移注意力的方法来疗愈战争带来的创伤。但他们错了，我是真的很忙。不过，我现在已年过90，我的战友们，那些当年只有20岁出头的小伙子们，现在都已是风烛残年。这时候我才意识到，过去的一切已成往事，而我已时日无多，必须趁自己还清醒的时候，把对往事的看法记录下来。

我无意剖析自己参与过的主要军事行动，也不会对历史做出假设，因为自有更合适的人去做这两件事。我只想讲述自己的故事，讲述第5装甲连成员的故事，并聊一聊那些直接决定我们生死的人——有的战友因为他们而死在了坦克里。我会尽所能，讲好英军坦克手的故事，将自己的优点与缺点一并呈现在读者面前。我们是如何沟通的，我们日常交流使用何种方言，我们的着装，我们的武器装备，我们如何与其他部队协同作战，哪些手段在战场上行之有效，哪些手段是徒劳无功的，都将在本书中被一一提及。它们与战士们的爱恨情仇融合在一起，构成了本书故事的主线，如实地反映了真实的战争。当然，身心的疲惫、恶劣的天气、战术的误判、友军的误伤，还有纯粹的倒霉事，也是本作中必不可少的内容，士气的大起大落、情绪的跌宕起伏皆取决于此。我会从各个方面真实地凸显战士们的坚忍不拔。最后，和其他故事一样，人与人之间的亲疏远近、部队的凝聚力、领导的指挥能力，同样是本书的重点内容。

我平常不写日记，战友们也没有这个习惯，所以书中的回忆并不算完整。虽然年代太过遥远，有些记忆早已模糊，但有些鲜活的瞬间却永远定格在了我的脑海中，仿佛就发生在昨天。还有些事情，我虽然记得大概，却记不清具体的时间与地点。一些细枝末节的小事，我可以记得一清二楚，但要谈论更为宏大的战略，我就有些力不从心了。比如，我至今仍清楚地记得，把玩那把深蓝色"卢格"（Luger）手枪时，那种顺滑的手感，以及我当时心满意足的爽快感。但我根本想起不来，自己到底是在何时何地从哪个德军俘虏手里缴获的那把手枪。再比如，我永远都不会忘记，德军的"喷烟者"在我们阵地周围发出的"呜咽哀号"声是多么令人毛骨悚然。但你要问我，我们在何时何地被敌人包围在空地上，我恐怕也回答不上来。

没有任何记忆称得上绝对权威与全面，我们应时刻保持质疑的态度，关于战场的记忆也是如此。有时候，我的记忆会与他人的回忆及官方的记录存在出入，但即使在战斗刚结束时就去回想作战细节，得到的也会是同样的结果。不过，我还是会借着本次撰书的机会，尽力回想那些模糊的记忆片段。得益于此，一件件被尘封的往事，渐渐在岁月的雾霭中显现出轮廓。另外，与合著者一起漫步昔日的战场，探讨甚至争论过往的细节，同样唤醒了我的记忆。

有时，我眺望远方的土地，看到的景象却和70年前完全不同。遇到这种情况，我会凭着模糊的记忆，坚持再去查看某一道树篱，或者执意重走某一条小路以翻过一座看似平平无奇的山丘。果然，当我站在山丘顶端向下俯瞰时，记忆的闸门被瞬间打开，70年前的一幕场景浮现在眼前：一队德国国防军步兵行走在山脚下的浅谷内，距离我只有400码远，这支身穿战场灰军装的队伍，在大片树林的映衬下显得格外醒目。这时，高爆弹的爆炸声与机枪断断续续的开火声在耳畔响起，曳光弹拖着长长的火光射向敌人，击倒了一大片步兵。在更远处，浓雾笼罩着布里克萨德村上方的树林。此情此景，与70年前一模一样，再一次勾起了我的回忆，将我带回了那个凌晨。当时，我和一名步兵少校爆发了激烈的争吵，并不欢而散。最后，我只好带着第5装甲连，在没有步兵掩护的情况下驶入了阴森的树林。

还有很多瞬间被永远地镌刻在我的脑海里：有一次，我们的坦克轧到了地雷，我们的脚下突然闪过刺眼的亮光，浓浓的黑烟在一瞬间填满了坦克，呛人的火药味窜入我的口鼻。另一次，我在好奇心的驱使下，爬上被击毁的坦克朝车厢里看，结果被里面骇人的景象吓得后悔万分。还有一次，当我们在蒂伊镇南侧的战斗中俘虏了一名年轻的金发党卫军士兵时，他那清澈的蓝色眼眸里闪烁着仇恨和傲慢。此外，我还忘不了英国皇家空军朝我们发射了两枚火箭弹，吓得我们在心里默默祈祷千万不要被友军的火箭弹直接击中。同样令我念念不忘的，还有支撑着我们渡过一道道难关的战友情：战斗期间，我会不时与其他连队指挥官插科打诨；我的装填手兼无线电员细心体贴，总能让我在感到饥饿时吃上一口热饭。当然，我永远无法忘怀的，还是无线电通话器另一头传来的令人不安的"咔嗒"声。因为事后我才知道，哈利·希南就是在那一刻中弹牺牲的。

普通坦克兵被困在狭小的钢铁匣子里，只能通过潜望镜上的观察孔（长6英寸，宽1英寸）来窥探外界。受制于此，他们平常关心的只有与自身利益相关的事情，比如吃饭、睡觉和如何保命。而我作为军官，关注的东西要比他们稍多一些，但也仅限于连队的四辆坦克。我平常能想到的，只有这四辆坦克在每场战斗中的具体用途，以及它们在中队任务中的战术定位。我对舍伍德义勇骑兵队所辖其他部队的事情知之甚少，更不用说我们对口支援的各步兵师的情况了。直到撰写本书期间，我通过事后的回忆与深入的实地走访，才对当时所处的战略背景有了更深刻的理解，也在此基础上对亲历的各个事件重新进行了梳理与排序。如果我的回忆与官方参谋的记载存在出入，或者有别于其他人的回忆，我会以当时的情境为准，如实叙述并结合他人的观点稍做修正。由此产生的一切错误与偏差，将由我本人负责。

下文所述内容均为真实事件，提及的人物也都真实存在。但出于对当事人的尊重，以及对当事人亲友的保护，本书没有使用他们的真实姓名，以免描写过细引发悲痛的情绪。我唯一担心的是，我有没有将70年前同我并肩作战的战友的勇敢和坚毅淋漓尽致地展现出来。战场硝烟弥漫，我们一同出生入死，在艰苦的环境下做出了非凡的事业，这样的同袍之情，放在自私自利的当今社会，更显弥足珍贵。能与他们并肩作战，是我一生的荣幸。

黄金海滩

阳光穿透了云层，投下明亮的光束。原本灰绿色的水面瞬间变得波光粼粼，海面泛起的波浪，一层推着一层，拍向铺满卵石的海滩。此时的岸边微风和煦，让人根本无法联想到，当年一艘艘舰船和登陆艇向这片海滩冲锋时，船身反复经受着狂风巨浪的拍打。我和其他老兵并排站在一起，身着军装配领带，胸前挂满了军功章，一旁的乐队演奏着音乐。紧接着，到场的重要人物发表讲话，我们全体肃立，为逝者默哀。好不容易熬到隆重的仪式结束，我从人群中溜了出来，独自前往海滩漫步。我抱着试看的想法，希望能够找到当年自己登陆的地点。然而，几十年过去了，这里早已沧海桑田。潮水退去后，杂草蔓生的山丘上不见带刺铁丝网的踪影，德军战壕塌陷后留下的残垣断壁也被海水冲刷殆尽，此处也没有了炮火的轰鸣声与震天动地的爆炸声——这里彻底沉寂了下来，比当年安静了不止百倍。我伫立在岸边，迎风眺望着大海，思绪瞬间涌上心头，让我仿佛回到了70年前：一艘艘舰船冒着浓烟向岸边驶来，海滩上的德军火炮顿时"万箭齐发"，用倾泻弹药的方式"问候"远道而来的盟军。

在天边露出凄冷的晨光时，下了一夜的雨终于停了下来。然而，横扫整个英吉利海峡的风暴余威仍在，卷起了足足五英尺高的巨浪，狠狠地向海面上的第15号和第43号坦克登陆艇舰队拍去，泛起的白色浪花瞬间淹没了登陆艇的甲板。登陆艇运载的"谢尔曼"坦克被铁链固定在开敞式甲板上，船上的舍伍德义勇游骑兵队的士兵只能蜷缩在战车之间狭小的夹缝里，躲避从对岸射来的子弹。本次登陆作战的所有舰船均从英国起航，不料遇到了罕见的夏季暴风。等到风暴过去，舰队已在路上耽误了24个小时，舰队中体型最小的坦克登陆艇（只有117英尺长，其平底船身吃水不足3英尺）上的乘员吃尽了苦头——登陆艇在汹涌海浪的拍打下剧烈地颠簸与摇晃，艇上的士兵自从在南安普敦溺湾(Southampton Water)登船以来，已经经受了整整三天的摧残，现在他们浑身都被海水浸湿，饱受晕船的折磨，呕出的秽物涂满了战车履带间的狭长地面。

这两艘登陆艇的布局非常紧凑，各能装下五辆"谢尔曼"坦克，出发前的装货地位于索伦特海峡(Solent)西岸南部汉普郡(Hampshire)的卡尔肖特村(Calshot)。当时，舰艇停靠在岸边，等待人们将坦克装运上船，天空阳光灿烂。但当船只刚刚驶入海面时，天气瞬间发生了变化——拜亚速尔岛上空形成的反气旋所赐，海面上狂风大作，乌云蔽日，云层紧贴海面，海水波涛汹涌。船上的士兵虽然经过了几个月的训练，但当暴风雨来袭时，登船时的紧张与兴奋瞬间烟消云散，取而代之的是吐不完的秽物和呕不完的胆汁，所有人浑身上下都被倾盆大雨打湿。舰队走走停停，先被迫锚泊，任由船身被海浪顶起，上下剧烈地颠簸，等风雨稍稍平息，又继续在波涛翻涌的海面破浪前行。部队配发的氢溴酸盐几乎没有任何效果，并且士兵们还不知道，德怀特·艾森豪威尔将军（General Dwight Eisenhower）已根据气象学家的预测，决定将登陆计划推迟，等待风暴暂停再行动。要是这个决定传到了他们的耳中，恐怕这些挤在逼仄颠簸的登陆艇里，与呕吐物为伴的舍伍德义勇游骑兵就会破口大骂，"用吐沫淹死盟军的最高统帅"了。

莱斯利·斯金纳上尉（Captain Leslie Skinner）是本次行动的随军神父，负责所在部队的宗教事宜，同时还要为日后牺牲的战友做祷告。他艰难地站在摇晃的甲板上环顾四周，看到战友们陆续从断断续续的睡梦中醒来，开始为即将打响的战斗做准备：他们把被海水打湿、沾满呕吐物的被褥叠好后，捆到战车的尾部。尚有些胃口的士兵打开一罐自热军粮汤，权当早餐果腹。有些士兵窝起手掌挡住风，点燃了香烟——星星点点的火光映红了四周士兵的面颊。借助这微弱的光亮，上尉看到许多战友或蜷缩在一起瑟瑟发抖，或费力起身去另寻能够遮蔽风浪的隐秘角落。士兵们就这么一点点苦熬着时间。随着黑夜逐渐退去，敌人的海岸线愈发清晰地浮现在众人眼前。海上的磨难即将结束，但真正的战斗考验才刚刚开始。这时，斯金纳上尉瞥了一眼手表，上面显示的时间是：1944 年 6 月 6 日星期二，夏令时 5 点 15 分。

斯金纳上尉向海面上望去，此时天际已经渐白，原本被夜幕遮蔽的庞大舰队已经于此刻完全展开，铺满了整个海面，一眼望不到头。6000 多艘形状与大小各异的海军舰艇组成了有史以来规模最大的联合登陆部队。登陆艇、火力支援舰、火箭发射艇、驱逐舰、巡洋舰和装备 15 英寸口径主炮的战列舰，在波涛汹涌的海面上奋力前进，准备将一支 13 万人的先头登陆部队送上前方几英里处的诺曼底滩头。与此同时，舰队上空的数百架轰炸机发出轰鸣声，俯冲向内陆，将装载的弹药全部倾泻到敌人的防御工事上，黑色的机翼轮廓在泛白天空的映衬下清晰可辨。仅仅数分钟后，岸上火光冲天，爆炸产生的橙色闪光瞬间照亮了前方地平线上的乌云底端。斯金纳回头看了看手表，此刻是 5 点 20 分，是时候轮到海军特遣部队大显身手了。

此刻，战列舰上的海军机炮手们正蜷缩在炮台内。他们身着连衫裤工作服，头戴防爆头笠，在昏暗的红色灯光下，费力地将笨重的炮弹从嗡嗡作响的起重机上卸下，然后塞进炮尾。每个人都是汗流浃背的。当所有弹药准备完毕后，便是地动山摇的舷炮齐射。霎时间，火光冲天，浓烟蔽日，整艘舰船都在颤动。每当战列舰发动一轮攻击，前方巡洋舰上的船员都能感受到炮弹飞过头顶时带来的巨大压迫感。驻守舰桥和甲板的士兵，可以望见垃圾桶大小的炮弹拖曳着微弱的尾焰，呼啸着冲向岸上的目标，然后消失在视野里。几轮炮击后，巡洋舰和驱逐舰上的6英寸口径的舰炮也加入了战斗，发出震天动地的炮击声。与此同时，火箭发射艇也锁定了目标，随后火箭弹"嗖嗖嗖"地腾空而起，划破长空，直奔内陆。海军特遣队每分钟向岸边倾泻10吨重的烈性炸药，将岸上的防御工事炸得粉碎。斯金纳上尉目睹着眼前的一切，顿时心生敬畏。他自己所在的坦克登陆艇舰队也在朝着海岸前进。

此时此刻，海军以泰山压顶之势轰击的目标，正是希特勒口中固若金汤的"大西洋壁垒"（Atlantic Wall）——自1943年年底以来，德国动用50万名国防军士兵、奴隶劳工和强行征召来的本地劳工，修建了不计其数的地堡、混凝土机枪碉堡与掩体，同时还在安特卫普（Antwerp）通往比利牛斯山（The Pyrenees）的狭长海岸上铺满了地雷。根据战局的变化，德军早已预料到盟军将会在1944年夏季登陆欧洲西北地区，只是无法判定具体的登陆点：负责守卫大西洋海岸的欧洲占领军首领凭直觉认为，盟军可能会沿诺曼底海岸线发起登陆作战。但代表官方的德军最高统帅部（German High Command）和国防军最高统帅部（Oberkommando der Wehrmacht，简写为OKW）则断定，加莱海峡（Pas de Calais）最有可能成为盟军的突破口。但对于德军最高统帅部和国防军最高统帅部的观点，就连身为希特勒亲信的埃尔温·隆美尔元帅（Field Marshal Erwin Rommel）也不敢苟同。

德国国防军第7集团军和第15集团军，隶属隆美尔任总司令的B集团军群（Army Group B），负责守卫横亘在比利时与西班牙边境之间的560英里长的海岸线。其中，第15集团军的守地以加莱海峡为中心，一直延伸至诺曼底东部卡尔瓦多斯区（Calvados）的迪沃河（River Dives）东岸；第7集团军的防区则东起迪沃河西岸，西跨诺曼底省所在的科唐坦半岛（Norman Cotentin Peninsula），向南延伸至布列塔尼省（Brittany）。可以说，所有的资源都被优先调往加莱海峡，德军的主力装甲部队也随时待命，只要国防军最高统帅部一声令下，就会开往这片可能遭受攻击的区域。但是，在第7集团军当中，可供隆美尔随时调遣的只有三个装甲师，并且调兵之权还掌握在国防军最高统帅部手中。隆美尔要想指挥这些部队抵御盟军登陆，就必须先获得国防军最高统帅部的授权。

起初，隆美尔认同国防军最高统帅部对战局的评估，认为加莱海峡的地形于盟军有利，最有可能成为登陆作战的突破口。此地位于英吉利海峡最窄处，盟军若在此登陆，不仅可以直插德国内陆，还能够夺得一处重要港口，为接下来突破德军滩头阵地源源不断地输送兵力与物资。不过，隆美尔还考虑到，盟军在索姆湾（Bay of the Somme）或科唐坦半岛沿岸登陆的可能性也非常大。因此，这位元帅采用了攻守兼备的办法，即在整个海岸修筑密集工事的同时，还申请调动更多的装甲师。

经过隆美尔的缜密部署，沿岸的"大西洋壁垒"已被打造成铜墙铁壁——数百万枚地雷被埋入地下，混凝土机枪碉堡与掩体的射击范围覆盖了每一寸海滩，防登陆障碍物顶部捆满了爆炸物（爆炸产生的威力足以将登陆艇的船底炸得粉碎）。但是隆美尔深知，防线即使再严密，也可能会有缺口存在，更何况这样静态的防御工事只不过是缓兵之计，最多只能起到迟滞盟军登陆的作用。更为要命的是，把守这些工事的是一个龟缩不动的"要塞师"（Fortress Divisions），其战斗力令人生疑：从兵源上看，这支部队由老弱残兵组成，其中既有从东线退下、重伤初愈的大龄士兵，也有所谓的"俄国志愿兵"（Hiwi，由苏联战俘和拥有"近德意志血统"的波兰及捷克士兵组成）。而在武器方面，该部队更是缺少摩托化运输装备和装甲武器，装备的大多是缴获自法国、英国和捷克的旧式武器。所以，隆美尔想要守住海滩，仍需要将大量的装甲部队部署至抵近海滩的位置，以便在盟军抢滩登陆时及时发起进攻，并防止敌人建立起滩头阵地。欲达成此目标，他必须弄到更多的坦克，而希特勒是他此刻唯一可以求助的对象。因此，当舍伍德义勇游骑兵队在夜幕的遮掩下，随盟军其他登陆部队逼近诺曼底海岸线时，这位 B 集团军群总司令却不在帷帐之中。

6 月 5 日早上 6 点，隆美尔离开设在芒特（Mantes）城郊拉罗什吉永城堡（Château de La Roche-Guyon）内的指挥部，驱车前往德国，在乌尔姆（Ulm）附近的家中与妻子露西共度良宵，提前一晚为爱人庆祝生日。不过，隆美尔此行的主要目的，是前往位于巴伐利亚州贝希特斯加登市（Berchtesgaden）的希特勒乡间行宫，在那里接受元首的会见。在此之前，他已被告知，会面被安排在 6 月 6 日。此时，他虽然远离前线，却没有丝毫的担忧，背后的原因有两点：一是部署在大西洋的 U 型潜艇传回了气象数据，德国气象专家据此预测到将有一场风暴来袭，隆美尔及其上司都对此深信不疑，认为今晚可以高枕无忧；二是国防军最高统帅部仍然判定诺曼底地区不会遭到袭击。在所有人看来，当时的天气状况根本不适合进行登陆作战，但他们恰恰忽略了一点——当风暴稍稍平息时，天气可能会有短暂的好转。

此刻，盟军方面并不知道隆美尔的行踪，更未料到他已对诺曼底可能会成为登陆点做出研判，只能尽一切努力加深国防军最高统帅部内部存在已久的战略分歧，让后者坚信盟军仍将在加莱海峡登陆。幸运的是，由于德国情报部门的失误，以及"坚韧行动"（Operation Fortitude）的顺利开展，盟军的设想得以成真。自1944年年初以来，双面间谍频频欺骗德国军事情报机构阿勃维尔（Abwehr），通过提供虚假情报诱使其相信：盟军一旦行动，加莱定将首当其冲。与此同时，盟军不仅投放了大量仿真登陆艇，还从肯特（Kent）发出和中转了大量无线电信号，并多次派出飞机实施猛烈的空袭，以传递出这样的信息：英美联军准备越过多佛海峡(Dover Straits)发动袭击。这与国防军最高统帅部代表的德军官方的想法不谋而合。另外，空中侦察受挫同样加剧了德军的战略误判。德国空军的飞机本可以飞抵英格兰以西更远处的港口上空，以侦查登陆舰队的集结情况，但从5月底开始，它们便再也无法进入英国领空了。至此，国防军最高统帅部彻底变成了"睁眼瞎"，对盟军的真实意图一无所知。

实际上，盟军是在暗度陈仓，制定了代号为"霸王行动"（Operation Overlord）的登陆计划。根据此计划，伯纳德·蒙哥马利（Bernard Montgomery）元帅负责指挥英国陆军第2集团军（British 2nd Army）和美国陆军第1集团军（1st US Army）夺取科唐坦半岛（Cotentin Peninsula）沿岸总长度为26英里的五处海滩。[①] 其中，美国陆军第4步兵师（4th US divisions）和美国陆军第1步兵师（1th US divisions）将会从登陆区西侧发动首轮进攻，分别在代号为"犹他"（Utah）和"奥马哈"（Omaha）的两处海岸抢滩登陆。在对应的登陆区东侧，英国陆军第3步兵师（British 3rd Division）负责夺取宝剑海滩（Sword Beach），以拱卫盟军的东部侧翼，而加拿大陆军第3步兵师（3rd Canadian Division）的任务则是拿下毗邻的朱诺海滩（Juno Beach）。在登陆区中部，第50诺森伯兰步兵师（The 50th Northumbrian Division）的作战任务是在海滨小镇勒阿梅勒（Le Hamel）与利维拉（La Riviere）之间登陆，

---

① 译者注：作者为表述方便，将这五处海滩合称为"登陆区"。

夺取长约 5 英里的沙滩。另外，为了掩护登陆部队侧翼、占领特定目标、识别并摧毁敌方炮台以配合主力部队作战，盟军还将于 D 日（D-Day）凌晨，在海运部队抵达滩头前，趁夜色投送三支空降部队。其中，英国陆军第 6 空降师（the 6th British Airborne division）将在奥恩河（Orne）河畔着陆，以攻取登陆区东侧的目标，美国陆军第 82 空降师（the American 82n Airborne Division）和美国陆军第 101 空降师（the American 101st Airborne Division）则负责占领登陆区西侧的目标，因此盟军方面将降落地点定在了卡朗唐（Carentan）。

参与首轮进攻的只有 8 个师，另有 37 个师驻扎在英国境内随时待命。盟军若要将所有部队运至英吉利海峡对岸，需花费数周的时间。这一计划能否成功，取决于接下来一连串的行动是否顺利：先突破"大西洋壁垒"，然后攻占法国重镇 [其中，英军负责夺取巴约（Bayeux）和卡昂（Caen）] 以建立滩头阵地，最后在德军投入所有装甲师前将后续登陆部队运送上岸。身为登陆计划负责人兼地面部队总司令，蒙哥马利深知，战斗打响后的最初几个小时乃至数天至关重要，这关系到盟军能否突破诺曼底防线。而要达成此目标，盟军就必须同时间赛跑，迅速展开部队，在兵力对比上占据绝对优势，以击退前来支援反登陆作战的德军装甲部队。

其实，早在 1942 年 8 月，盟军就已在法国北部港口迪耶普（Dieppe）进行了登陆作战的尝试，之后又成功地登陆西西里岛及意大利本土。这几次行动使盟军认识到了使用坦克协助主攻部队作战的重要性：坦克既可以提供近距火力支援，也能够破除各种障碍物，从而帮助主攻部队快速脱离滩头。在这种思想的指导下，部分现役坦克经过巧妙的改装，成为特种装甲车辆，如"霍巴特滑稽坦克"（Funnies）和"DD"两栖坦克 [该型坦克加装了"双重推进装置"（Duplex Drive）]。"霍巴特滑稽坦克"隶属英军第 79 装甲师，拥有众多改装型号，其搭载的车组成员来自皇家装甲兵团（Royal Armoured Corps）和皇家工兵部队（Royal Engineers）。一部分"霍巴特滑稽坦克"是在"谢尔曼"坦克的基础上改装而成的，车身前部加装了滚动铁链转轮，可依靠转轮带动铁链鞭打地面引爆地雷，还有一部分"霍巴特滑稽坦克"改装自体型更大的"丘吉尔"坦克，加装了爆破迫击炮、火焰喷射器、活动式桥架或用于填充壕沟的原木"柴捆"。在战场上，这些"霍巴特滑稽坦克"的作用是在雷区中开辟道路、炸毁或烧毁混凝土掩体、突破敌军障碍、打开撤离出口，以便让随行步兵及后续部队与车辆快速通过海滩。不过，这类坦克和随行步兵在执行任务时，需要其他坦克提供火力掩护。

"霍巴特滑稽坦克"的构思设计非常巧妙，并且其每一种子型号都有特定的用途。"谢尔曼 DD 坦克"的设计者是流亡科学家尼古拉斯·斯特劳斯勒（Nicholas Straussler），他运用浮力原理，在车身四周加装了折叠式帆布防水幕。[①] 车组人员执行浮渡任务时，只需使用安置在车体首上甲板处的两个压缩气罐给缝合在幕布内壁的胶柱充气，便能将防水幕支起，从而为坦克提供浮力。防水幕内还立有 13 根可拆卸的钢制支柱，它们起到了辅助支撑的作用，防止因胶柱被击穿或漏气而导致幕布塌落。另外，这款坦克尾部还装有两部伸缩式螺旋桨推动装置，它们可在坦克履带的驱动下旋转并产生推力。在浮力和推力的双重作用下（"DD"之名便来自于此，意为"双重推进"），"谢尔曼 DD 坦克"离开登陆艇后，能够在水中以每小时 4 英里的速度平稳地驶向海滩。坦克行进过程中，站在后甲板上的指挥官可向驾驶员下达指令，通过调整螺旋桨的角度改变坦克行进方向。与此同时，为防止意外进水，"谢尔曼 DD 坦克"还配备了手动舱底抽水泵。坦克上岸后，乘员只需轻抬杠杆，便能将防水幕折叠收起，车尾的螺旋桨也会同时收缩复位。这样一来，"谢尔曼 DD 坦克"就可以像普通坦克一样在岸上投入战斗了。

在英国陆军第 2 集团军中，共有四个团专门为诺曼底登陆装备了"谢尔曼 DD 坦克"，舍伍德义勇游骑兵队便是其中之一。该部队下辖三支中队，其中两支中队各分得 16 辆经过改装后的"谢尔曼"坦克。与此同时，另一部分"谢尔曼 DD 坦克"被分配给了美军装甲部队，用于协助部队攻取"犹他"和"奥马哈"海滩。在英军的进攻区域内，盟军制定了如下作战计划：在 H 时（'H' Hour[②]）前五分钟，坦克登陆艇驶抵距离海岸 3.5 英里的位置，放出"谢尔曼 DD 坦克"（这批坦克必须在主力步兵部队发起首轮进攻前，从水中驶抵各自的目标海滩）；到了 H 时，运载特种装甲车辆的登陆艇抵达指定卸装地点，放出"霍巴特滑稽坦克"（这些"霍巴特滑稽坦克"负责在布满地雷的沙滩上清理出进攻车道，已登陆的"谢尔曼 DD 坦克"则负责提供火力掩护）；H 时之后五分钟（'H' Hour+5），步兵登陆上岸，紧随"霍巴特滑稽坦克"之后，沿途攻占敌军防御阵地，"谢尔曼 DD 坦克"此时负责提供

---

① 译者注：又称"浮渡围帐"。
② 译者注：又译作"预定攻击时刻"。

近距离火力支援。就舍伍德义勇游骑兵队而言，其下辖的 B 中队和 C 中队共分得 32 辆"谢尔曼 DD 坦克"，负责在第 50 诺森伯兰步兵师第 231 旅登陆黄金海滩（Gold Beach）时提供火力支援。

舍伍德义勇游骑兵队的第三支中队——A 中队装备的是标准型"谢尔曼"坦克。在计划中，H 时之后 90 分钟（'H' Hour+90），该中队将会登陆"黄金海滩"，发起后续几轮进攻。之所以有这样的作战安排，是因为 A 中队在此前的北非沙漠战役中损失最为惨重。当时，舍伍德义勇游骑兵队同时装备了"十字军"（Crusader）、"谢尔曼"和"格兰特·李"（Grant Lee）三种型号的坦克。相比另外两种型号的坦克，"十字军"坦克的重量更轻，机动性更强，可用于打头阵，掩护部队里的其他单位前进。A 中队的任务就是驾驶"十字军"坦克，发现并咬住敌方装甲部队，继而牵制敌军坦克，为 B 中队和 C 中队的重型坦克赢得时间。不过，"十字军"坦克虽然速度更快，但其自身缺陷也比较明显（如装甲较薄，机械故障率高，火力系统孱弱），加之 A 中队承担的作战任务十分凶险，致使该中队在战车与人员方面的损失远超另外两支中队。A 中队的指挥官斯坦利·克里斯托弗森（Stanley Christopherson）麾下共有五辆坦克在此役中被击毁。不过，他和他手下的士兵也因此松了口气，因为 A 中队将因祸得福，不用在 D 日乘坐"谢尔曼 DD 坦克"泅渡上岸。

尼古拉斯·斯特劳斯勒运用浮力原理改造坦克的设想听起来很好，但真要将一辆重达 34 吨的钢铁巨兽扔进海里，由其负责向防守森严的敌军率先发起进攻，恐怕会面临许多问题。譬如，如果防水幕遭遇海浪冲击并因此塌落，或者防水幕在浮渡期间被炮火击碎，那么笨重的坦克就会像巨石一样沉入海中。为此，盟军给每位车组成员配发了改进型戴维斯脱险工具（Davis Escape Apparatus）。该装置包含一个通过一根橡胶管与氧气瓶相连的面罩（需佩戴在胸前），可为潜艇兵或沉入水中的"谢尔曼 DD 坦克"乘员供应应急氧气（可用 12 分钟）。但是，士兵想要掌握此装置的操作方法，就必须先在英国皇家海军"海豚"号（HMS Dolphin，停靠在汉普郡南岸）内的"潜艇逃生训练箱"① 中练习逃生。

但在实战中，能用到"戴维斯脱险工具"的概率其实并不大。因此，士兵们

---

① 译者注：该设施全称为"The Submarine Escape Training Tank"，缩写为SETT。

对逃生练习大多心存抗拒，曾有部分被强征入伍的士兵为了逃避训练而聚众哗变，其中一名高级士官始终不肯屈服，因此被褫夺了军衔。士兵们之所以群情激奋，并不仅仅因为被强制送去训练一事，而是另有隐情：在此之前，炊事班传出谣言，称B中队和C中队将会获得联合作战津贴（Combined Operations Pay），享受同特种空勤部队（SAS）及潜艇兵一样的待遇。此传言最终被证实为子虚乌有，可这两个中队的士兵们认为，他们在炎热的沙漠中出生入死，理应受此殊荣。很多士兵本就身负重伤，而"幻想的破灭又在他们的伤口上重重地撒下一把盐"，让他们觉得，这事儿不仅仅是"被戏弄了"那么简单。

无论是否出于自愿，当这支部队转移至南安普敦外的临时预备登船营地时，住在钟形帐篷内的士兵们早已能够熟练地操作配发的两栖坦克。与此同时，在整个英格兰沿岸，登船地点与机场附近均设有类似的营地，数千支即将参与诺曼底登陆的部队正在向这些营地进发。到了5月25日午夜，所有营地都已被严密封锁。这些营地外不仅装有铁丝围栏，还有宪兵来回巡逻，为防止盟军即将开辟第二战场的机密外泄，任何人都不得进出营地。登陆时间被定在了6月5日，所有部队只要进入封闭营地，就立刻会收到内容详尽的任务简报。为了确保行动安全，简报上所有进攻地点的真实名称均已被代号取代，直到指挥官在海上收到最终的密封指令后才会被解密。

随着天色渐亮，坦克指挥官们借着熹微的晨光，最后一次核对作战地图。此时，透过车外的薄雾与硝烟，前方的陆地依稀可见。士兵们也行动起来，移除了登陆艇甲板上用来固定战车的垫块与链条。突然，舰队的所有坦克登陆艇猛地向右急转弯，准备排成纵队前进，船体的巨大摆幅让士兵们领略到了船用柴油机的威力。不久后，所有坦克登陆艇在靠近海岸的位置排开，车组成员开始为即将打响的战斗做最后的准备。坦克发动机发出轰鸣声，将航渡期间积攒在气缸底部的残油燃尽，吐出阵阵青灰色烟雾。与此同时，车组成员各就各位——炮手将高爆弹装入炮膛，机枪手将弹链塞满弹盘，通信员打开电台并接入指挥频段。就在这时，登陆艇发动机的声响发生了变化，所有船只都向左转弯，保持队形加速前进，朝着岸边做最后的冲刺。斯金纳上尉又瞥了一眼手表，此刻是7点整，舍伍德义勇游骑兵队所有成员均已进入待命状态，随时准备投入战斗。

为了配合陆军登陆，海军持续用舰炮轰击着岸上的敌军工事。登陆艇上的坦克指挥官们站在坦克炮塔右侧，从艇门跳板的上方向远处眺望，隐隐约约看到滩头的工事"探出头来"，在上下颠簸的视野中不停晃动，时不时被轰击产生的阵阵闪光、沙尘与浓烟湮没。此时此刻，坦克登陆艇发动机发出的"嗒嗒"声持续不断，坦克发动机发出的"隆隆"声也不绝于耳，舰炮开火的声音更是震耳欲聋，各种噪声交杂在一起，经久不息，仿佛筑成了一道挡在耳畔的声墙，隔绝了其他所有声音。恐惧引起的绞痛啃噬着每一名士兵的胃，但他们再也吐不出任何东西，因为长时间行船引起的反复呕吐早已将胃掏空。所有人都静默不语，在头脑中反复想象着上岸后的命运。与此同时，在坦克登陆艇后方的海面上，负责发起突袭的士兵从悬挂在运兵船两侧的绳网上爬下，跳到体型更小的登陆艇中，蹲伏在甲板上等待被送往滩头。舰队离海岸越来越近，坦克车组成员做好了准备，等待坦克登陆艇减速的那一刻。只要发动机传出收紧油门的声响，就意味着他们将要踏上艇门跳板，冲出登陆艇。但是，跳板始终没有被放下，坦克登陆艇仍在浪涌间穿行。每个人都继续忍受着颠簸带来的折磨，盼望着痛苦的等待早点结束，同时又纳闷登陆为什么还没有开始。此刻，海军已经停止攻击前方的敌军工事，开始炮击内陆更深处。斯金纳上尉的手表显示，现在是 7 点 10 分，战斗将在一分钟后打响。

负责防守海岸的德军第 716 师是一支典型的静态要塞师，由两个战斗力低下的德国步兵团组成，配备了 105 毫米口径马拉榴弹炮。该部队缺少重型装甲战车，装备的重武器缴获自外国部队，另配有数量有限的 75 毫米和 88 毫米反坦克炮。这天夜里，恶劣的天气令第 716 师放松了警惕，完全没有料到盟军会在黎明时分发起进攻。因此，当盟军轰炸机与海军舰船开始轰击该师阵地时，这支部队被打得措手不及。在长达两个小时的轰炸中，716 师防守阵地遭遇了毁灭性的打击，但大部分炮弹都没有击中目标。随着炮火声渐渐稀疏，硝烟开始散去，惊魂未定的德国国防军士兵从坍塌的战壕中挖出武器，倒出淤塞枪膛与炮管的沙土，架起机枪和迫击炮，对准从英吉利海峡驶来的登陆艇。与此同时，阵地上的火炮也射出了炮弹。

在黄金海滩西侧勒阿梅勒村庄的边缘，有一个火炮班组比较幸运，他们躲在混凝土掩体内逃过一劫。该班组装备了一门缴获来的口径为 77 毫米的波兰造火炮①，

---

① 译者注：此处原文可能有误，多处资料显示，勒阿梅勒村炮台内的是一门口径为75毫米的火炮。

其所在掩体朝向大海一侧的墙壁经过了加厚处理，因此能够保护他们免受盟军猛烈炮火的打击。另外，有了此墙的遮挡，士兵们不用分神去射击海上目标，只需集中精力，透过狭窄的发射孔俯瞰眼前数百平方米的沙滩，利用绝佳的射击视野，对暴露在海岸线上方沙滩上的敌人实施纵向射击。

坦克登陆艇继续在波涛汹涌的海面上劈波斩浪，一点点逼近沙滩。此时，它们已经驶过了距离海岸 6000 码的预定登陆点，不远处德军射来的炮火像雨点一样落在船只周围。坦克登陆艇船队的长官见海上浪高涌大，担心"谢尔曼 DD 坦克"贸然下水会被海浪打翻，于是在与各坦克中队的指挥官协商后，做出了一个重要决定——尽可能将这批坦克送至距离海滩更近的位置，最大限度地减少坦克登陆上岸的风险。但在海军官兵看来，这样做无疑是在豪赌，因为登陆的距离虽然缩短了，但是敌人的火力却更加精准与密集。随着船队与海岸的距离越来越近，登陆船以紧密队形驶入敌人轻武器的射击范围。果然，密集的子弹迎面扑来，打在登陆船四周，激起无数水柱，迫击炮弹也在海面遍地开花，炸得水浪四溅。此情此景，让经历过北非恶战的士兵们觉得，他们的好运可能已经用尽了。

在浪花拍打舱门跳板的间隙，站在"谢尔曼"坦克上的指挥官们透过飞溅的水花，隐约可以望见岸上的方形海滨别墅，同时也能辨识出一个个灰色的圆形掩体，因为掩体射击孔内架着机枪，枪口闪烁着阵阵寒光。从掩体内射出的子弹打在坦克的车身上，发出"噼里啪啦"的声音，巨大的声响盖过了引擎的轰鸣与士兵的交头接耳声。正在这时，指挥官下令给"谢尔曼 DD 坦克"的防水幕充气。所有的压缩气罐阀门几乎同时被打开，释放出空气将胶柱和钢制支柱撑起，坦克四周的帆布防水幕随之缓缓升起。然而，想要把坦克登陆艇送往距离海滩更近的位置并非易事，需要舵手小心翼翼地驾驶船只，在密集的防登陆障碍物（这些障碍物有一半浸没在水中，其顶部捆有地雷）之间穿行。如此一来，原本排成横排的登陆队形便被打破。此刻，C 中队的斯图尔特·希尔斯（Stuart Hills）上尉站在坦克后部，居高临下环顾四周，发现有的登陆艇被远远落在身后，另外一些则趁着他所在的登陆艇减速时冲到了前面。正如一句军事名言所说的那样："事先计划万遍，临阵仍需应变。"此前的所有准备——无论是为登陆作战打造"谢尔曼 DD 坦克"，还是让舍伍德义勇游骑兵队接受的残酷训练，都将在接下来的实战中得到检验。

希尔斯上尉所在的登陆艇仍在继续前行。到了距离海岸 700 码处，船长猛地将登陆艇刹停，船身的剧烈颠簸逐渐缓和下来。这时，船长下令放下艏门跳板。士兵们松开船身前部的锚索装置，让跳板顺着缆链缓缓降至距离水面不足两英尺的高度。然后，只听"砰"的一声巨响，跳板重重地拍在水面上，砸出巨大的白色水花。希尔斯上尉又看了看周围，其他坦克登陆艇也在纷纷放下跳板，但仍有部分登陆艇从他们侧畔擦肩而过，继续冲向海滩，上面运载着各式"霍巴特滑稽坦克"。希尔斯上尉很快回过神来，开始思考如何让自己的坦克顺利驶出登陆艇。于是，他命令驾驶员轻踩油门，驱车靠近艏门跳板，其余乘员站在坦克甲板上，用身体抵住浮渡围帐四壁，确保防水幕在坦克入水时处于紧绷状态。这时，船长松开登陆艇舵柄，随后船身彻底停止颠簸，所有人感觉到坦克的履带紧紧咬住了登陆艇的钢铁甲板。紧接着，坦克开始缓缓前进，数枚炮弹在车身周围炸开，其中一枚落在了正前方，一枚击中了登陆艇右舷，还有一枚正中艏门跳板。爆炸产生的弹片擦着希尔斯的坦克两侧飞过，向后面一字排开的"谢尔曼"坦克冲去，击中了站在坦克后甲板上的士兵，致使 C 中队副指挥官比尔·恩德比（Bill Enderby）和一名高级士官负伤。

此时的登陆艇已进入敌人机枪的射程，门洞大开的艏门跳板处不宜久留。希尔斯上尉大吼一声，命令驾驶员继续前进。"谢尔曼 DD 坦克"缓缓驶下跳板，一头扎进翻腾的海浪中。随着履带最后一段离开跳板，希尔斯上尉的坦克浮了起来，像倒挂的灯笼一样在水中上下漂浮。与此同时，海浪的冲击力压弯了防水帆布防水幕，纵使车组成员用力向外推压幕布也无济于事。最为要命的是，炮弹炸穿了这辆坦克的底盘装甲，致使车体进水，坦克开始缓缓下沉。车组成员拼命地按压舱底抽水泵，试图将水抽出，但海水又从前舱门涌入，几乎要将整个车体灌满。无奈之下，希尔斯上尉只好下令全体成员弃车。所有人匆忙爬进充气逃生艇内，此时坦克甲板已完全被海水淹没。慌乱的士兵手脚并用，拼尽全力划动水面，最终在坦克完全沉入水中的瞬间，将小艇划离了坦克，所有人暂时捡回一条命。浮渡期间，舍伍德义勇游骑兵队共有 8 辆"谢尔曼 DD 坦克"像这样葬身海底，但真正的噩梦，要在剩下的坦克登上沙滩后，才刚刚开始。

猛烈的炮火与汹涌的海浪打乱了原定的登陆顺序，致使部分"霍巴特滑稽坦克"在负责提供火力支援的坦克之前登上了海滩。譬如，在希尔斯上尉的"谢尔曼 DD 坦克"开始下沉时，一辆"谢尔曼"扫雷坦克就已越过海浪上岸了，把隶属皇家工兵部队的"丘吉尔"改装型坦克甩在了身后。它开上沙滩后，立刻把履带上的残水甩到身后的车辙上，同时抛下防水装置，将动力接至车体前部巨大的金属辊轮，利用辊轮的转动带动固定在其上的粗壮铁链鞭打地面。紧接着，驾驶员挂上前进挡，松开离合——"谢尔曼"扫雷坦克开始缓缓向前推进，试图在雷区中率先清理出一条安全通道。这辆坦克所经之处，地面沙土飞扬，金属的撞击声不绝于耳，被引爆的地雷发出震天动地的爆炸声。它驶过高潮线后，便闯入了勒阿梅勒边缘那个火炮掩体的左侧射程之内。与此同时，掩体内的火炮班组也发现了送上门来的第一个"猎物"，于是他们快速瞄准射击，随后巨大的爆炸声响彻海滩。仅仅几秒之后，"谢尔曼"扫雷坦克就成了一堆熊熊燃烧的残骸，它喷涌出的黑色浓烟直冲云霄。

B 中队的"谢尔曼 DD 坦克"陆续爬上滩头，坦克手伯特·詹金斯（Bert Jenkins）坐在其中一辆战车内，在泅渡的过程中紧绷着神经，直到听到坦克履带摩擦海滩鹅卵石的声音，感受到坦克爬坡时的顿挫力，才将悬着的心稍稍放下来。这时，坦克完全驶离了水面，利用动力系统将残水排尽，然后在岸边停了下来，收起螺旋桨与帆布防水幕。詹金斯趁机跳到坦克前部的机枪手席，刚想松口气，厄运就降临了——坦克遭遇一阵猛烈的机枪扫射（子弹来自海滩顶端沙丘上的一处德军阵地），还没等车内所有人反应过来，又是一道刺眼的亮光闪过，坦克再次被一发 77 毫米炮弹击中，爆炸产生的烈火点燃了车上的备用燃料，已经收起的防水幕也未能幸免。蒙蒂·霍利中尉（Lieutenant Monty Horley）立刻命令所有人弃车逃生。于是，詹金斯和另外两名车组成员慌忙跳到附近的浅滩上，以坦克后部作为掩体躲藏起来。与此同时，在 B 中队的另一辆坦克中，比尔·迪格比中士（Sergeant Bill Digby）听到无线电里传出了霍利中尉歇斯底里的呼救声。这位指挥官刚说到自己的坦克中弹着火，便突然没有了声音，无线电信号也戛然而止。

迪格比如果能活到战斗的最后，可能会亲眼见证如下场景：年轻的坦克指挥官霍利中尉在试图逃离损伤严重的坦克时，被再次扫射过来的机枪子弹击中身亡。该坦克的驾驶员沃博伊斯（Warboys）也不幸殒命，成为首个被斯金纳神父计入伤亡记录本的普通士兵，归入"当场阵亡"（KIA，全称为"killed in action"，即"在战斗中丧生"）一列。霍利坦克上的另外两名乘员在坦克身后避险时也被机枪击中身亡。其中，伯特·詹金斯腿部中弹受伤。然而，迪格比没有时间停下来了解 B 中队其他车组成员的情况，只能继续前进，直到耳边传来一声巨大的撞击声——坦克瞬间失去了动力，停在原地不动。原来，是一枚穿甲弹击中了坦克的车身。还没等迪格比反应过来,穿甲弹就已击穿了三英寸厚的装甲,射进坦克炮塔内部,不仅炸伤了炮手,同时也炸断了迪格比的双腿（膝盖以下全无）。紧接着,这枚炮弹撞到了坦克内壁,被反弹回来,落地时再次砸中一名乘员的脚部。这名乘员其实是坦克的指挥官,他自己也没想到,竟会以这种离奇的方式负伤。此刻,他瘫倒在炮塔底板上,血流不止。万幸的是,这辆坦克虽被击中,但并没有爆炸起火,动力系统仍然能够工作。于是,驾驶员在强烈求生欲的驱动下,用力将变速杆拉至倒挡,一鼓作气把坦克倒下沙坡,退至敌人射程之外。除了霍利中尉与比尔·迪格比中士的战车外,其他装甲车辆在进入勒阿梅勒村德军炮台的射程后,均遭遇了致命的打击。其中一辆隶属皇家工兵部队的改装型"丘吉尔"坦克被炸得粉身碎骨,金属碎片与车身零件先被冲击波顶至半空,然后四处飞溅,如雨点般散落在沙滩上。

在德军 77 毫米火炮的压制下,幸存下来的盟军坦克全部龟缩在夹子区登陆场绿段①（Jig Green sector）高潮线以外,以致黄金海滩西端的攻势趋于停滞。随着越来越多的战车登陆上岸,本就逼仄的海滩变得愈发拥挤。任何车辆只要在卵石滩上前进几码,就会被炮弹击中。在步兵方面,负责支援的步兵无法从侧翼包抄德军的炮台,第 231 旅的两个作战单位也未能在原地登陆地点上岸,而是向东偏离了0.75 英里,所以刚一踏上海滩就损失惨重。更令历史学家感到不解的是,汉普郡团（Hampshire regiment）第 1 营与多塞特郡团（Dorset regiment）第 1 营均未能紧随装甲部队登上海滩。总而言之,受种种因素（船只偏航、潮汐作用、登陆艇领航员为躲避猛烈炮火而临时改变登陆地点）的影响,装甲部队与步兵单位未能形成有效协同,并因此被敌人各个击破,付出了沉重的代价。

每艘突击登陆艇（Landing Craft Assault,缩写为"LCA"）长 40 英尺,负责运载一个由 30 多人组成的步兵排。有的登陆艇出师未捷,在船头刚刚触岸时就被炮火击中。但更为惨烈的场景出现在舱门跳板被放下之后:原本挤在一起的士兵冲出舱门,在水中展开成数排,准备向滩头的高坡发起冲锋。每名士兵背负着 60 磅重的装备,从尚未停稳的跳板上冲下,越过齐腰身的海水,用尽全力踏上鹅卵石滩。与此同时,德军的迫击炮与机枪立刻发现了目标。刚刚上岸几分钟,汉普郡团第 1

营与多塞特郡团第 1 营就彻底地暴露在敌人的视野内。加上缺少坦克支援，浑身湿透的士兵就这样在弹雨中成片地倒下。德军的炮火从四面八方飞来，机枪的子弹混合着迫击炮弹扑向盟军的突击部队，有的从海滩顶部沙丘内的机枪阵地射出，有的来自沿岸经过加固的房屋，弹雨扫过浅滩与沙地，打出密集的水花与弹坑。有的突击登陆艇刚要靠岸，就有迫击炮弹在正前方炸开，造成一个排的士兵几乎全数伤亡。部分士兵成功地推进至沙丘和海堤附近，另一部分人却没有这般幸运，仍然被压制在海滩上，他们周围尸横遍野，哀号声不绝于耳。

步兵暴露在开阔平坦的沙滩上，同时缺少装甲部队的支援，所以伤亡人数急剧增加，就连汉普郡团与多塞特郡团的指挥官也在首轮进攻中阵亡。无线电设备或是被海水浸坏，或是因为通信频段堵塞而无法正常工作。正因如此，步兵即使站在战车右侧不足一英尺的位置，也无法与坦克建立正常的通信，步坦协同更是无从谈起。另外，由于主战将领阵亡，登陆部队的指挥开始陷入混乱，部队随时可能失去战场主动权。好在乱局并没有持续太久，在炮火中幸存下来的连长与排长接过了指挥棒，将部队分成多个行动小组一路杀进沙丘，迅速清理战壕，攻下德军阵地，然后以阵地为掩护，与附近任何能搜索到的装甲车建立联络。其实，这样的随机应变与英勇无畏在盟军的各个登陆场上随处可见，不仅局限于夹子区绿段。

在汉普郡团第 1 营与多塞特郡团第 1 营的右侧，勒阿梅勒村的德军炮台仍然是登陆部队的心头大患，77 毫米火炮射程内的海滩正变得拥挤不堪。尽管越来越多的登陆艇将战车卸载在高潮线以外的狭长沙滩上，但几乎没有任何车辆敢驶入 77 毫米火炮的射程之内。不过，一小部分车辆还是成功地穿过了海滩，迂回到了顶端沙丘的另一侧。负责为伍德义勇游骑兵队提供炮火支援的是装备 "司事"（Sexton）自行火炮的皇家炮兵第 147 野战团（147th Field Regiment Royal Artillery）。该团的前进观测员亚瑟·沃伯顿上尉（Captain Arthur Warburton）深知，他的任务是把自己的这辆 "谢尔曼" 坦克开进内陆，然后就能向所属的炮兵团呼叫炮火支援。于是，他冒着弹雨穿过了被烈火笼罩的海滩，一路开到盘旋在黄金海滩顶部的公路，然后掉头向西，直冲勒阿梅勒村驶去。透过观察镜，沃伯顿上尉看到，在他的左侧，原本躲藏在沙丘间的德军步兵发现有坦克正向他们逼近，吓得惊慌失措，四散奔逃。得意扬扬的他将目光转向右侧，却发现在大约 150 码以外的地方，德军炮台内的那门 77 毫米火炮正直勾勾地对准他的坦克。还没等沃伯顿上尉反应过来，就听到火炮发出一道巨大的轰鸣声，它射出的炮弹击穿了"谢尔曼"坦克的发动机，使坦克瞬间失去了动力。沃伯顿上尉意识到，自己一路杀过来的好运已经用尽了，于是立刻通过无线电联系上一门已经被运送上岸的"司事"自行火炮，简明扼要地标记了目标位置，然后告诉指挥官："把这玩意儿给我炸了！"

罗伯特·帕尔默中士（Sergeant Robert Palmer）收到消息后，迅速地分析了形势，然后得出结论：除非他这门25磅炮能直接命中掩体的发射孔（一道宽不过3英尺，长不足6英尺的孔隙），否则根本起不到什么作用。就在这时，77毫米火炮又从发射孔中探出头来。帕尔默深知机不可失，此时必须迅速机动，不然自己就会成为下一个炮下亡魂。于是，他将炮弹上膛，拉下保险栓，以便在交火时能够抢占先机。一切就绪后，他命令驾驶员以最快的速度前进。这门"司事"自行火炮加速穿过海滩，直奔德军混凝土掩体，在身后扬起滚滚沙尘。当行至距离掩体50码的位置时，帕尔默中士大声向驾驶员下达命令："先转向45度，然后立即制动。"于是，驾驶员先用力拉动右转向杆，然后两手同时拉动左右两个操纵杆，以制动火炮的移动装置。只见火炮先大幅度地右转，然后朝着德军掩体孔隙方向猛地停下，巨大的惯性令火炮发生了短暂的晃动。等车身稳定下来，装填手已经瞄准了掩体内的火炮。帕尔默中士拍了拍他的肩膀，装填手立刻会意，猛拉发射杆。"司事"的后膛先后坐再复进，撞向缓冲装置——第一发炮弹就这样飞出炮口，但没有命中目标，只是从德军掩体的右上方掠过，然后落地爆炸，产生的钢铁与混凝土碎片如雨点般四溅。帕尔默中士见状，大喊着让驾驶员再次调整方向，而此时第二发炮弹已经在炮膛之中。于是，装填手再次猛拉发射装置，这次射出的炮弹径直穿过德军炮台的孔隙，飞入掩体内部炸开。几分钟后，掩体已成为废墟，活下来的炮手举着双手，踉踉跄跄地从废墟后边走了出来。

光是打掉勒阿梅勒村的这座掩体，就已耗费盟军将近两个小时的时间，而等到该村周围所有德军火力点被拔除时，已接近傍晚时分。不过，自从77毫米火炮掩体被炸，黄金海滩的防守便被打开了一个缺口，先前被压制在岸边动弹不得的装甲车辆重获新生，开始与步兵形成有效协同，原定的多兵种联合作战初见成效。譬如，皇家工兵部队的"丘吉尔"坦克装备有290毫米口径的爆破迫击炮。进攻坚固据点时，该型号坦克先向目标抛射了40吨炸药，将据点炸得粉碎，步兵随后冲入其中肃清残敌。扫雷坦克则开始穿越雷区，清理出通往海滩顶部的车道。每当清理出一条通道，坦克就会打出绿色的烟雾信号，提示后方部队可以安全通行。与此同时，破障部队开始清除海滩上的障碍物，还有一些工兵操纵"霍巴特滑稽坦克"打开了撤离出口，以免越来越多的人员与物资聚集在黄金海滩。随着越来越多的登陆艇抵达岸边，沙坡已经变得拥挤不堪。幸运的是，后到的船只不再会受到敌人火力的直接打击，而且通往内陆的通道已经打通。

相比勒阿梅勒村的战斗，盟军在黄金海岸东侧并没有遭遇太过顽强的抵抗，第69旅在"谢尔曼DD坦克"[隶属第4/7禁卫龙骑兵团（the 4th/ 7th Dragoon Guards）]的支援下已经推进至内陆。与此同时，勒阿梅勒村的火炮掩体被炸毁后，德军海岸防线便被撕开了缺口，德军716师顿时士气大减，溃不成军。舍伍德义勇游骑兵队的B中队和C中队，以及第50诺森伯兰步兵师第231旅趁机向前推进，告别了海滩。另外，装备"谢尔曼DD坦克"的各中队还负责为步兵提供常规火力支援，他们也开始穿越之前已被轰炸成废墟的沿岸村庄。在此过程中，B中队肃清了勒阿梅勒村内的残敌，但汉普郡团又损失了一辆坦克（该坦克被一门50毫米反坦克炮击中）。还有一名德军士兵负隅顽抗，站在距离其中一辆"谢尔曼DD坦克"20码处使用步枪射击，结果被坦克发射的75毫米高爆弹炸得粉身碎骨。此时，仍有零星的德军射手与狙击手躲藏在村庄四处。他们各自为战，不时地放出冷枪，对盟军构成了致命的威胁。约翰·安德森中校（Lieutenant Colonel John Anderson，舍伍德义勇游骑兵队从北非归来后，他便接任该部队的指挥官）便是受害者。他全然不顾"不许离开坦克"的忠告，擅自下车后步行前往勒阿梅勒村附近，准备调查部队在海滩受阻的原因，结果被子弹击中胳膊，倒在了一处水沟内，直至局势安全时才被救出。

H时之后90分钟，约翰·安德森中校已随舍伍德义勇游骑兵队A中队踏上了海滩，在此期间没有遭遇任何抵抗。前文提到的莱斯利·斯金纳神父本应和他们一同上岸，跟随医务官查尔斯·"希尔达"·扬格上尉（Captain Charles 'Hilda' Young）指挥的半履带式医护车队前进。但在上岸前，两人因为职责分工发生了争执。扬格上尉认为，医护车队应在主力部队向内陆推进时及时跟上，以便能够照顾伤员，他不想被斯金纳上尉拖累，因为后者只关心能否为死者祈祷。

"人死了就是死了，你这样做只会拖我的后腿！"大发雷霆的扬格上尉对斯金纳神父喊道。

直至船队出发前，两人的分歧仍然没有得到解决。斯金纳神父只好放弃争吵，跟随发起首轮进攻的部队，搭乘其中一艘坦克登陆艇上岸。但不幸的是，他所在的登陆艇刚刚抵达滩头时，便触到了地雷，爆炸产生的冲击波令他两边的士兵都负了伤。斯金纳神父急忙帮助伤员包扎伤口。这时候，登陆艇的船体已经受损，无法进一步靠岸。于是，他又主动帮忙将沉重的车辆浮垫从艉门跳板推入海中，然后自己越过六英尺深的水上岸。由于身份是牧师，斯金纳没有装备武器，更没有参与战斗。不过，他想到了用别的方法贡献自己的力量——花费一个小时的时间，用镐头帮助部队拆除了一处碉堡。

斯金纳神父虽然和医务官发生了口角，但还是尽心尽力地为海滩上的伤员提供帮助，同时劝说登陆艇的船长撤走部分伤兵。他想尽各种办法照料受伤的士兵，一直撑到海岸上建立起具备收治能力的医疗站。当天下午晚些时候，斯金纳神父发现了倒在勒阿梅勒村附近水沟中的约翰·安德森中校，然后找来一辆两栖运兵卡车（DUKW vehicle）把他运离了海滩。与此同时，B 中队与 C 中队已经抵达内陆，来到了勒阿梅勒村一英里外的位置，在地势低洼的勒比奥村（Le Buhot）会合。他们在那里进行休整，先是拆除了"谢尔曼 DD 坦克"的所有改装，然后准备扎营过夜。A 中队稍后也赶到了此地，并且在会师途中帮助步兵第 69 旅下辖的一个营攻占了里村（Ryes，这里更靠近内陆，距离勒比奥村只有 1 英里）。接下来，A 中队将与两支中队共同调整部署，以协助埃塞克斯郡团第 2 营（隶属英国陆军第 50 诺森伯兰步兵师）夺取巴约市（Bayeux，位于里村以南数英里处）附近的高地。A 中队的指挥官斯坦利·克里斯托弗森认为，他们本应在当天晚上就夺取这座古老的诺曼城市，但步兵营的指挥长却热衷于深挖战壕，坚持要等到清晨才行动。当最后一缕阳光开始消失在西方的地平线上时，舍伍德义勇骑兵队的士兵们先为坦克补充了燃料和弹药，然后便在"谢尔曼"坦克旁边准备好铺盖，躺下来收听广播里的节目。夜里晚些时候，斯金纳神父也赶到了这里，重新加入了在附近果园扎营的医护队。他找到大部队时，浑身上下满是污秽，脏得难以用语言形容，而且神情极度疲惫，于是在伤亡记录本上记下"截至目前，共有 40 人受伤或失踪"后，便躺在一辆半履带车旁沉沉地睡去。

其实，舍伍德义勇游骑兵队的实际损失并没有斯金纳神父估算的那么高。18人先被标记为"在海上失踪"，但后来均被找到，其中就有希尔斯上尉及其车组成员。20 人在战斗中伤亡，其中 8 名是军官，但只有蒙蒂·霍利中尉是"当场阵亡"，而比尔·迪格比中士伤势过重，挺到战斗结束当晚才咽下最后一口气。装备方面，8辆"谢尔曼DD坦克"在浮渡期间沉没，另有8辆在登陆后被击毁。可以说，舍伍德义勇游骑兵队在D日当天，以相对较小的伤亡换取了战略上的胜利，损失的兵力远低于预期。所以夜幕降临时，每一位舍伍德义勇游骑兵队的成员都倍感自豪，因为他们立下了赫赫战功，在登陆首日扮演着重要的角色。在首轮进攻中亮相的"谢尔曼DD"坦克令德国守军措手不及，后者原以为，盟军要在步兵登陆数小时后才能把装甲部队运送上岸。更令德军没有料到的是，当这些装甲车辆与步兵真正建立起有效协同时，"谢尔曼DD坦克"和"霍巴特滑稽坦克"便神奇般地发挥出了最大的功效。最后需要指出的是，诺曼底登陆当天，盟军在奥马哈海滩的损失最为惨重——美军32辆"谢尔曼DD坦克"中有27辆在登陆途中沉没，并且此区域内的登陆作战没有用到特种装甲车辆。

随着后续部队登陆成功，盟军取得了滩头战斗的初步胜利。至此，他们已经深入内陆至少6英里，同时将超过156000人和20000辆车运上了原定的五处海滩。相比之下，由于指挥瘫痪和战略误判（德军错误地认为盟军登陆作战的重点仍在加莱），德军在是否投入装甲预备队的问题上犹豫不决。不过，盟军在海岸仍然立足未稳，德军也在及时调整对策加强防御，双方主帅都做出了自己的判断。隆美尔承认，海滩上的失败已成定局，自己必须守住并修复桥头堡，为仍有可能到来的装甲师大反攻做好准备。蒙哥马利也深知，摆在面前的是一场与时间的赛跑，他必须在德国人集中所有力量将盟军赶回大海之前，展开全部军队并牢牢地守住海岸，因为德国人的反应不会太慢，诺曼底战斗很快就会打响。

大后方

以上对于 D 日战斗场景的描述，纯属本人臆测，因为当时我并不在场。舍伍德义勇游骑兵队在黄金海滩上杀出一条血路并向内陆推进时，我尚在 350 英里外的家中，远离硝烟弥漫的战场。我生活的里斯村（Reeth）面积不大，坐落在北约克郡谷地（Nestled in the North Yorkshire Dales）内，即使在太平盛世的年月里也是一处不毛之地。回想刚满 18 岁那年，我主动报名参军，加入了皇家装甲兵团（Royal Armoured Corps，缩写为"RAC"）。这是一支是在战前刚刚组建的武装力量，由多个骑兵团合并而成，同时收编了原属皇家坦克团（Royal Tank Regiment）的多支部队，并且在整编之前，各骑兵团已将马匹换装为坦克。之所以选择加入皇家装甲兵团，是因为我觉得，开车上战场要比当步兵用腿赶路省力多了。但事实证明，我的想法很天真，坦克兵也有走路的时候——一年半后，在南安普敦溺湾，我眼睁睁地看着舍伍德义勇游骑兵队把一辆辆装甲车装上坦克登陆艇。在向法国进发的过程中，我随部队徒步穿过德里格村（Drigg，隶属坎布里亚郡）和里斯村之间一百多英里的沼泽地。走到最后，我的双腿都要累断了。那年我 19 岁，刚在军中被提拔为中尉。有了这次行军经历，里斯村在我心中就更是凄凉之地了。

在 D 日到来前的周五，我们被运到了埃斯克河入海口附近。车辆沿着偏僻的东岸公路行驶，每隔一段距离就将我们其中一人扔下。我下车后，只得到了一个罗盘，然后就被告知要一直朝着某个方位前进，直到最终返回位于里斯村的兵营。在此之前，我曾被派至里斯村，与一群刚从赫斯皇家军事学院毕业的二级中尉为伍，完成军官延续训练课程。该课程旨在锤炼个人的战斗意志，所以早在周一清晨，我们就开始了首次拉练，在没有配发任何食物与饮用水的情况下，被要求只能就地取材来保障每日所需。我们一路不停地辨识方位，最终靠着双腿走回了营地。如果我没有记错，这类训练的目的是让我们练习被俘后的逃生技能。为期 18个月的训练结束后，我先成了一名坦克手，然后晋升为皇家装甲兵团的军官。但在我看来，训练课程和头衔只是纸上谈兵，距离真正坐在坦克里杀敌相去甚远，而且我们连德国人的影子都还没有见到。我天生有些叛逆，所以会质疑训练课程的意义，尤其厌恶周末时间被占用。不过，我还是在训练期间学会了一件事，那就是保持沉默。

我还在读书的时候，就因为脾气倔强吃过很多亏。第一次世界大战期间，我的父亲是一名上尉军官，在皇家工兵部队服役，负责修建窄轨铁路，以保障物资能够顺利地被运往前线。这是一项艰巨的任务，经常需要顶着敌人猛烈的炮火进行下去。等到战争结束时，父亲已经积累了丰富的建筑经验。于是，他开始充分发挥自身的优势。按照当时的规定，1918年以后退伍的老兵可以获得一笔可观的住房补贴。父亲拿到这笔钱后，投资创立了一家建筑公司，利用两次世界大战之间短暂的和平期，陆续在伦敦北部修建了数百栋房屋，从中赚得盆满钵满，因此有能力将我送去公立学校读书。13岁那年，我被送到了海格特学校（Highgate School），成了每周回家一次的寄宿生。

初来乍到海格特学校，我便触了霉头。那是入学后的第一节晚自习，我小声问身旁的男孩，是否可以借用他的橡皮，结果被四处巡视的学长抓个正着。他以"晚自习严禁讲话"为由，把我拎到学生会主席面前，让我深刻检讨自己的"罪行"。我拒不认罪，坚持认为自己没有错，只不过是想借块橡皮涂改作业而已，并不是在讲话。但是级长对我的辩解充耳不闻，反而拿起一根笞杖，把我的双腿打得鲜血淋淋。这件事给我好好地上了一课，让我见识到了什么叫作强权与不公，甚至连我的母亲也不理解我——周末回家休假那天，她在看到我的腿伤后，坚持认为我肯定做错了什么，才会受到如此严厉的惩罚。母亲向来对我疼爱有加，但她在这件事情上的态度恰恰折射出我身处怎样的成长环境——在维多利亚时代，人们只会无条件地服从权威，从来不会质疑当权者的对错。这件事情在我心中埋下了叛逆的种子，令我下定决心反抗一切强权。也正是从那以后，我为了表现自己的叛逆，拒绝参加在校期间的一切劳动与学习活动，因此招来了不少麻烦。

令我万万没有想到的是，将我从自甘堕落中拯救出来的，反而是来自新兴专制政体的外力。这种强权相较于我在学校遇到的那些，有过之而无不及：1939年9月，阿道夫·希特勒（Adolf Hitler）下令入侵波兰，一年之后，德军发动了闪电战。受时局影响，我无法继续留在海格特学校读书，而是被转移到了德文郡的"韦斯特沃德霍！"（Westward Ho![①]）。在那里，我既躲开了落在伦敦的炸弹，也远离了学校里欺压我的那些人。那年我15岁，恰逢德军的U型潜艇试图在大西洋对英国实施封锁，以切断英国的食物来源。于是，我决定做些真正有意义的事情，比

---

① 译者注：不列颠群岛里唯一一个名字里含有感叹号的地区。

如种地和养鸡，从而为国家的战事做些微不足道的贡献。暂居"韦斯特沃德霍！"的日子虽然平淡，但我喜欢待在那里的每一分钟。第二年，我便返回伦敦北郊的托特里奇（Totteridge）与家人团聚。

到了 1940 年 9 月，英国远征军已经撤出敦刻尔克（Dunkirk），不列颠空战进入白热化阶段，整个英国都笼罩在德国即将入侵的恐惧之中。德国空军试图通过轰炸手段迫使英国投降，伦敦自然首当其冲。站在托特里奇公园的高地向南望去，不仅可以看到威斯敏斯特区尽头的天际线，还会发现码头区（Docklands）上空飘浮着一个个银白色的防空拦阻气球。目之所及，似乎所有人都在自家花园里深挖防空洞，而且他们还用胶带和遮光窗帘挡住了窗户。在市政大楼门口，随身携带防毒面具的人们先填充好沙袋，然后将它们紧贴房门高高摞起。白天，英国皇家空军派出"喷火"和"飓风"战斗机，同德国的飞机在空中缠斗。双方战机拉出长长的蒸汽尾迹，擦身掠过对方，在碧蓝的天空中留下白色的十字。苍穹之下，战机成为一个个快速移动的黑点，偶尔会有一个黑点拖着滚滚浓烟坠向远方，但看客们却分辨不出敌我。等到夜幕降临时，轰炸引起的大火在楼宇与船坞的废墟间蔓延，熊熊烈火映红了城市上空的整片天空，令人深感不安。

国难当前，我深刻地认识到，海格特学校的课程并不是我最需要学的东西。在我的争取下，家人最终同意我留在北方理工学院（Northern Polytechnic）学习建筑课程。我也觉得这是一项英明的决定，因为建筑专业更符合我的性格。入学之后，我获准加入当地的志愿军（Home Guard[1]），被编入其中的一个排，这个排只有 15 人，成员基本上都是和我一样大的男孩，只有少数中年男性。我们不仅在村议事厅前操练，而且还排班站岗，学习制作莫洛托夫鸡尾酒[2]的方法。为了阻止德军装甲部队从磨坊山（Mill Hill）一带发起进攻，我们来到车队必经的托特里奇巷（Totteridge Lane），在路面上凿出槽沟，然后把事先砸弯的铁轨条插入其中，制成简易路障。我也一度怀疑，就凭我们仅有的一把李埃菲尔德式步枪（Lee Enfield，一战时期的老式步枪）、五发子弹和少得可怜的燃烧弹，怎么能够与德军的坦克抗衡，它们可是把英国正规军赶到法国的钢铁巨兽。但现在回想起来，那

---

① 译者注：1940年英国公民为保卫国家成立的准军事组织，后于1957年解散。
② 译者注：一种土制燃烧瓶。

也是一段激情燃烧的岁月，我和小伙伴们都乐在其中——平时在家中赶制各种杀敌工具，每逢周六站完一宿的岗后，便在第二天一早喊上其他战友，去绿地旁的橘子树酒吧（the Orange Tree pub）小酌一杯。那段时间里，我依旧我行我素，不顾父母的反对，常去离家只有一步之遥的教堂做礼拜。周末部队没有训练的时候，我还会帮父亲做工，他当时接下了当地政府的订单，为当地民众修缮在轰炸中受损的房屋外墙。虽说我们是在行好事，但却招来了不满。房屋主人总是抱怨他们已经受够了，质问我们英国当局到底什么时候能够遏制德国人的轰炸。

到了 1942 年，英国已不再是孤身奋战，随着德军入侵英国本土的威胁被解除，以及美国加入二战，局势开始向有利于盟军的方向发展。胜利的曙光初现，但赢得胜利之路依旧道阻且长。所以，我刚过完 18 岁生日，便下定决心参军。当年 9 月，我和另外九名志愿军战友来到了位于海布里（Highbury）七姐妹路（Seven Sisters Road）的征兵处，在皇家装甲兵团的征兵名册上写下了自己的名字。其实，即使我不主动报名，最终也一定会收到征兵通知，但我的家族一直都有着自愿参军的光荣传统：我的父亲参加过一战，我的哥哥在我报名时已经在部队里当上了上尉（我俩三年都没有见过一面），我自己在读书期间就已加入了军官训练团（Officer Training Corps）和当地志愿军，所以我并不排斥服兵役。更重要的是，我们现在卷入的是一场全面战争，对手的势力正如日中天。我周围的朋友们也有着同样的豪情壮志，但遗憾的是，他们中有四人没能活到战争结束那天。

等到 11 月，我前往多塞特郡（Dorset）巴温顿军营（Bovington）的皇家装甲兵团训练中心报到，被纳入第 16 初教联队（16th Primary Training Wing），开始接受基础训练。一进军营，我就倍感压抑。当时，秋高气爽的天气已经过去，营地周围林地的树木掉光了叶子，成排的木制营房一眼望不到头，为本就沉闷的环境增添了一丝肃杀的气氛。但在经过六周的队列训练和基础军事指令训练后，所有人便也没有片刻的工夫去矫情了，我们很快就适应了这"斯巴达式的训练环境"。我们每晚裹着军毯，睡在稻草填充而成的床垫上，第二天早上 5 点准时起床，用冷水洗脸和刮胡子。在体能训练、行军操演和射击练习以外的时间里，我们还要整理被服，随时准备迎接内务检查。可以这么说，在部队里，只要是静止的东西，我们就得把它擦得锃亮，只要看到能动弹的东西，我们就必须原地立正敬礼。其实，新兵营里的正式军官并不多，真正折磨我们的是士官，他们利用手中那点职权，想尽各种办法不让我们好过，把自己的快乐建立在我们的痛苦之上。

军官的态度惹怒了我，因为我和其他人不一样，我是自愿报名参军来到这里的，看不惯他们像下圣旨一样命令我们，要求我们在任何时候都言听计从。在我看来，盲目地服从只会适得其反，而且我也不愿牺牲每周仅有的 36 个小时的休息时间去讨好他们。好在我在参军前就已经领教过了海格特学校级长的暴君作风，所以基本提前适应了新兵生活，深知这里是个大熔炉，最终目的是"把鲜活的个体打磨成整齐划一的零件，然后工工整整地塞进战争机器中"。但那些被强征入伍并且没有在寄宿学校读过书的士兵可就惨了。这些人原本过着平常的生活，结果突然被拽入军营，所以无法做到我这般坦然。他们看着自己的权利被褫夺，面对个性逐渐被磨灭的情况时，仍心有不甘，所以还在苦苦挣扎。不过，要说我一点都不怀念普通百姓习以为常的生活（比如用热水洗脸，夜里躺在舒服的床垫上盖着柔软的被子，枕着枕头而不是行囊睡觉），那未免太过虚假。在部队里，哪怕停下来抽根烟或喝杯茶，让自己暂时避开教官的视线和震耳欲聋的命令声，或者是不再整理内务，都是一件极为奢侈的事情。

对于我们而言，并非完成新兵军训就算是熬出了头。我在皇家装甲兵团第 58 青年士兵教导团（58th Young Soldiers' Training Regiment）正式接受坦克兵训练的日子也好不到哪里去，甚至可以说是更糟。每天晚上，我们先得把营房里的铁桶擦到像银器一样发亮，然后还要跪在地上，用双手把木地板刷到发白为止。按照要求，所有人必用布兰可擦白剂反复擦洗皮带，必须让制服保持一尘不染，穿过的制服还要用熨斗烫平。无论是谁，只要衣服上沾了一点污垢或出现一丝褶皱，就会被通报批评。一旦被通报批评，犯错的人就必然要等待处分或当场受罚——被罚钱、被关禁闭或负重加训。再比如，负责站岗的海特中士（Hayter，与美国的一艘护卫舰同名，也算是人如其名了）会目不转睛地盯着岗哨里的时钟。每当 36 小时的周末休假结束，到了规定的回营时间后，哪怕我们晚归一分钟，只要被他抓到，必定会"喝上一壶"。所以，我每次从巴温顿军营几英里外的乡村小站（设在铁路支线上）返回托特里奇时，都要小心翼翼地绕开海特中士，以免被他抓到。

在第 58 青年士兵教导团的头两个月，我感到十分无趣，因为我在这里做的事基本上是重复先前在初教联队就已接触过的大部分通用军事技能训练。不过，从第三个月开始，教导团终于开始教授坦克的相关知识与技能了。借助老式的"瓦伦丁"（Valentine）坦克，所有学员都学到了基础的坦克驾驶与保养知识，并初步掌握了坦克射击技巧。起初，射击训练是在室内轻武器靶场进行的，教官要求我们在模拟炮塔内使用内置的气动步枪射击目标——他用一根绳子将德军坦克形状的标靶拖过沙坑，我们需要找准时机命中标靶。这种模拟训练既可以节省成本，也为接下来我们前往多塞特郡沿岸的拉尔沃思（Lulworth）靶场练习实弹射击打好了基础。所谓实弹射击，就是使用实弹射击木制坦克标靶，其目的是让我们能够胜任坦克车组中的任何角色。射击科目结束后，我们将根据各自的分工（如驾驶员、炮手和无线电员），开始接受为期六周的进阶定向培训。

第 58 教导团的创立宗旨是培养装甲部队后备军官及高级士官。但我并没有这方面的追求，只是觉得升为军官后，可以不再受那些粗鲁的军官的摆布，不用再接受无聊的洗脑，也不需要再听单调乏味、逐字往外蹦的"肢解式"口令（只要动作稍有偏差，与圣旨般的演练手册不符，我们就立刻会遭到教官的冷嘲热讽，甚至还要准备"喝上一壶"）。另外，在第 58 教导团的日子里，我们每餐吃的是鸡蛋粉、发馊的面包和一勺舀到碗里的粥。这点东西对于正在长身体、每天忙得连轴转的年轻小伙来说，根本填不饱肚子，所以我们总是感到很饿。我只要手里有点零花钱，就会去部队的小卖部里买鸡蛋和薯片。在我看来，军官食堂伙食的种类与分量也就那样，并没有比普通士兵的伙食好到哪里去。

在巴温顿军营接受了六个月的坦克新兵魔鬼训练后，我被纳入设在沃敏斯特（Warminster）的战争军官选拔局接受选拔。刚来到这里，我就对红砖砌成的大食堂印象深刻，这里的伙食明显好了很多，并且我们进餐的举止也是军官资质考核的一部分——如何手握刀叉，如何麻烦别人把盐递给自己，如何在吃饭期间不吐脏字，通通都是需要用心注意的事项。至少有两名和我一起来的后备军官，就因为就餐礼仪不符合标准，被"打回新兵营"（RTU[1]）。其余的选拔流程包括基础智力测试、面试、体检和高空钢丝心理抗压课程。这里我单独说一说最后一项课程——接受测试的学员需要爬上摇摇晃晃的高空平台，踩着铺在两条钢丝上的一块块木板，小心翼翼地跨过木板之间的间隙，一路小跑到达对面高台，只要在哪一个环节稍有迟疑，他就

---

[1] 译者注：全称为"Returned to unit"，是指军人因身体不适、不符合训练要求或其他不检点行为而遭遇回原基地或原部队。因为军人只能在原基地或原部队接受军事法庭审判，所以因行为不当而被送回原基地或原部队往往是接受后续司法处罚的前奏。

很有可能从高空跌下摔成重伤，然后立刻就会被"打回新兵营"。不过在我看来，大部分选拔环节都还挺有趣，而且我也非常荣幸地被告知通过了选拔。接下来，我只要通过见习军官教导队（Pre-Officer Cadet Training Unit）的晋级考核，就能进入桑德赫斯皇家军事学院（Sandhurst）进修了。

按照要求，我先来到奥尔德肖特（Aldershot）附近的阿尔玛军营（Alma Barracks），见习军官教导队就在这里。经过数周的考核，我被认定具备成为见习军官的潜质，顺利地拿到了进入桑德赫斯皇家军事学院的通行证。从踏入学校大门的那一天起，新一轮日复一日的训练便开始了。在桑德赫斯皇家军事学院里，高级士官的专制作风同样十分明显，这群人仗着有英国御林军 [Household Division，指成卫英国王室的英国陆军部队，由"皇家近卫骑兵"（Household Cavalry）的两个骑兵团、"步兵卫队"（Foot Guards）的五个步兵团，以及"皇家骑马炮兵团"（Royal Horse Artillery）的"国王仪仗队"（The King's Troop, RHA）组成] 撑腰而飞扬跋扈。他们把阅兵演习视作生活的全部，其和巴温顿军营的那帮教官唯一的区别是会称呼你为"先生"，但这显然带有挖苦讽刺的口吻。通用军事技能训练一结束，进修的重点便立刻转向了领导能力的培养，因为见习军官将来必定会进入皇家装甲兵团，并在战场上指挥坦克作战。等到实习环节，我们便拿体形硕大的"丘吉尔"步兵支援坦克练习实际操作，借助课堂讲座学习无线电通话步骤，同时严格遵照部队标准野战手册规定的原则尝试排兵布阵。

两次世界大战之间，巴塞尔·亨利·李德哈特与 J.F.C. 富勒提出了坦克战理论，该理论在桑德赫斯皇家军事学院备受推崇。我们的教官认为，希特勒的坦克在 1940 年的闪电战中重创英法军队，恰恰证明了该理论的正确性。正因如此，我们被灌输了这样的理论——坦克的作用是在战场上震慑对手，可以通过两种手段来达成此目的，一是正面突破敌人防御阵地的火力封锁，二是以大规模快速机动的方式包抄敌人侧翼，绕至敌人身后，这样指挥官就可以利用快速移动的装甲集群在敌后制造混乱并形成威慑，最终实现动摇敌人军心的目标。二战之初，德国人在我们身上验证了此理论，所以桑德赫斯皇家军事学院的老师们将其奉为圭臬，而急于在实战中证明自己的年轻军官更是把它当成了金科玉律。但在日后的诺曼底登陆中，我们发现，李德哈特与富勒的观点早已不合时宜了。

见习军官的核心训练科目是野外演习，受训地点设在北威尔士（North

Wales）的凯珀尔基里格（Capel Curig）。虽然训练的重点内容是如何运用坦克战理论，但训练课程实际上却带有明显的步兵科目色彩。我们所在的营地面积不大，它位于斯诺登尼亚山脉（Snowdonia）的山谷内，被巍峨陡峭的群峰环抱。从来到这里的第一天开始算起，魔鬼般的演习共持续了六周时间。训练首日，卡车载着我们从桑德赫斯皇家军事学院出发，在行驶了很长一段路程后，将我们卸了下来。我们连滚带爬地从车斗上下来，一个个睡眼惺忪，还没有缓过神来，就听到了教官们歇斯底里的咆哮声。他们大声对我们叫嚷着，让我们按照标准的行军命令列队站好，并准备好枪支、行囊与装具（webbing equipment）。我们还没来得及在营地伙房吃口热饭，便被赶出了营地大门。经过 10 英里的行军，我们来到了一个用石头垒成的废弃谷仓。此时夜色已深，所有人的衣服都被汗水浸湿，而这间老旧的建筑就是我们今晚的宿营地。

训练首日开了个"好头"，后面五天的训练基本沿袭了第一天的模式——我们裹着湿漉漉的军毯露宿山间，每天清晨 4 点就被叫醒，去参加极度耗费体力的实弹射击演习。所有人全副武装，在教官的驱赶下跑上斯诺登峰，或者是按照指令沿着冰冷的小溪匍匐前进，并在山涧练习针对突发情况的近身格斗术。热身项目结束后，实弹射击演习才正式开始，我们先后以班和排为单位，练习射击技能。不过，整个演习的重点仍然放在了"作战适应"（battle inoculation）上——我们在泥潭中匍匐穿越低矮的带刺铁丝网，在沟壑间迂回射击，维克斯机枪"哒哒哒"地射出大量子弹，这些子弹擦着我们的头皮飞过。另外，我们还在斯诺登尼亚山区的一处湖泊中练习强渡（assault river crossing）。为了营造实战环境，教官会投掷炸胶棒模拟手雷爆炸，并引爆炸药模拟火炮袭击。

为了追求真实性，本次演习的容错率非常低，所以伤亡时有发生。仅在为期一周的"作战适应"训练中，几场实弹射击事故就夺走了四名见习军官的生命。事实上，在举国上下为随时可能爆发的全面战争厉兵秣马之际，类似的演习伤亡事故并不少见，且没有引发任何关注，也没有公众爆发抗议或要求当局展开事故调查，所以我只能凭空猜测逝者的近亲会对家人的死讯作何反应。随着战事的推进，到了开战的第四年，大批士兵在遥远的缅甸与北非战场阵亡，噩耗随电报传回国内各地，无数原本幸福的家庭从此被击垮，很多人都陷入了失去亲人的痛苦之中。

在威尔士完成所有训练科目后不久，我便和同届其他学员从桑德赫斯特皇家军事学院结业。学校没有专门为我们举办结业仪式，只有几名来自禁卫部队的高级军官参观了我们仅花几个小时在演习场上准备的分列式。结业之后，一些背景深厚的战友靠着亲友的社会关系直接进入了兵团，出身草根阶级的我只能随其他青年军官一同被分配至设在里斯村的皇家装甲兵团拘留营，在那里继续接受更为严格的步兵式进阶训练。我甚至怀疑，高层做出这样的决定，是在为开辟欧洲第二战场储备后备军官，但又不想让我们在"被储备期间"无事可做。但是，"诺曼底登陆"在当时是最高机密，没有人敢冒着违反保密条例的危险，去弄清楚我们这类人究竟为何被分配到了约克郡。

当时，我对"开辟第二战场"或"登陆欧洲"毫无概念，一心只想着如何养好酸疼的双腿，以及找到一双合适的新鞋子来换下早就被磨破的那一双。那段时间，参与横渡英吉利海峡演习的士兵常对"盟军即将重返欧洲大陆"的传闻议论纷纷，但里斯村却是个与世隔绝的蛮荒之地。我们处在封闭的训练营地之中，没有机会接触广播，翻看报纸的时间也少之又少，所以在我的记忆里，我根本没有接触过任何与"诺曼底登陆"相关的重大新闻公告。尽管经过了18个月的皇家装甲兵团坦克兵训练，以及之后在桑德赫斯皇家军事学院的军官进修，但我仍然担心自己是否能够成为一名真正的坦克军官。我所不知道的是，正当我在为前途忧心忡忡的时候，接下来的事情彻底打消了我的迷茫与焦虑——上级把我叫到了营部办公室，然后发给我一张铁路乘车凭证。

我得到的命令很简单：先乘火车去朴次茅斯（Portsmouth），在当地车站与人碰头，然后接受下一步行动的指示。这趟火车之旅给我留下的记忆不多，我依稀记得火车头拖着长长的车身，一路向南朝着海岸方向驶去，沿途的弹药库、堆成小山的物资与成排停放的车辆散布在田野上，并且越来越密集。等到火车进站，我便豁然开朗——这片以昔日军港城市为中心的区域，如今已被改造成了巨大的武装营地。那天是1944年6月7日，也就是盟军作战计划表上的"D+1"日，但我当时并不知道盟军已经登陆欧洲。前来接我的上尉早已把吉普车停在车站入口旁，坐在车里等我。见我出来，他既没有跟我寒暄，也没有介绍自己，只是简单地确认了我叫"伦德尔"（Render）后，就让我上车。我还没来得及坐稳，他就松开离合，一脚油门开动了车辆。汽车一路呼啸而过，道路两边挤满了等待乘车前往码头的士兵。他们百无聊赖，只能站在车辆旁喝茶聊天。我们朝着码头的反方向驶去，目的地是"庞培城"城郊更外围的乡下。

上尉坐在我身旁，一言不发地开着吉普车，根本没有兴趣跟我搭话。没过多久，上尉猛地踩住刹车，吉普车的刹车片摩擦发出刺耳的"吱嘎"声。与此同时，他迅速打了一把方向盘，把车直接甩出主路，转进了路边的田地。我向车窗外看去，这片土地上停满了16辆崭新的"克伦威尔"（Cromwell）坦克。该型号的坦克车身低矮，造型方正，棱角分明，装备有75毫米反坦克炮，重量达28吨。因为这种坦克直到近期才在英国陆军中服役，所以我们在桑德赫斯皇家军事学院进修期间，并没有接受过针对该车型的培训。在这些坦克的旁边，一群年轻的皇家装甲兵团坦克兵懒洋洋地躺在地上，对我们的到来毫无反应。这时，沉默寡言的上尉终于开口，让我从吉普车后面拿出带来的装备箱，去给"那些玩意"（指"克伦威尔"坦克）做防水处理。我告诉他，自己并不知道该怎么给坦克做防水处理。上尉听后，只是指了指一辆已经做好防水的坦克，然后告诉我："你有两天时间把剩下的15辆坦克弄好。"话音刚落，他又猛打方向盘，一边将吉普车掉头驶出田野，一边回头冲我大声说："小伙子，好好干吧！"说完，他就猛踩一脚油门离我远去，只留下汽车齿轮摩擦的声音在我耳畔回响。

我面前这32名懒散的士兵中，没有一人是士官。于是，我命令他们站成两排，然后让有能力担任车手的士兵向前一步出列。结果，所有人都朝前迈了一步。我用目光快速扫过他们，同时指了指成堆的防腐胶带、罐装的润滑脂与腻子涂料，让他们两人一组（一人担任车手，另一人担任指挥官），每组认领一辆坦克，然后按照已完成的范例涂抹防水材料。直到这时，我才突然明白，我们当前的任务就是加固这些坦克，让它们具备驶离登陆艇然后涉水上岸的能力。虽然我还是猜不到这批坦克最终会在何处登陆，但命令就是命令，照着做就好。我只能让自己军旅生涯中的第一批手下赶紧干活。认领到坦克的士兵，开始封堵车体上每一个可能进水的破损点。我看还有一些士兵没有领到坦克，便让他们去准备晚饭，因为据我的观察，我们这个小团队的行政建制严重不足，没有专门的炊事人员。所有人一直忙碌到晚上。然后，我们就睡在坦克旁边，等到第二天起来再继续工作。

第二天中午，那个神秘的上尉又回到了我们这里。他让我把所有坦克都发动起来，然后跟着他走。我感到有些不快，本想质问他之前给了我们两天，为何又临时改变主意，但想了想之后，我还是把到嘴边的话咽了回去，命令所有人立刻登上坦克出发，然后自己也钻进了上尉的吉普车。我们的坦克排成一队，浩浩荡荡地驶回朴次茅斯，坦克后部没粘牢的胶带在空中随风摆动。最终，我们来到了码头边，此处有一艘排水量为5000吨的坦克登陆舰（tank-landing ship，常用的缩写为"LST"）正在等着我们，其船舶的货舱门已经打开。上尉命令我们驾驶坦克沿双铰链吊桥式坡道倒入船舱，停稳后再将其固定在船舱内部的坦克甲板上。他还是一如既往地惜字如金，没有告诉我们具体的操作细节。所以，我们费力地将所有16辆坦克挤进船舱后，又想尽各种办法，利用吊艇杆和链条将它们牢牢地固定好。

由于担心每一个固定点的承受力，我一门心思想着如何把"克伦威尔"坦克牢牢地固定在钢铁甲板上，完全忘记了时间，直到完成了所有的工作后，才回头发现身后大半个船舱几乎都已被夜色填满——暗夜逼近眼前，快要将我整个人吞没。我对自己的工作非常满意，确定这些坦克在出海的时候不会随着舰船的颠簸不停地磕碰甲板。于是，我走出装卸区去找上尉，以为还有其他坦克需要我们认领、做防水处理和装载上船，却惊讶地发现舱门早已被封死。更令我吃惊的是，当我抓住过路的一名水兵，询问怎样才能下船时，得到的回答竟是："下船？你还想着下船？你往舷窗外看看，我们现在是在海上，外面都已经炮火连天了。"我贴着舷窗往外看，果然，海港沿岸的建筑正在快速向身后退去，逐渐缩成一团，隐没在港口的方向。根据我的猜测，我们的舰船正在驶入索伦特海峡。当我再次询问这名满脸莫名其妙的水兵，此行的最终目的地是哪里时，他回答说："哥们儿，你觉得我们会去哪里？我们要去该死的法国了！"听他这么一说，我心头一震，但没有刚才那么惊讶了。

交战在即

第三章

如今，从朴次茅斯出发，搭乘渡船穿过英吉利海峡前往诺曼底，大概只需要8个小时。但是在"D+2"当天，此行耗费的时间要长得多，因为当年的舰船必须严格遵守海军的航运时间表，需要在护航船的拱卫下，组成船队小心翼翼地沿着已经排除水雷的航道前进，同时还得采取规避措施，以防范潜伏在海面之下四处游荡的U型潜艇。当然，这些是我后来才知道的事情，我所在的舰船驶入索伦特海峡后，似乎在南安普敦溺湾停留了相当长的时间，直到夜幕降临，才再次起锚。等到第二天几乎快要过完的时候，我们终于驶入开阔水域，与一大群冒着浓烟的灰色船只并排驶向法国。

刚出发的时候，朴次茅斯的海滨景象掠过舰船的左舷。我注意到，岸上拿破仑时代留下的要塞已得到了加强，足以应对新时期的军事威胁。等到登陆舰开始环绕怀特岛（the Isle of Wight）行驶时，我们已接近预定位置，即将面对一场恶战。此时太阳已经落山，躲在了南安普敦溺湾的山丘之后。面对此情此景，我当时好像没有什么特别的思绪，似乎并不担心能否再见到英国的亲人，这可能因为我是在毫无准备的情况下就上了船，阴差阳错地被卷入诺曼底作战计划的庞大海上补给体系之中，根本不知道此行的终点将会是战争的最前沿。等我稍微回过神来，脑子里首先冒出的想法是——我既没有得到上级的命令，也不确定别人是否知道我将前往诺曼底，将来会不会因此惹上什么麻烦。但事已至此，我只能听天由命，先把眼前的事情做好，于是开始关注手下士兵的需求。

最终，我找来了登陆舰上的一名船员，他勉强答应了我的要求，同意为我的部下提供伙食，并且在坦克甲板与两侧船舷之间本就逼仄的区域内硬挤出一些空间，将其作为临时的住所。安顿好手下后，我再也没有其他事情需要忙活，于是朝军官室走去。推开门，我发现屋内只有寥寥数人，但他们（包括船长在内）全都是一副对我爱搭不理的样子，这让我一度怀疑，他们是不是在哪个地方染上同一种"臭脸病"，甚至还传染了那个拉我下水的陆军上尉。看着面前这群军官，我的感觉是：好像是我一厢情愿带坦克和士兵上船，给他们增添了巨大的负担。但我也搞不清楚，他们究竟是因为第一次去诺曼底，内心紧张所以才对我不理不睬，还是因为D日那天就已经在诺曼底领略过战争的残酷，知道接下来将会发生什么，所以才面如死灰。但无论怎样，我都不想和他们多待一秒，所以我躲进了坦克甲板上隔出来的狭小房舱。余下的行程中，我大部分时间都在房舱内度过，独自躺在床铺上，百无聊赖地听着发动机的轰鸣声，以及舰桥晃动发出的吱嘎吱嘎声。登陆舰载着满船的物资与人员，穿过英吉利海峡，在浪高涌大的海面上摇曳颠簸，甲板上的坦克随船身左右晃动，将固定它们的铁链绷得笔直。我有些担心，海浪这般汹涌，登陆舰细长的身躯能不能经受得住狂风巨浪的摧残。或许船员们也有同样的担忧，所以才如此不愿意出海。

"D+4"日，天刚破晓，诺曼底的海岸就映入了我们的眼帘——一块块小小的方形建筑散落在连绵起伏的田野间，随着舰船的前进，缓缓向斜下方移动，最后滚落至地平线以下。此刻，环绕在我们四周的是数不清的各型船只——油轮与运兵船已经抛锚停泊，小型舰船和登陆艇则在军舰与海岸之间来回穿梭。突然，其中一艘战列舰的舷炮齐射，发动了徐进弹幕射击。巨大的炮弹从 15 英寸口径的炮膛中射出，出膛的那一瞬间，冲击力大到能将水面拨开，爆炸声震耳欲聋，硝烟遮天蔽日，强烈的后坐力推动船身在水中前后晃动。正在这时，两架德国战斗机从西边直冲我们飞来，其机翼前缘的机炮冒着火光，不停地射出子弹。我方防空炮迅速做出反应，打出的炮弹在敌机四周炸开，噼啪作响。虽然空中交战正酣，但登陆舰的船员们并没有注意到这一切，而是全神贯注地关注着自己手头的任务——及时对岸上发来的导航信号做出回应，操纵舰船按照已标记的线路航行。随着我们距离海岸越来越近，成堆的尸骸与成片的油渍从船身两侧缓缓漂过。我注意到，这些漂浮物当中，有不少面朝下漂荡的浮尸。这些都是英国士兵，他们的腰上还系着根本没有派上用场的救生衣。我冲到甲板的另一侧，趴在船舷朝下看，发现了更多类似的浮尸随着湍流打转，慢慢地漂到船尾。对于第一次见到死尸的我来说，在这一刻，突如其来的恐惧感袭满全身，激起了我的求生欲，令我无比渴望回到家人身边。

在我们正前方，被炮火摧毁的登陆艇横七竖八地停在海滩上，沿着海岸线一字排开，不可计数。在更远处，中弹的坦克烧得只剩下残骸，三三两两地停在战场上冒着浓烟，它们大多半个车身淹没在爆炸掀起的沙尘之下。这时，我们的登陆舰加快了速度，准备靠岸。舰长站在舰桥上目视前方，神情严肃。与此同时，两名水兵走到船尾，抛下了小锚（Kedge。拴在长长的钢缆上的小锚，可在舰船顶着巨浪前进时稳定船身，也可在船只搁浅或船身失去压舱物时用于铰移船位）。随着舰船一点点靠近海岸，我能明显地感觉到，船员们全都紧绷着神经，情绪紧张到了极点。这时候，我接到了发动坦克的命令，于是我离开甲板，下到了货舱内。在我的指挥下，士兵们发动了引擎，并将固定坦克的金属锁链砸开。此刻，船舱里人声鼎沸，所有人都在扯着嗓子说话，以免自己的声音被各种嘈杂声淹没。坦克的引擎也发出轰鸣声，它冒出的青烟填满了密闭的空间，气味呛鼻。我重新爬上高处的栏杆，倚在舱壁上站稳。这时，我们的耳边传来了金属撞击鹅卵石滩的声音，这表示船已靠岸了。朝前进方向看去，原先像扇贝一样闭合的艏门此刻已经敞开，阳光涌了进来，穿过缭绕的烟雾（源自"克伦威尔"坦克排出的尾气），铺满了船舱。随着铰链发出一声尖锐的长鸣声，双铰链吊桥式坡道在距离滩头几码处的位置被放下，狠狠地砸到水面上，顿时水花四溅。接下来，"克伦威尔"坦克将要涉水上岸，检验我们防水工作成效的时刻即将来临。

当所有人都在关注前方的时候，一股急流从东边涌过来，升腾为数米高的海浪，狠狠地拍打在登陆舰的船身上，将船体又向前推动了一段距离。这样一来，连接船尾与小锚的锚缆便被绷得更紧了。在海浪的推搡下，小锚与船身互相拉扯，金属船体反复受到挤压与拖拽，一会儿瘪下去，一会儿又鼓起来，并因此"吱嘎吱嘎"地响个不停。船长早就被折磨得失去了耐心，想赶紧扔下我们回到开阔的海面上，于是他语气不善地冲我大吼，让我抓紧时间把"那些破烂坦克"弄下船。见到他的这种态度，我一言不发，赶忙溜回货舱，向站在坦克顶部舱口位置的年轻指挥官下达命令。这些坦克早已在货舱前部等候多时，所以在我一声令下后，它们立马做出了回应。打头的"克伦威尔"坦克率先开动，发动机发出"嗡嗡"的轰鸣声，冒出了更多的青烟，启动瞬间产生的推力令履带紧紧咬住了登陆舰的钢铁甲板。它的车头探入水中，在坡道上刨出了一道弧形的水浪。我原以为，车头的履带触到鹅卵石滩的时候，就会将整个车身拉平，但没想到它竟然直挺挺地扎进了深水中。我眼睁睁地看着车尾最后一节履带脱离坡道，随后整辆坦克被海水的浮力托起，短暂地悬浮了几秒，便被急流裹挟，重重地倾向一侧，最后像海龟一样底面朝天翻了过来，露出的底盘在水中忽闪忽闪地折射着太阳的光亮。就这样，这辆重达28吨的坦克如同巨石一样沉入海底，还带走了两名年轻的乘员。

看着两条年轻的生命在面前逝去，我惊恐地站在原地，不知所措。其余人见到此景，顿时陷入一片混乱。喧闹声引起了船长的注意，他下到坦克货舱内，径直冲我走来，劈头盖脸地骂了我一顿，把各种难听的话都说了一遍，将刚才发生的一切归咎于我。我本就没有从亲眼见到的事故场景中回过神来，再被船长这么一骂，更是惶恐万分，根本不敢反问自己到底做错了什么。船长也懒得向我解释，转身命令手下继续做事。登陆舰的发动机又开始工作，发出刺耳的啸叫声，令人心烦意乱。整艘船挣扎着脱离滩头，船身颤抖不已。我紧紧地抓住扶手，跟随船长回到舰桥，在那里听他继续喋喋不休地冲身边人吼叫，时不时地冒出污言秽语。此时，发动机的轰鸣声、锚缆拉扯船体的吱嘎声、海军舰炮与防空炮发出的怒吼声交织在了一起。突然，连接小锚的锚缆"咔嚓"一声断开，令所有人心头一紧。断开的钢缆顺着舰桥向下滑落至船的右舷，轻盈而缓慢，犹如废纸搓成的麻绳。船长见状，已经气到发狂，再次把所有人都"问候"了一遍。不过，这时候船身已经浮了起来，登陆舰被马力全开的发动机拽回了深水区，离开了危险的滩头。

对于"克伦威尔"坦克沉没导致两名年轻的坦克兵牺牲一事，我倍感震惊，陷入深深的自责当中。但船长和他的手下似乎无动于衷，一心只想着如何重新调整登陆舰的位置，根本不会在意任何人的死活。他们骂骂咧咧地掉转船头，做好了孤注一掷的准备，试图在海岸上寻找另一处稍好一些的登陆点。但不幸的是，登陆舰行驶到浅水区时再次搁浅。于是，船长又一次冲我下达命令，让我立马将剩余的15辆"克伦威尔"坦克弄下船，我只好奉命照做。听到我的指令后，排在最前面的坦克被缓缓驶出舱门。看着它的车头驶离吊桥探入海浪之中，我紧张到喘不过气来。不过这一次还算顺利，坦克的履带咬住了海床，车身也在深约4英尺的海水中成功地保持了平衡。与此同时，我们之前做的防水措施在此刻发挥了作用，保护着车辆安全地涉过了几码宽的浅水区，一点点靠近海岸。其余坦克全都跟在头车身后，等到队尾最后一辆坦克抵达坚实的沙滩时，登陆舰早已关闭了舱门，正准备起锚退回深水区。

黄金海滩上是一派繁忙的景象。工兵绞尽脑汁计算着最优的路线，目的是让部队用最少的时间穿过沙滩，抵达撤离出口；破障小组仍忙着清除浸没在水中的防登陆障碍物，为落实丘吉尔的"奇思妙想"做最后的准备：按照设想，盟军将会在此搭建两处"桑树"（Mulberry）漂浮式防波堤港，以方便部队快速将人员与辎重卸载上岸。与此同时，一队队衣衫褴褛的德军俘虏被押到了海边，在那里等待驳船靠岸，他们的目的地是设在英格兰的战俘营。还有一些车辆刚刚驶出靠岸停泊的登陆舰，就被在一旁指挥的物料卸岸监督员编入车组，然后进入集结区，在那里等待被调往前线。我手下的"克伦威尔"坦克同样经历了这一流程，在监督员的引导下开到了沙丘背后的一块空地，那里就像是一处无人管理的大型出租车停车场，里面杂乱地停放着卡车、履带式运兵车和自行火炮等各型车辆。

至此，我再也没有接到任何具体的指示。在这种情况下，我此前在军校学习的战术知识终于派上了用场——空地四周有一圈灌木篱墙，于是我命令所有坦克紧贴墙壁停稳，这样就可以把篱墙当作掩体。一切安排妥当后，我继续等待下一步的命令，但根本没有等来任何传令的人。我只好再抽出一队人马，派他们去周围搜寻些食物。天色稍晚的时候，终于有一辆卡车开了过来。一群坦克手从车上跳下，接管了我们的"克伦威尔"坦克，然后驾驶坦克扬长而去。没过一会儿，又有一辆卡车开来，拉走了和我一起登陆的坦克兵，只留下我一个人在原地苦苦等待命令。等到最后一抹夕阳消失在天际时，我终于意识到，自己很可能被彻底遗忘了，只好孤零零地躺在睡袋里，听着远方传来的炮火声，看着地平线上方闪烁着火光。此刻，德军的轰炸机从我头顶掠过，发出"嗡嗡"的声响。根据我的判断，它们正在趁着夜色的掩护向海里投放水压水雷。这时，天已完全暗下来，漆黑的夜空中闪烁着耀眼的光点，曳光弹在空中划出一道道明亮的弧线，点与线交相辉映。我仰望着眼前的景象，渐渐地进入了梦乡。

等我醒来时，已是"D+5"日拂晓。当时天色微明，晴空万里，海上吹来阵阵清风，可我依然没有等来命令，于是打算先沿海滩散散步，缓解一下焦虑的情绪。我踩着沙丘顶端一路向前走，脚下是数尺深的德军阵地，里面早已人去洞空。目之所及，五天前的激烈战斗痕迹仍然随处可见，沙滩上到处都是焦黑的弹坑与散落满地的装备。不远处，一排排尸体整整齐齐地停放在医疗帐篷外，全身被脏兮兮的灰色裹尸袋（用军毯缝制而成）套住，只露出平头钉军靴，令人毛骨悚然。此景表明，内陆的战斗仍在继续。正当我沉浸在孤独的情绪中，脚下突然传来巨大的"嗡嗡"声。我低下头，看到四周的细沙不停地上下翻腾，还以为自己惊扰到了蜂群。就在我不知所措的时候，一块巨大的黑影在地上快速地移动。我赶紧抬起头，看见一架"梅塞施密特109"（Messerschmitt 109）刚刚掠过头顶，它的身后紧跟着一架"喷火"战斗机。只见"喷火"战斗机死死咬住"梅塞施密特109"的尾翼，两翼的机炮不停地闪烁着火光。原来，被我惹恼的"蜂群"其实是机炮子弹打到地面后激扬起的沙土。正当我恍然大悟的时候，另一架"梅塞施密

46

特109"闯入了我的视野，以快要贴到地面的高度飞行，追击着尾随其战友的英国皇家空军战机。但是螳螂捕蝉黄雀在后，它的后面出现了第四团快速移动的"黑影"——又有一架"喷火"战斗机加入了追击的队伍。眼前这一幕出现得太突然，让我根本来不及反应。但意外远不止这些，等到我在停车场内寻找相对安全的庇护所时，又差点因失误酿成大祸。

过去不到两天的经历就像做梦一般——我先意外地被拉进了诺曼底登陆行动，后来又因为仓促地下达命令，导致两名坦克兵在我面前丧生（我甚至还不知道他们叫什么名字）。剩余的士兵在上岸后全部被其他部队领走，只剩下我自己，结果还差点被空中互相缠斗的战机误伤，险些命丧沙滩。我似乎以一种离奇的方式被卷入了战争之中。此刻我孤身一人，不知道下一步何去何从。于是我开始思考，然后得出结论——摆在我面前的唯一选择是，找到一艘船，让它载我回家。不过，等我回到整洁的宿舍时，我发现自己不知道该如何解释这段离奇的经历。另外我还担心，自己会不会因为擅离职守（AWOL）而被告上军事法庭。今天是我来到诺曼底的第二天，我依旧无事可做，只能在停车场中央找块地方，在自己的工具箱上坐了整整一天，眼睁睁地熬到太阳落山。就在我心情十分低落的时候，一名通信员来到了我的身边。还没等我辨认出他的军衔，他就让我拿好工具箱坐到他身后的车座上，他根本没有做任何自我介绍，也没有说要把我带去哪里。

通信员载着我驶出停车场，穿过蜿蜒的乡间小路，朝着太阳落山的方向一路奔往内陆，路的两边是独具诺曼底特色的村落，村内的房屋用当地的黄褐色石头垒成。随着盟军不断增兵，海滩尽头的滩头阵地变得异常拥挤。通往滩头的道路挤满了运兵车、向前线输送补给的卡车、将伤员拉回海滩的救护车与吉普车（车内配有运送伤员的担架）。沿途每个重要路口都插着一根木桩，上面的木牌上刻有战术标记，在标明部队所在方位的同时，也指明了各类后勤设施的位置。种种迹象表明，盟军已经在海岸上站稳了脚跟。在道路的两侧，还有一块块用低矮的树篱围成的小型场地，里面堆放着大量的弹药与成箱的燃料。面积更大些的场地则用于存放一排排的中型火炮和重型火炮。每当几英里外的前线呼叫火力支援时，炮组成员便会在伪装网的遮掩下，光着上身操纵火炮。火炮声震天动地，与前线的其他声音融为一体。随着我们距离终点越近，前线的嘈杂声就变得愈发清晰。

我们离开了沿海地带，爬上了高地，朝着巴约方向继续前进。这时候，地势开始变得高低起伏，所以我们沿着一条崎岖的小路（此路是工兵为了支援前线交通而铺设的），绕到了巴约的东侧。绕行期间，天色逐渐变暗，古老的诺曼底大教堂笼罩在暮光之中，双子塔尖与绿色穹顶若隐若现。朝东南方望去，遍地都是苹果园，每片果园四周种满了高高的灌木，它们组成了树篱，可以防止大风吹落果实，从而确保苹果的产量。成片的果树为军用车辆提供了绝佳的集结地点——既可以在一定程度上遮挡敌人视线，又提供了充足的空间用于停放卡车与坦克，这样车组成员就可以在脱离战斗区域后立即整编与保养车辆。紧接着，我们拐过了一个岔路口，沿着一条狭窄的小道一路颠簸下行。这条道路的终点，就是舍伍德义勇游骑兵队准备扎营过夜的果园。此刻，天完全暗了下来，最后一抹残阳已经被夜色吞没。

来到果园，我看见苹果树下停放着一辆辆"谢尔曼"坦克，车组成员围在车辆周围，趁着渐浓的夜色忙个不停。做饭的篝火渐渐熄灭，士兵站到坦克的一侧，先将防水帆布从车身一直斜拉至地面，形成一个紧贴车身的单坡斜顶披棚，然后在里面铺好睡袋。载我的摩托车在其中一辆"谢尔曼"坦克旁停了下来。我跳下摩托，跟随通信员绕到了坦克尾部，在紧靠后发动机甲板的位置发现了一座已经支好的帐篷。通信员掀起帐篷的门帘，我俯身钻了进去，看见一名身着作战服的军官正在埋首研究地图，桌上的防风煤油灯光发出昏暗的灯光。他听到有人进来，抬头看了看我。此人名叫约翰·萨姆科恩（John Semken），今年虽然才 23 岁，但已是一名上尉，且奉命指挥 A 中队。他身材颀长，举止儒雅，一头乌黑浓密的头发，不仅看上去比实际年龄老成很多，而且浑身上下散发出不怒自威的气场，这是久经沙场后才具备的气质。萨姆科恩热情地接待了我，让被冷落四天的我感到有些受宠若惊。根据他的说法，我已被纳入 A 中队，明天将接受中队长官的当面训导，在完成整整一天的培训后，我就会成为第 5 装甲连（5 Troop）的指挥官。但他没有告诉我的是，我之所以能接管该连队，是因为前任指挥官在不久前刚被敌军狙击手射杀。另外，他还向我隐瞒了一点——自 D 日登陆以来，舍伍德义勇游骑兵队已经经历了数日惨烈的战斗，而我加入他们的"D+5"日则是战况最为糟糕的一天。

盟军登陆诺曼底的第二天，埃塞克斯郡团第 2 营攻占巴约，该营在此期间得到了 A 中队的支援。当时，铺天盖地的炮弹同时从海面和空中砸向海滩，几英里外的巴约居民听到响声，纷纷钻进地窖内。等到夜幕降临，英军步兵已占领巴约城北部的高地，并开始在那里挖掘工事。城内的德国守军见大势已去，便利用夜色的掩护，连夜悄悄溜走。那一晚，死一般的寂静笼罩着巴约城的大街小巷，居民们伏着身子躲在地窖内，惶恐不安地等待着天亮，不敢发出任何声响。好不容易挨到了 6 月 7 日清晨，人们小心翼翼地从地窖里探出头来，惊讶地发现在城镇中心巡逻的已是英国士兵和 A 中队的坦克。那一刻，他们意识到自由已经降临，瞬间变得欣喜若狂，迸发出歇斯底里的欢呼。由于大部分德国守军已经弃城而逃，盟军在接下来的进攻中只遭遇了零星的抵抗，唯有城南一处孤立无援的德军机枪碉堡仍在负隅顽抗，但其很快就被"谢尔曼"坦克发射的数枚高爆弹炸得粉碎。为了欢庆胜利，激动的人群爬上古老的教堂钟楼，敲响了钟声。与此同时，舍伍德义勇游骑兵队其余部队正在巴约城西北角同第 8 装甲旅（8th Armoured Brigade）会师。所以 A 中队也接到了命令，必须立刻向西北方向开拔，同这股大部队会合。等到士兵们整队出发时，胜利的钟声仍然在空中回响。巴约城是盟军攻占的第一座重镇，但它几乎没有遭到破坏，攻城期间也没有爆发激烈的战斗，但诺曼底地区的其他城镇与村庄就没有这般幸运了。

舍伍德义勇游骑兵队到达目的地后，被迅速编入第 8 装甲旅 [该旅是一支装甲部队，其下辖的另外两个骑兵团同样装备了"谢尔曼"坦克，这两个骑兵团的成员为从第 4/7 禁卫龙骑兵团和第 24 枪骑兵团（the 24th Lancer）抽调来的士兵]。在此前的"黄金海滩"战斗中，为第 8 装甲旅提供一对一近距离炮火支援的是埃塞克斯郡团义勇游骑兵队（Essex Yeomanry），该部队装备的"司事"自行火炮炸掉了勒阿梅勒村的德军火炮掩体，起到了扭转战局的作用。事实上，埃塞克斯郡团义勇游骑兵队的官方名称是"皇家炮兵第 147 野战团"，该团下辖三个炮兵连，每个连队装备 8 门"司事"自行火炮——这是一种经过改装的 25 磅炮，可发射 3.45 英寸高爆弹，射程超过 7.5 英里。与此同时，为第 8 装甲旅提供步兵支援的是国王皇家步枪团（the King's Royal Rifle Corps）第 12 营（the 12th Battalion），该营约有 800 名步兵，其下辖的 4 个步枪连均搭乘布伦机枪运兵车（Bren carrier）参战，在行军速度上可与第 8 装甲旅的突击坦克团保持一致。类似第 8 装甲旅这样的部队共有 6 个，均被英国陆军第 2 集团军部署在诺曼底，其主要职责是为步兵师提供坦克伴随支援，可在必要时将整个建制（如装甲团和装甲中队）打散，把所有坦克下放至每个步兵旅和步兵连。另外，第8装甲旅本身就拥有完备的步兵与炮兵部队，可以独立发起多军种联合行动。

诺曼底登陆初战告捷，重创了德军的沿岸防线。战斗结束后，大部分盟军士兵开始在原地掘壕固守。但是蒙哥马利并不满足于眼前的胜利，迫不及待地想要乘胜追击，急于向内陆推进。因为在巴约以西12英里处，D日的首要作战目标——卡昂仍未被攻占，并且德军正在该城四周加固防御工事。他认为，当下是进攻巴约的有利时机，英军可从驻地东侧出发，包抄该城侧翼。于是，他决定采用如下作战计划：第8装甲旅应奉命组建一支机动纵队，然后沿瑟勒河向巴约以南10英里处突进，以夺取进出波卡基村（Villers-Bocage）的重要交通枢纽。为保护该纵队左翼，舍伍德义勇游骑兵队被委以重任，负责支援第50师的步兵营，同时攻下并守住以瑟勒河畔蒂伊镇（Tilly-sur-Seulles）为中心的村落群以北的高地。需要说明的是，瑟勒河畔蒂伊镇横跨瑟勒河，恰好拦腰截断了第8装甲旅奔袭波卡基村的预定进攻路线。

就在瑟勒河畔蒂伊镇附近6英里处，有一处拔地而起的陡坡，其最高点可以俯瞰狭长的瑟勒河谷，它在地图上被标注为"103高地"（Point 103），是舍伍德义勇游骑兵队行军的第一站。游骑兵队一路高歌猛进，几乎没有遇到任何抵抗，但不幸的是，维克多·弗诺中尉（Lieutenant Victor Vernor）站在炮塔舱口指挥麾下的"谢尔曼"坦克时，被狙击手射中胸腔，身负重伤，又在几日后不治身亡。此人参加过北非沙漠战役，是一名经验丰富的坦克指挥官，他的牺牲是A中队及第5装甲连的重大损失。按照既定的行军路线，舍伍德义勇游骑兵队在向103高地进军的途中，穿过了欧德里约村（Audrieu）。但士兵们并没有注意到，在该村的南侧，伫立着一座巍峨的古堡。后续的部队经过这里时，发现了一个令人毛骨悚然的秘密——45名加拿大战俘在此被德军秘密处决。后经证实，杀害这批战俘的凶手是党卫军第十二"希特勒青年装甲师"（the 12th SS Panzer Division Hitlerjugend）的士兵，他们得知英军装甲部队即将抵达古堡，便在仓皇撤离前痛下杀手。这种令人发指的残忍行径表明，接下来等待舍伍德义勇游骑兵队的，是一场惨绝人寰的恶战，而士兵们面对的，将会是丧心病狂的敌人。

16时00分，舍伍德义勇游骑兵队抵达103高地。士兵们登高望远，将圣皮埃尔村（St Pierre）的全貌尽收眼底。该村位于 103 高地正斜面 ① 的半山腰位置，距离山顶仅 1.5 英里，在地理位置上属于蒂伊镇郊区。而在蒂伊镇以西 2 英里处，面积更大的丰特奈村（Fontenay）也隐约地显露出轮廓。对于坦克来说，山脊正斜面的前缘十分危险，因为此区域暴露在敌人的炮火之下，山麓村庄内的德军随时可能发起攻击。所以，当时所有坦克全部隐蔽在山脊反斜面的树丛中，只有两名军官徒步前往圣皮埃尔村侦察敌情，其中一人名叫基思·道格拉斯（Keith Douglas），他是 A 中队的副指挥官，也是日后著名的战争诗人，被誉为"20 世纪最优秀的军旅作家之一"。他曾随舍伍德义勇游骑兵队征战北非，并在战斗中负伤，后来他根据自己的亲身经历，撰写了一本名为《从阿拉曼到遮姆遮姆神井》（Alamein to Zem Zem）的回忆录。但遗憾的是，等到该书付梓时，道格拉斯已经不在人世。

凭借一口流利的法语，道格拉斯成功地将一名惊魂甫定的村民劝出了地窖，并从他的口中套出了情报——这一带有德军出没。这位村民所言非虚，两名军官很快便遭遇了一小股敌人，所幸他们在被对方发现前就迅速撤回至山脊驻地。他们遇到的这支国防军巡逻队，其实是德军装甲教导师（Panzer Lehr）的部分主力。这支部队在这里出现，表明德军已从诺曼底登陆之初的措手不及中回过神来。装甲教导师共装备了 229 辆坦克，是一支装甲劲旅，盟军登陆时该部队被部署在沙特尔（Chartres）。后来，装甲教导师在两天的时间内行军 100 英里，最终抵达诺曼底。就在舍伍德义勇游骑兵队进入 103 高地的战斗位置时，装甲教导师也开始向蒂伊镇周围的阵地移动。与此同时，英军也加强了蒂伊镇周围阵地的火力配置，部署了 17 磅反坦克炮和一个维克斯机枪 (Vickers Machine Gun) 连。作为装甲教导师的右翼，2000 名党卫军第十二"希特勒青年装甲师"士兵在丰特奈村内整队待命，随时可以驾驶 185 辆坦克（其中有 81 辆性能优良的全新豹式坦克）出战。

德军反应及时，做好了一切准备，致使 103 高地深陷危险之中。德军的坦克从山麓出发，向上侦探军情。与此同时，德军火炮与迫击炮齐射，炮弹如雨点般落在已经暴露的英军阵地上。在理想的战术条件下，坦克应选择能够隐藏车体的地点（"hull-down"position，又称"底盘掩护阵地"）接敌，以坚固的棱线作为掩护。

---

① 译者注：如果己方占据了制高点山头，那么朝向敌人的山坡就是正斜面，背向敌人的山坡就是反斜面。

该地应居高临下，背敌一侧远高于面敌一侧，以便坦克在隐藏车体的同时，能够扩大射击视野。但舍伍德义勇游骑兵队所在的斜坡面朝敌人，根本无法提供隐藏车体的地点，致使该部队损失惨重，仅在占领高地的第二天就失去了 3 辆"谢尔曼"坦克。基思·道格拉斯见部队迟迟无法进入安全射击位置，感到焦急万分，于是他在没有获得中队指挥官许可的情况下，毅然决定徒步向前冲锋。最终，一阵迫击炮弹袭来，夺走了道格拉斯的生命。

当天晚上，舍伍德义勇游骑兵队得到了第 4/7 禁卫龙骑兵团的坦克增援，恢复了战斗力，能够继续在高地上作战，他们甚至还在炮兵和海军的强大炮火支援下，协助主力部队击退了德国步兵的进攻。等到中午时分，第 24 枪骑兵团配合达勒姆轻步兵团（Durham Light Infantry，缩写为"DLI"）发起进攻，一举夺下圣皮埃尔村，使山脊地区彻底转危为安。莱斯利·斯金纳上尉也趁机前往圣皮埃尔村寻找道格拉斯的尸体。最终，斯金纳上尉在一道壕沟内发现了道格拉斯的尸体，遂将其临时埋在了附近的树篱下。其实，就在前一天，斯金纳上尉一直担心道格拉斯暴尸荒野，曾哀求迈克·莱科克上校（Major Mike Laycock）允许他下山找回道格拉斯的遗体。但是，舍伍德义勇游骑兵队的指挥长在 D 日当天就因负伤而被换下前线，莱科克上校仅仅是代理指挥长，所以他断然拒绝了斯金纳上尉的要求。后来，斯金纳神父曾如此记录——道格拉斯随部队在英国登船前，去教堂做了最后一次礼拜，然后告诉他："我预感自己将会在战斗中牺牲。"经历过北非战役的士兵大多持此态度，因为他们觉得自己之前是侥幸保住了性命，但是在接下来的战役中肯定不会再这么幸运了。

夺取圣皮埃尔村的战斗并非一帆风顺，第 24 枪骑兵团为此损失了 12 辆坦克。战斗持续到夜幕降临，直至舍伍德义勇游骑兵队前来增援。当时，天色已经暗了下来，坦克残骸散落一地，熊熊燃烧的大火映红了战场内的人与物，在地面上投出奇形怪状的光影。由于担心敌人会发起反攻，A 中队与 C 中队的战士们彻夜坚守在原地，等到第二天天一亮，就立马配合第 7 装甲师发动进攻，袭击蒂伊地区及丰特奈村以北的高地。与此同时，B 中队被团部留下来充当预备队。当时，整个团部共有四辆"谢尔曼"指挥型坦克——每辆坦克只有一个唬人的 75 毫米口径炮管露在外面，炮塔内部的后膛已被拆除，以腾出更多的空间来安装无线电设备和搭载协助指挥长作战的参谋。有意思的是，这四辆坦克继承了其出发地"诺丁汉"（Nottingham）的文化传统，分别被命名为"罗宾汉"（Robin Hood）、"梅德·玛丽安"（Maid Marian[①]）、"塔克修士"（Friar Tuck，侠盗罗宾汉的牧师兼管家）和"小约翰"（Little John[②]）。虽然团部的坦克经过改装后，可以在战斗期间成为移动的指挥部，但部队停下来休整时，指挥长及其参谋还是会选择合适的建筑物来建立指挥部。

6月11日清晨，这批坦克被停放在圣皮埃尔村北侧一处封闭的小农场内，旁边的农舍则用于安置由达勒姆轻步兵团的军官组成的指挥小组。这个农舍配有一个面积并不大的庭院，其地面用鹅卵石铺成。当时，手头没有事情的军官全都聚在院子内散步。突然，一枚炮弹从远处飞来，落在了院子内。这枚105毫米口径的炮弹在狭小的空间内炸开，地面的鹅卵石瞬间被震碎。四散飞溅的石块，与锯齿状的弹片和锋利的燧石混杂在一起，飞旋着刺入军官们的身体。这枚炮弹带来的巨大的杀伤力，让整个指挥小组几乎被"团灭"——指挥长及其副官与情报员当场身亡，另有三人负伤。仅仅几秒钟的时间，舍伍德义勇游骑兵队的指挥中枢就被彻底摧毁了，迈克·莱科克上校的梦想也在这场钢片与碎石的暴风雨中破灭，他再也没有机会亲自指挥这支曾由他父亲领导的部队了。

上午晚些时候，斯金纳上尉安葬了死者，将迈克·莱科克上校葬在乔治·琼斯上尉（Captain George Jones）身旁。乔治·琼斯的父亲是一名手艺精湛的樵夫，父子俩在诺丁汉郡（Nottinghamshire）怀斯顿村（Wiseton）的莱科克庄园内谋生，琼斯本人曾为迈克·莱科克的父亲做工。在加入舍伍德义勇游骑兵队成为一名坦克兵后，琼斯一路晋升，成为一名雷厉风行的指挥官，受到部队上下的尊敬。琼斯与莱科克虽为老乡，但二人在家庭出身方面却有着云泥之别。悬殊的身份伴随着两人短暂的一生，即使此刻他们并肩躺在诺曼底肥沃的土地上，也没能挣脱农奴与农场主之间的依附关系。

斯坦利·克里斯托弗森收到了一封紧急的电报，被告知必须立即返回舍伍德义勇游骑兵队团部。在所有的中队指挥官当中，虽然克里斯托弗森的资历并不算最老的，但他却是舍伍德义勇游骑兵队指挥长的最佳人选。因此，第二天他就获得了正式任命，荣升为舍伍德义勇游骑兵队的第六任指挥长。在过去一年多的时

---

① 译者注：侠盗罗宾汉的知己。
② 译者注：侠盗罗宾汉的手下。

间里，舍伍德义勇游骑兵队已经更换了数名指挥长，其中两人在沙漠战役接近尾声时阵亡，约翰·安德森中校因在 D 日当天负伤而被撤下前线。如此高的更迭频率表明，指挥一线部队作战是一项极其危险的工作。而莱科克上校（连同他在庭院内的同僚）与基思·道格拉斯之死则说明，如果军官离开坦克暴露在外，他们就非常容易被敌人的间瞄火力击中。

一把手克里斯托弗森荣升舍伍德义勇游骑兵队的代理指挥长，二把手基思·道格拉斯战死沙场，A 中队一时间群龙无首，没有人能够接任中队指挥官的位置。最终，约翰·萨姆科恩填补了这一空缺。从资历来看，此人曾在沙漠战役期间担任坦克连的指挥官，在北非战事结束返回英国时，他立刻被提拔为了上尉，成为舍伍德义勇游骑兵队的技术副官，负责监管部队车辆及武器的保养与供应。他的工作关系到部队装备的性能，决定了士兵能否随时拿起武器投入到战斗之中，本不应随意变动，但随着战事吃紧和指挥官的大量流失，A 中队愈发迫切地需要约翰·萨姆科恩的才能与经验。

说回舍伍德义勇游骑兵队代理指挥长克里斯托弗森这边。莱科克上校与琼斯上尉都是他的好友，道格拉斯则是他的副指挥官。但克里斯托弗森根本没有时间哀悼友人，因为德军正在准备发动猛烈的反攻，他必须时刻关注圣皮埃尔村的布防情况。此刻，德军装甲教导师的主力已奉命抵达该区域，即将发起进攻以突破英军防线。德军兵锋直指圣皮埃尔村西侧，并且成功地渗透至第 8 装甲旅所在的蒂伊镇郊区。与此同时，英军第 15 师也承受着巨大的压力，被迫退回 103 高地。事已至此，舍伍德义勇游骑兵队必须放弃圣皮埃尔村，将战友的遗体和受损的坦克丢在村子里，然后爬到地势更高的地方。然而，占据了上风的德军，同样付出了巨大的代价，多辆坦克被舍伍德义勇游骑兵队的"谢尔曼"坦克击毁。另外，虽然装甲教导师在本轮进攻中得到了重型火炮的支援，但英国的反击更加猛烈——多个皇家炮兵野战团的火炮同时开火，驻守在海岸附近的海军战列舰也动用了大口径火炮，海陆齐射的炮弹遮天蔽日，将冲锋的德国士兵炸得人仰马翻。到了傍晚时分，德军装甲教导师的士兵已经筋疲力尽，无力继续发动进攻。攻守双方都停了下来，趁着夜幕降临重新组织兵力。

我对自己加入舍伍德义勇游骑兵队那天具体发生了哪些事情，知之甚少。至于该部队自登陆诺曼底以来经历的战斗，我更是无从知晓。现在回想起来，约翰·萨姆科恩曾简单地向我介绍了一些战况，但我只记得舍伍德义勇游骑兵队的指挥长已经阵亡，新任指挥长已经就位，而我加入的 A 中队也有了新的负责人。可我当时并没有料到，约翰·萨姆科恩在成为 A 中队的指挥官后，将会对我本人在舍伍德义勇游骑兵队的军旅生涯产生深远的影响。

约翰·萨姆科恩掀开帐篷门帘的一角，用手指了指苹果树之间的位置。于是，我朝着他指的方向摸索着走去。就在一瞬间，月亮从浮云中露出头，投下皎洁的月光，照亮了伸手不见五指的营地，一辆"谢尔曼"坦克的轮廓显现在黑夜中。我慢慢靠近这辆坦克，耳边传来了一阵浅浅的鼾声。循着声音，我看到了从车身侧面斜拉下来的黑色防水帆布，我断定下面有人正在睡觉。于是，我钻进披棚，蹑手蹑脚地爬到熟睡的士兵身旁，小心翼翼地铺开睡袋，坐下来准备睡觉。这时，火炮与迫击炮的轰鸣声在远处响起，短暂的闪光照亮了夜空。由此判断，在离我不远的另一处营地里，斯坦利·克里斯托弗森也一定难以入眠。或许他也在思考，如何在上任之初就指挥好第二天的战斗。但和我不同的是，他是一名战功卓著的坦克指挥官，战斗经验丰富，在舍伍德义勇游骑兵队当中赫赫有名。跟他相比，我不值一提。

洗礼

在上任第一天的战斗结束后，新任指挥长斯坦利·克里斯托弗森能否在夜里睡得安稳，我不得而知。我只知道，在103高地与圣皮埃尔村的战斗中，舍伍德义勇游骑兵队伤亡了37人，其中12人是军官。在这12人当中，有6人直接牺牲在了战场上。这天晚上，克里斯托弗森在指挥部整理完伤亡报告后，忍受着内心巨大的悲痛，开始动笔给阵亡将士的家属们写吊唁函——这是每一位指挥长需要履行的责任。此时已是凌晨时分，克里斯托弗森绞尽脑汁想出了一些挽词，希望能给破碎的家庭和悲伤的遗孀们带来些许的安慰。相比之下，作为坦克连的指挥官，我不需要背负如此沉重的压力，只需直接领导睡在我旁边的士兵（虽然我还不知道他们的名字），以及另外两辆"谢尔曼"坦克的车组成员——这些就是第5装甲连的全部人马。

等我醒来的时候，身边的位置已经空空如也。我掀开门帘，看见熹微的晨光刺破了黑夜，这片营地经过几个小时的沉睡，已经苏醒过来。我从披棚里走出来，看了一眼手表，还差几分钟到四点整。此时，坦克发动机的轰鸣声已在耳畔响起，战士们趁着夜色还未褪去，开始生火做饭，为新一天的战斗做准备。昨晚睡在我身边的三名战友正在忙着洗漱和烹制早餐。他们往一个空饼干罐里倒满汽油，点着火后把煎锅放在饼干罐上，然后全神贯注地盯着煎锅里的食物，听着它发出滋滋的声响，完全没有注意到我这位新上任的装甲连指挥官。这三位士兵也非等闲之辈，因为他们每个人的战斗夹克的左胸口位置，都别着一枚非洲之星（North Africa Star）勋带。我走上前，简单地介绍了自己。但他们听后都无动于衷，只是匆匆地瞥了我一眼，然后又继续埋头做饭了。

我顾不上这些，决定主动融入他们。虽然我之前在巴温顿军营和桑德赫斯皇家军事学院接受过18个月的训练，但学习的科目主要是操纵"丘吉尔"与"瓦伦丁"坦克。那段时间里，我只接触过一次"谢尔曼"坦克。不过，大多数坦克的原理与设计都是触类旁通的，瞄准系统更是如此。丰富的受训经验使我清楚地认识到，校准主武器镗孔是操作所有坦克前的首要工作。敌我坦克狭路相逢时，任何一丝偏差都会导致火炮无法精准射击，一车人很可能因此命丧德军坦克的炮火之下。所以，我询问围坐在炉火旁的这三人，谁是炮手。一个人面色阴沉地站了起来。我接着问他，是否已经校准并测试了主炮。对方耸了耸肩，一副无所谓的样子。见他这副模样，我赶紧命令他钻进坦克检查设备，不料得到回应却是："滚，要查你自己去查！"

炮手如此桀骜不驯，属实把我吓了一跳。不过，因为刚刚晋升为陆军中尉，肩上的军衔才挂了几周时间，我还不太适应自己的新身份。所以面对炮手的反应，我没有说一句话，而是准备亲自校准主炮。我从指挥官舱口爬进炮塔，里面的主炮后膛几乎填满了战斗舱的中心位置。我侧着身子，背靠舱壁，前胸贴着炮膛，绕到了炮尾的位置，用尽全身力气拉下炮闩闭锁块操纵杆。完成这一步后，我又沿原路挤回舱口，爬出了炮塔，挪到了主炮的前面，然后按照之前在训练中学到的方法，把两根长长的草秆固定在炮口边缘的夹缝内。这两根草秆互相交叉，正好在炮口中央形成了一个十字形准星。接下来，我又跳进炮塔，挤进炮手的座位，然后抬起头，眯起眼睛朝打开的后膛里看，看到了炮管另一头碗口大小的光亮。在阳光的照射下，炮管的内壁闪烁着寒光，有些晃眼。这时，我先使用主炮的横移与抬升装置，将炮口的草秆准星对准了 200 码外一棵大树的树冠，然后把眼睛贴到火炮瞄准镜的橡胶目镜上——如果主炮镗孔的精度没有问题，我将会看到光学准星的细线与草秆准星完全重合。

我惊恐地发现，光学准星并没有与草秆准星合二为一，而是往下偏移，径直指向了坦克正前方几码外的地面。也就是说，在战斗中，这辆坦克一旦开炮，炮弹就会偏离预定目标很远，甚至很有可能误伤我方坦克——这比敌人的坦克还要危险。我全神贯注地校准瞄具，突然感到背后有风拂过，好像有人跳进了炮塔。我用余光扫了一眼周围，发现连队里的一等兵挪动到了炮膛另一侧，在装填手的位置上坐了下来。有那么一瞬间，我觉察到他的脸上闪过一丝同情，温暖而友善。之后，他就埋头调试身后的无线电设备了。等到我完成手头的工作准备爬出炮塔时，"沙沙沙"的无线电静电噪声在耳边响起，他还在专心致志地摆弄着无线电设备的刻度盘，想要把它调到舍伍德义勇游骑兵队的通信频率上来。

此时，车组的另外三人也吃完了早饭，他们卷起了披棚的防水帆布，同时将各自的用具塞进了坦克的后部，只留下我自己的工具箱孤零零地待在原地。我只好亲手将睡袋捆扎好，然后把它牢牢地绑在坦克的后甲板上。接下来，我找到了装甲连的中士，想要确认另外两辆坦克的瞄具是否已校准完毕。亚瑟·哈里森中士（Sergeant Arthur Harrison）大概 45 岁，身材魁梧，皮肤黝黑，长着一张国字脸，是土生土长的约克郡人。他其实只有我父亲那么大，但看上去却像个老头。我甚至觉得，在他眼里我应该就是一个淌鼻涕的小屁孩。无论是从年龄还是从外表来看，他都有些令人生畏，他浑身上下散发出老兵特有的气质——战争爆发前，他于1939年应征入伍，以坦克手的身份加入舍伍德义勇游骑兵队，成为一名预备役军人。我瞥了一眼他身上那件脏兮兮的战斗夹克，其胸口位置同样别着一枚非洲之星勋带，这证明此人参加过北非战役。此前有传闻说哈里森不喜欢年轻军官，事实的确如此，因为当我问他其他坦克的校准情况时，得到的回答是"关你屁事"。

同部队里资历最老的士官争辩毫无意义，只会浪费时间。而且从程序上来说，我还不是正式的指挥官，今天仍然需要接受中队老士官的训导。此刻，营地内坦克发动机的点火声此起彼伏，一些车组成员陆续爬进了坦克。与此同时，中队的作战队长（battle captain）内维尔·费恩（Neville Fearn）出现在我的坦克的一侧，他没有做冗长的自我介绍，而是直入主题，简明扼要地向我强调了任职的注意事项。首先，我需要跟着他，他停下来我就得刹车，他开火时我也得立刻射击。他还提醒我不要关闭舱盖，而是要始终把头伸出炮台，时刻用双筒望远镜观察四周。其次，他还让我把锡制的头盔摘下来，换上黑色的坦克贝雷帽，这样就可以在帽子外面套上耳机。他还补充说，我应当把换下来的头盔放到指挥官舱口的机枪支架上，然后把护目镜套在头盔上，这样就可以吸引德军狙击手的注意力，让他以为自己瞄准的是我的脑袋。在使用无线电通信方面，他告诉我要时刻注意自己的音量，千万别因为情绪激动而大喊大叫。最后，他郑重地警告我，一定别在行军途中睡着。说完这些，他就转过身子，朝自己的坦克走去。这个时候，我这辆坦克的车组成员还在战车四周晃悠，一副无所事事的样子。一位少校实在是看不下去了，便大声命令他们准备登车。后来我才知道，这位少校就是斯坦利·克里斯托弗森，日后他将晋升为中校。我至今仍清楚地记得，他当时厉声斥责我们，冲我们吼道："你们费那么大劲把坦克开到这里，不想让鬼来驾驶他们吧？"显然，他话里有话，是在暗指基思·道格拉斯之死和前一天的军官团灭事故。我们也清楚，舍伍德义勇游骑兵队自登陆诺曼底以来，大部分伤亡的发生，都是因为人员暴露在坦克外的空地上，被火炮或迫击炮击中。所以，我们没等他说第二遍，就赶紧爬进了车里。

我站在座位上，听着发动机持续发出轰鸣声，看到A中队的18辆"谢尔曼"坦克正在列队出发，履带卷起滚滚尘土。很快，我就发现，内维尔·费恩的坦克就在装甲车队的最后，于是我向本车驾驶员下达了出发命令。就这样，伴随着齿轮的咬合声与发动机的咆哮声，我们的坦克摇摇晃晃地跟在内维尔·费恩的坦克身后。虽然费恩没有向我介绍此次行动的目标，但我十分清楚舍伍德义勇游骑兵队的任务——在第 7 装甲师突入我方东侧的蒂伊地区时，为其左翼提供保护。此时，第 8 装甲旅抵挡住了德军装甲教导师的进攻，仍然坚守着圣皮埃尔村上方的山脊。该山脊长达两英里，东起 103 高地，西至 102 高地。102 高地的中心地带名叫布瓦隆德（Boislonde），其上伫立着一座古堡。由于山脊斜前方的森林一直绵延至丰特奈村村口，所以 A 中队领到的任务是，如有德军坦克渗透进山脊森林，需要立即肃清敌人。

A 中队下设四个装甲连，每个连队装备了三辆"谢尔曼"坦克，并且每辆战车上都安装了一门标准的 75 毫米口径火炮，另有两挺 0.3 英寸口径机枪（其中一挺与主炮在同一条轴线上，而另一挺则被固定在坦克车体的前部）负责提供补充火力。共有两辆坦克组成了 A 中队的移动指挥部，约翰·萨姆科恩就在其中一辆坦克内指挥整个中队的行动。除常规编制外，A 中队还有一个独立装甲连。该独立装甲连装备了四辆"谢尔曼萤火虫"坦克，由中队指挥部直接指挥。"谢尔曼萤火虫"坦克是在"谢尔曼"坦克的基础上改装而成的，其装备了火力更猛的 17 磅坦克炮，可为常规坦克连提供额外的火力支援。不过，"谢尔曼萤火虫"坦克只有一挺与主炮同轴的机枪，因为其车体前部的 0.3 英寸口径机枪连同机枪手位置已被移除，目的是腾出空间以容纳体积更大的 17 磅坦克炮炮弹。凭借丰富的训练经验，我能够敏锐地注意到任何一个坦克战斗中队的编队方式。但我发现，A 中队并没有采纳皇家装甲兵团的命名惯例，而是以字母 A 为首字母，在坦克两侧喷涂白色的代号。例如，我所在的坦克被命名为"命中"（Aim）号，连队内的另外两辆坦克则被称作"射手"（Archer）号和"神箭"（Arrow）号。与此同时，我还注意到，A 中队的另一辆坦克车身上喷涂有"Akilla"（"阿基亚"）字样。

前往作战区域的路程并不算太长，我们以每小时 25 英里的速度，沿着延绵不断的乡间小路前进。一路上，轻风拂过发梢，我的心情激荡起伏，第一次指挥装甲战车的兴奋之情溢于言表。"谢尔曼"坦克的最高速度可达每小时 30 英里，这在当时来说已经是相当快的速度了。但这样的速度其实是以牺牲乘员的舒适度换来的——坦克的内部空间十分逼仄，四壁全部被涂成白色，驾驶员坐在车体左前部的驾驶舱内，操纵杆就在他的胸前。如果驾驶员将两个操纵杆同时向后拉，则可以制动坦克。在驾驶员的脚下，有一个油门踏板和一个离合器踏板。另外，在驾驶员的左手边，还有一个绿色的小型简易控制箱，里面设有各式刻度盘与开关，可用于启动发动机并监控发动机的速度、转速与温度。最后，变速杆位于驾驶员的右手边，它连接着硕大的变速箱——内部的传动装置可将坦克尾部发动机产生的动力传导给前驱链轮，以驱动坦克的履带。

机枪手坐在控制箱的右侧，负责操纵安装在车体前部的 0.3 英寸口径机枪。驾驶员和机枪手都有各自独立的舱口。但是，头顶的舱口通常处于关闭状态，潜望镜穿过嵌在舱盖上的潜望镜开口，连接车身内外。驾驶员和机枪手只能通过潜望镜上的观察孔（长 6 英寸，宽 1 英寸）窥视外部环境。另外，车内每一寸空间，包括驾驶员和机枪手之间的空隙，以及两人身前、身后和身侧的区域，全都被利用了起来——塞满了主炮的炮弹、机枪的弹药箱、口粮、烹饪设备、饮用水和少量的个人杂物。相比之下，炮塔内另外三名车组成员所处的空间要稍大一些——装填手坐在主炮的左侧，需要在极其有限的空间内完成如下操作：先抬起炮弹并将其填入主炮后膛，然后用力将炮弹推送到位以防掉落，再"砰"的一声合上炮闩，最后向坐在主炮右侧的炮手报告"准备就绪"。装填手身兼数职，他不仅要负责操纵与主炮左侧的同轴机枪（采用弹链供弹），还需要操作和维护身后（炮塔后部）的无线电设备。

炮手身处的空间比装填手所处的空间还要狭小。炮手的左肩几乎要挨到主炮的反后坐装置，其右肩则刚好抵住钢质的炮塔内壁，在粗糙的表面上蹭来蹭去。在这种情况下，他还要向左或向右调整主炮方向——用右手转动动力回转操纵把手（power-traverse handle）。炮手不仅可以使用与视线平齐的潜望镜来观察外部环境（视野范围与驾驶员及机枪手相同），还独享安装在主炮一侧的独立潜望镜。只要独立潜望镜经过了校准，其视线能与主炮准线保持重合，那么炮手就可以利用独立潜望镜，准确看到目标区域的放大景象。炮手脚下的空间刚刚够其做出射击动作，即踩下安装在炮塔地板上的两个独立发射按钮，它们均与电子螺线管相连，可操纵 75 毫米口径炮及同轴机枪。像我这种指挥官（又称"车长"），则可以坐在炮手头顶或身后的可折叠小圆凳上，或者在炮塔内寻找合适的支撑点站稳，将头伸出车长指挥塔上两扇敞开的半圆形狭窄舱门，向外观察四周的情况。

想要把头和肩膀探出舱口，最好的方法是向前稍稍弓起身子，这样可以让膝盖吸收一部分车身颠簸产生的冲击力。坦克行驶在凹凸不平的路面上，一路东摇西摆，将整个车厢变成了不停晃动的铁女架（iron maiden①），车内每一处装置的设计似乎都是为了刮伤或刺破皮肤。另外，汽油及润滑油的刺鼻气味与汗臭味混杂在一起，充斥着整个车厢。虽然车组成员身穿可以吸汗的棉质坦克服或作战服，但我怀疑他们自 D 日以来就没有时间洗衣服。需要特别指出的是，除了部分成员必须将手枪固定在枪套内，其他人均没有佩戴任何绑具，因为一旦坦克被击中，我们就必须弃车，而车辆内部空间狭小，任何绳带都可能导致人员被车内设施勾住，从而无法顺利逃生。

坦克行进过程中，车身后部的通用汽车 (General Motors) 底特律（Detroit）双子直列六缸柴油发动机在持续地咆哮。与此同时，炮塔下方的动力系统也在一刻不停地运转。它与发动机相连，同样位于车身后部，与乘员舱之间仅隔着一层薄薄的金属防火墙。在巨大的机器噪声中，如果车组成员使用正常的音量对话，根本无法听到对方的声音，所以他们只能依靠对讲机进行沟通。我们的坦克装备的是"19 型"无线电通信装置，该设备的控制面板安装在炮塔内，共设有三个挡位，经无线电波与我们的头戴麦克风及耳机相连。如果我把控制面板上的旋钮扭至"B"挡，就可以使用装甲连内网与另外两辆坦克通话；倘若我将旋钮扭至"A"挡，则可以启用中队或舍伍德义勇游骑兵队的通信频段；剩下的"I"挡用于本坦克车组成员之间的沟通，我也会利用此挡位向组员下达命令。不过，自早上驾驶坦克离开营地以来，我们之间几乎没有任何对话。尽管机器的轰鸣声不绝于耳，但我仍能明显地感受到车内弥漫着一股沉闷的气氛。

之前在军校里，我们接受的训练是如何在关闭指挥官舱口的情况下指挥战斗。关闭舱门固然可以避免身体暴露在外，能够最大限度地降低被弹片与流弹击中的风险，但也存在明显的弊端——指挥官在指挥战斗时会因为视野受限，无法有效地了解战场态势。因此，我们摒弃了这一教条原则，在实战中常常打开舱盖"探出头来"。虽然"探出头"作战并非万无一失，但两害相权取其轻。另外，我还注意到，主炮的后膛原本装有防危板（防止坦克射击时主炮炮闩后座进入舱室，对炮塔内的车组成员造成伤害），但在实战中，为了给装填手及炮手腾出更多的操作空间，该装置

---

① 译者注：一种中世纪刑具，内置尖铁钉的棺材形箱子。

也会被拆除。这样一来，我们在操作 75 毫米口径主炮时，必须得加倍小心，因为巨大的后坐力可能会撞碎我们的骨头，造成致命的伤害。最后，在车厢内吸烟原本也是被明令禁止的，但从离开营地的那一刻起，所有人都在一刻不停地吸烟，这导致车内烟雾缭绕，密闭的空间内充斥着闷热污浊的空气。我本来就有烟瘾，而自从加入第 5 装甲连后，更是一发不可收，发展到一天吸 100 根的程度。总之，在诺曼底同德军作战时，我们常会根据实战的需要，彻底地摒弃教条的训练原则，诸如打开舱口、拆掉防危板以及在车内吸烟之类的事，早已成为家常便饭。

虽然我们刚驶离营地一小段距离，但等到车队在一大片果园旁的射击死角停下来时，所有车辆都蒙上了厚厚一层白灰。此时晴空万里，太阳已经完全升起，朝阳给田地里尚未成熟的玉米镀上一层金色。我环顾四周，发现了一幕骇人的景象——不远处的草场里，横七竖八地躺着被炮火炸死的牛，它们的身体完全僵硬，四条腿直直地指向天空，肚皮在阳光的照射下已经胀开，散发出令人作呕的尸臭，招来了成群的苍蝇。其实，类似这样的场景在诺曼底战役期间随处可见，已成为标志性的景象。在我们的前方，A 中队的先头部队正准备继续前进。他们放慢了速度，向远处的林线缓缓移动，几乎没有在车尾扬起灰尘。这时，内维尔·费恩的坦克驶离了车道，开进了一小块被树篱包围的田地。于是，我率领自己的连队紧跟在他身后。只见这辆坦克贴着树篱继续向前开，然后突然做出一个机动动作，驶进了树篱的间隙，准备在那里架炮射击。这辆坦克刚停稳，其主炮和机枪就立刻向 200 码外的另一处田边树篱开火，炮弹落在了一排高高低低的树木之间。我不太清楚费恩在朝什么东西开火，但仍然学着他的样子，将自己的坦克开至其侧翼，然后命令炮手掉转炮口，向之前的炮弹落点开火。

对于我的命令，坦克手锡德·马丁（Trooper Sid Martin）无动于衷，一副不情愿的样子。在此之前，他就不愿服从我的命令，而且更要命的是，连队里像他这样的人不止一个。我只好再次重复指令，要求他朝隐蔽在远处树篱后的目标开火，同时重重地拍了拍他肩膀，以此提醒他军人必须服从命令。就这样，第一发高爆弹终于冲出炮管，发射瞬间产生的后坐力猛地将后膛推进了炮塔。还没等这枚 75 毫米口径炮弹的黄铜弹壳落地，同轴机枪便"哒哒哒"地射出了子弹。这时候，一等兵梅奥（Mayo）火速将第二枚炮弹填进了后膛，然后合上炮闩，大声报告："准备就绪！"如此快的装填速度实在是令人叹为观止。于是，我蹲下身子，将头缩进舱口，隔着满舱呛鼻的烟雾，向他投去了赞许的目光。这时候烟雾已经淡了很多，梅奥注意到我在看他，冲我微微一笑，然后便立刻转身，将另一发18磅高爆弹抱到了大腿上。在此过程中，"谢尔曼"坦克的空气过滤系统给我留下了深刻的印象——它的设计初衷是给车尾的发动机降温，但也能将主炮射击产生的浓烟抽出乘员舱，短短几秒的射击间隔，它就可以消除几乎全部的烟雾。

我方坦克向前方树丛射出了一发又一发炮弹，但我仍然不知道我们在射击什么，只能睁大双眼，目不转睛地透过双筒望远镜观察敌情。终于，我看到了远处闪动的火光，随后便听到了德军MG-42机枪特有的开火声——类似电锯高速转动时发出的"嗞嗞"声。即使混杂在各种噪声当中，这挺"施潘道"（Spandau①）的"嗞嗞"声也十分突出。紧随其后的，便是机枪子弹捶打在我方坦克侧板上的声音。这一次，马丁没有等我重复命令，而其他坦克也同时利用瞄准镜确定了德国人的机枪的位置。几乎就在一瞬间，众炮齐射，一排密集的75毫米口径炮弹冲出炮膛，飞向天空，在树篱后方落地开花，响声震天动地。树篱瞬间就消失在火光与硝烟之中，德军枪口的闪光与独特的"电锯声"也戛然而止。

15分钟之后，费恩的坦克突然停止了射击，就像刚才开火时那样令我始料不及。于是，我赶紧命令自己的坦克停火。梅奥利用这一间隙，先为同轴机枪更换了弹链，然后又开始处置从退弹孔（位于炮塔的一侧，在梅奥肩膀的上方）掉出的黄铜弹壳，同时小心翼翼地避开它们，以免被炽热的余温灼伤。最后，他留下了其中一个弹壳，将其当作临时尿壶，用完后便把它递给了下一个人。就这样，临时尿壶在车组成员当中流转了一圈。短暂的调整结束后，我们继续驱车前进。此时，我注意到，哈里森的坦克似乎被我落在了身后。接下来，我们又使用机枪朝树篱方向扫射了一阵，然后挪到了另一处同样隐蔽的射击位置，继续向另一片田地对面的树篱开火。连队其余的坦克也很快反应了过来，学着我们的样子朝对面倾泻弹药。一阵炮火覆盖结束后，我透过双筒望远镜向外仔细观察，再也没有发现对面的树篱中有任何敌人活动，心中不由得暗自佩服费恩，甚至怀疑他是不

---

① 译者注：该词是英军对德国机枪的通称，因为一战时期德军的MG08等型号重机枪多数产自施潘道兵工厂。

是拥有超能力，或者是具备超乎寻常的第六感，所以才能感知敌人的位置。上午余下的时间里，我们不停地更换射击位置，接连打击了一道又一道树篱。根据我的估算，在本轮进攻中，我们消耗了大量的弹药，却仅仅向前推进了几百码的距离，这不仅与我当初在桑德赫斯皇家军事学院学到的战术（实施大规模侧翼机动扫荡和集中使用装甲部队进行纵深突破）相去甚远，也与我在卢尔沃斯射击学校练习的远距离坦克目标射击科目完全不同。另外，我还注意到，对于这种大量消耗弹药的做法，我的手下表现出了明显的抵触情绪。

与此同时，A 中队的其他装甲连正在我们前方侧翼的树林里作战，但具体位置不详。我看不到他们，也不知道他们具体在做些什么，但根据断断续续的无线电通信内容判断，他们似乎正在林中和德军坦克玩"猫捉老鼠"的游戏——我能听到敌我双方装甲部队交火的报告，偶尔还能从耳机里的杂音中分辨出反坦克炮开火的声音。综合以上迹象来看，他们很有可能距离我们不到一英里，但我们正全神贯注地同前方不远处的茂密树篱中的一小股敌人交火，加上树木的遮挡与田垄树篱的阻隔，仿佛和他们不在同一个世界里。除了变换射击位置和挪动至下一处林线外，我们大多数时间都处于静止状态，只有我、装填手和炮手在忙着指挥、装填与射击，驾驶员与车身前部的机枪手似乎沉浸在自己的世界里，甚至还会在车辆停下来时打上一局扑克。

正午时分，烈日当空。似火的骄阳炙烤着大地，发动机也在持续散发着热量，坦克内部因此变得酷热难耐。又过了半晌，我实在忍受不了高温的折磨，于是解开衣扣，撸起了战斗夹克的袖子。但还没等汗液稍稍蒸发带来凉意，我就看到费恩的坦克开到了我的一侧。他冲我大吼，示意我下车到车尾等他。我俩碰面后，他继续破口大骂，批评我擅自调整战斗着装，同时告诫我，一旦坦克被击中，我们就只有六秒钟的逃生时间，之后我们的座驾就会迅速被烈焰吞噬，变成熊熊燃烧的炼狱。即使我侥幸逃出生天，体表 70% 的皮肤也会被烧伤，生存概率也会因此大大降低。这番斥责警醒了我，同时也暴露了"谢尔曼"坦克被敌方反坦克炮弹击中后易燃的缺陷。在战车中被活活烧死，是所有坦克乘员的噩梦，而"谢尔曼"坦克在中弹后，竟有高达 80% 的概率会着火燃烧。正因如此，它在诺曼底战役期被德军戏称为"汤米炉"（Tommy Cooker，一种固体酒精便携灶台），同时也在盟军当中获得了"朗森打火机"（Ronson，美国著名打火机，其广告语是"一打就着"）

这一绰号。然而，容易着火还只是"谢尔曼"坦克的诸多设计缺陷之一。

M4"谢尔曼"坦克产自美国，于1942年列装盟军部队，曾在北非战场大显身手。它的设计集机动性强、速度快、防护性能卓越、火力打击能力突出和易于量产等优良特性于一身，满足了盟军在装甲战术方面的追求，即重现德军使用装甲集群在法国（1940年）和苏联（1941年）获得的惊人战绩。盟军关注的重点是，如何集中使用坦克部队将敌人的防线撕开缺口，然后进行纵深突破，深入敌后制造混乱，以达到屈人之兵的效果。在北非战场上，M4"谢尔曼"坦克力压希特勒装甲部队的主力坦克——四号坦克（Panzer Mark Ⅳ），证明了自身的实力。但是，德军的坦克战理论也在与时俱进。相比之下，盟军的作战思维已逐渐过时。1941年年末，苏联将重型坦克T-34部署在东线，给德国以出其不意的沉重打击。为了对付T-34坦克，德国不仅改进了四号坦克的主炮，还研发出了新式重型坦克——虎式坦克与豹式坦克，前者重达54吨，装备了88毫米口径主炮，后者重达45吨，装备了长身管75毫米口径主炮与性能优秀的倾斜式装甲。

1943年，盟军在突尼斯战场首次遭遇了虎式坦克。士兵们惊恐地发现，即使"谢尔曼"坦克的炮弹以勉强超过每秒2000英尺的初速冲出75毫米口径主炮，也无法击穿虎式坦克4英寸厚的正面装甲及2英寸厚的侧面装甲。与此同时，诺曼底地区的实战经验表明，面对豹式坦克3英寸厚的倾斜均质正面装甲，即使盟军的穿甲弹也无能为力。相反，虎式坦克装备了88毫米口径主炮，豹式坦克和四号坦克均装备了75毫米口径主炮，这两种主炮射出的炮弹的初速超过了每秒3000英尺，可在2000码外轻松击穿"谢尔曼"坦克的正面装甲（平均厚度为3英寸）。因此，盟军想要击毁一辆豹式坦克，只能在500码的距离内伺机对其车身两侧较薄的2英寸厚的装甲实施侧翼打击，而且必须同时符合两个条件——在近距离实施平射，且炮弹要正好命中敌坦克的侧面或尾部。所以，我们在实战中根本没有这样的机会。针对这一情况，"谢尔曼萤火虫"坦克在原始型号的基础上换装了17磅主炮，通过技术升级来对抗豹式与虎式坦克的火力与防御优势。但在诺曼底登陆前，仅有少数"谢尔曼萤火虫"列装部队，而且该型号的坦克并非十全十美。

在诺曼底战场，盟军坦克手不仅需要直面性能卓越的德军坦克，同时还要克服"谢尔曼"坦克自身的缺陷——火力不足、防护薄弱，在崎岖的地形中艰苦作战。诺曼底乡野以树篱田（bocage，有时音译为博卡日，是法国北部、英格兰南部、爱尔兰、荷兰及德国北部特有的一种地形，其特点是田地以大量的树篱或树篱墙分隔）地形为主，与平坦开阔的沙漠地带形成了鲜明对比。丘陵连绵起伏，形成了深深浅浅的山谷，山坡上覆盖着错落有致的树林与密密匝匝的田地。田地的四周被隆起的田垄围住，田垄上种有树篱。连接各块田地的乡间小路被夹在田垄之间，深深地凹陷下去，令坦克寸步难行。经过数个世纪的农耕改造，密不透风的树篱与凹陷的小路成了天然的反坦克屏障，既可以阻挡射击视野，又可以迟滞车辆的移动，可谓易守难攻。而且在树篱田地形中，任何树篱的背后以及凹陷的路面内，都可能有一辆虎式坦克或豹式坦克潜伏在那里，随时准备将你轰成碎片。

实践证明，树篱田地形对装备反坦克武器的步兵十分有利。最令盟军士兵生畏的是安装在地面上的 88 毫米口径火炮，其穿透力与移植到虎式坦克上的改装型完全一致。88 毫米口径火炮威力虽大，但数量有限，德军使用得更多的是"手持火箭筒"——每一道树篱后面，每一条壕沟内，每一排树木的下方，都可能站着一名扛着"铁拳"无后坐力反坦克榴弹发射器（Panzerfaust，以下简称"铁拳"）的士兵。"铁拳"是一种一次性手持反坦克武器，其长度为 41 英寸，重量比盟军坦克的炮弹还要轻几磅，可在 100 码的有效射程内将一发破甲榴弹打入盟军的坦克内部。另外，树篱田也是狙击手的绝佳隐蔽地点，盟军坦克手若将头伸出炮塔，就等于将"爆头"的机会拱手送给敌人。

第一天的行动接近尾声时，我才领教到德军的凶悍，感受到地形的局限性，同时也对"谢尔曼"坦克的严重缺陷有了初步的认识。在整个炽热的下午，坦克一点点向前挪动，给道路两侧的茂密植被全都蹭上一层白灰。等到斜阳拉长树影时，我通过中队无线电通信频段收到了一则命令，得知部队接下来将前往巴约附近的一处新营地。当时，我们的坦克正停靠在一道树篱旁，树篱的尽头与前方树林相连。我正要命令驾驶员启动坦克，却突然发现，在我右手边几百码外的位置，也就是林间小路的尽头处，似乎有一些动静。于是，我赶紧用双筒望远镜向外观察，似乎看到一辆坦克的车尾消失在树丛后面。紧接着，又有一辆坦克跟了上来。因为距离太远，我只能看到一团黑乎乎的身影笨拙地缓缓前进，在阳光的照射下显露出巨大的轮廓。我立即认出它们是德国坦克，其中一辆坦克离我方坦克的距离不到 400 码，在我方的射程之内。于是，我尝试对着麦克风喊话，但无线电网络线路正忙，而等我再次观察目标时，这辆坦克早已消失不见。

按照惯例，所有坦克需要在夜幕降临时撤离战场并返回营地。这是因为二战时期的坦克不同于现代坦克，没有装备夜视装置，车内成员在最后一缕阳光消失后便无法看清任何东西，所以坦克极少在夜间出动，否则极易遭遇敌人反坦克武器的袭击。比起之前的营地，巴约附近的舍伍德义勇骑兵队营地距离前线更远，所以我们在路上花费了更长的时间，等到达目的地时，太阳已经落到了我们的身后，变成了一个明亮的橙色火球。紧接着，我们把坦克开进果园，按照中队军士长的指令，紧贴着树篱将坦克停在树下。车内的无线电系统十分安静，车组成员之间没有任何对话，似乎一天的战斗也没有打破最初沉闷的气氛。此时天色已晚，但我们手头的工作远没有结束。

我们停好坦克后，发现后勤梯队已经做好了迎接我们的准备，正从卡车上卸下一个个木箱与纸箱，里面装有 75 毫米口径炮弹、0.3 英寸口径子弹、口粮、饮用水和油罐。等我们关闭发动机跳出坦克时，我原以为亚瑟·哈里森中士会马不停蹄地指挥队员们拆开箱子，给我们的坦克补满燃料与弹药。然而，他并没有出现在营地内，这让大家感到非常意外。等我找到他时，他告诉我，自己的燃料十分充足，而且他在刚才的战斗中也没有消耗太多弹药，所以没有必要获取补给。与此同时，连队里的其他人正在将防水帆布从车身上斜拉下来，还有人趁着天还没有黑透准备生火做饭。我见状，赶紧让他们停下手头的事情，然后将他们叫到一起，严肃地命令他们先给坦克加满补给，同时完成基本的保养工序。

"谢尔曼"坦克可携带 75 枚主炮炮弹，但头脑灵活的坦克手可以通过巧妙的装箱手法，往坦克内塞进 100 枚炮弹。不过，由于每枚炮弹重达 18 磅，在填满坦克的情况下，所有弹药的总重量可能超过 1 吨。所以说，把弹药连同我们所需的其他所有物资，一件不落地塞进"谢尔曼"坦克狭小的车厢内，真的是一项极其耗费体力的苦差事，能把人累到骨软筋麻。

"谢尔曼"坦克的油箱拥有 160 加仑的容量，把它装满，相当于给 12 辆汽车挨个加满油。想到这里，我开始明白，为什么士兵们在作战时不愿意开火。另外，经历了长时间的战斗，各个部队早已兵困马疲，但时值仲夏，昼长夜短，士兵们仅能睡上三四个小时，之后就会被起床号叫醒。所以，每到吃晚饭的时候，他们都会低头不语，只想抓紧把手里的食物囫囵吞完，以挤出更多的睡觉时间。我虽然同情手下，但我心里很清楚，如果我们不克服疲惫并及时补充物资，那么在接下来的战斗中将会面临弹尽粮绝的局面。所以，在我的坚持下，车组成员们动身忙碌起来，但马丁不仅故意磨洋工，还不时地冲我翻白眼。看到哈里森与马丁这样的表现，我本该把他们叫到面前训斥一顿，但补给工作已经接近尾声，而A中队的命令组（O group）还在等着我参会。

命令组是中队指挥官在一天结束时召集的军情会议小组。开会时，约翰·萨姆科恩首先会总结当天的行动，然后下达命令，将第二天或下一步行动的任务分配至每一支部队。我钻进约翰·萨姆科恩的帐篷内，坐到地上蜷起双腿，手里攥着地图盒与记事本。坐在我旁边的还有另外三个装甲连的指挥官、A中队的二把手，以及军士长。萨姆科恩先和我们分享了一则鼓舞士气的好消息——上级已决定将舍伍德义勇游骑兵队撤出前线，进行为期两天的休整。这可是该部队自D日登陆以来的首次休整。但他又告诉我们一个坏消息——A中队在布瓦隆德附近的树林中支援前线部队时，一门反坦克炮误伤了自己人，击毁了中队军士长指挥的"谢尔曼萤火虫"坦克。不过万幸的是，该坦克的车组成员成功弃车逃生，毫发无损。萨姆科恩发言时，军士长哈钦森（Hutchinson）就坐在我身旁，对此事缄口不言。当时我并不知道，北非战役期间，哈钦森是A中队的高级士官，他为了将车组成员从中弹着火的坦克中救出而身负重伤，并因此被授予军功勋章。

萨姆科恩继续补充了一些部队管理的细节，然后问我们还有没有其他问题。作为在场资历最低的军官，我等到最后才有机会发言。于是，我提到了在撤回营地途中隐约看到的那两辆德军坦克。萨姆科恩反问我，为什么不朝它们开火。我给出了一些不太充分的理由，比如没有看清这两辆坦克的特征，以及本来想汇报情况，但通信线路正忙。说完这些，我本以为萨姆科恩会严厉地批评我，但他并没有这么做，而是强调发现目标就必须先下手为强，不能有半点犹豫，然后移动至新的射击位置并再次开火。萨姆科恩指挥A中队还不到一天时间，这是他第一次面向在场所有指挥官发表观点。后来我通过观察发现，他的作风一贯如此。来到法国后，萨姆科恩意识到，盟军此前针对诺曼底登陆的演练重点一直集中在如何上岸。这种战术意识早已深入每位将士的骨髓，所以很少有人关注上岸以后发生的事情，而萨姆科恩凭借此前在沙漠中指挥"谢尔曼"坦克的经验，意识到在树篱田地形中作战必须适应新的游戏规则。

按照萨姆科恩的作战理念，我们应先使用高爆弹对树篱实施炮火覆盖，然后再向前推进，以发挥我方的数量优势，集中火力消灭敌方狙击手与反坦克炮，同时也能让隐蔽在树篱后的敌坦克现形。在他看来，树篱田地形是一把双刃剑，如何利用该地形，将在很大程度上决定将士的生死——树篱田地形将平均交战距离缩短至 100 码，极大地削减了德军 88 毫米口径及 75 毫米口径火炮的射程优势。作为部队的领袖，约翰·萨姆科恩此刻眼神坚定有力，浑身上下散发着自信，我十分荣幸能够成为他的部下。另外，我本想举荐哈里森，但很快改了主意，因为我觉得萨姆科恩是一名雷厉风行的将领，他想提拔的对象一定也得是铁腕人物，可以把自己的部队管理得井井有条。

在命令组的会议上，我终于有机会见到其他装甲连的指挥官，其中哈利·希南（Harry Heenan）指挥第 2 装甲连，迈克·豪登（Mike Howden）指挥第 3 装甲连，迪基·霍尔曼（Dickie Holman）指挥第 4 装甲连。哈利和迪基的经历相似，其年龄也只比我稍大一些，他们都是在 D 日之前舍伍德义勇游骑兵队返回英国的途中，加入这支部队的。这两人年纪相仿，志趣相投，很快就成了无话不说的朋友。有了这段友谊的支撑，两人才在日后艰苦的战争岁月里坚持了下来。迈克·豪登是一名经历过沙漠战役的老兵，虽然才 28 岁，但他看上去要比实际年龄老成很多，给人一种不易相处的感觉。不过，这三人对我都非常热情，非常乐于同我分享实用的作战技巧，比如告诉我不要佩戴军官肩章，否则很容易成为狙击手的击杀目标。我们四个人在约翰·萨姆科恩的英明领导与指挥下，紧密团结在一起，互相学习，互相帮助。在此期间，我学到了很多东西，但在面对骄横散漫的哈里森，以及桀骜不驯的其他手下时，我依旧束手无策。一天的野外实训结束了，我开始正式指挥第 5 装甲连。等到下一次外出行动时，就再也不会有中队的高级军官手把手地指导我了。从此刻开始，我将完全对这支连队的表现负责。

总有人问我，第一次参加战斗时，是否会感到害怕。实话告诉你们，我根本没有害怕。第一天上岗时，我难免会有些焦虑，但这绝对不是害怕，毕竟初生牛犊不怕虎。相反，随着经验的增长，以及长期作战导致身心俱疲，我到后来才真正感到一丝害怕。不过，我也在学着麻痹自己。从加入舍伍德义勇游骑兵队的那一刻起，我就有很多事情有待完成，有很多东西需要学习，而且我必须从连队领导的角度来思考如何克服恐惧。我也非常清楚，自己的决策直接决定着第 5 装甲连在战场上的表现。我要做到的，是坐镇前线，从容不迫地指挥战斗，这样才能赢得部下的信任。撇开一切私心杂念不谈，我最害怕的事情有两件，一是战斗失败，二是因为自己的决策失误让手下弟兄命丧敌人之手。想要避免这些事情的发生，我就得建立起对自己的信心。可自信的养成，并非一蹴而就的事情，这不仅需要丰富的作战经验，还需要知晓战场上何事可为与何事不可为。但所有这一切的前提，是掌握战场生存能力，尽最大可能让自己在战斗中存活下来。当我从命令组回到营地时，连队里的大部分士兵已经就寝。我检视了一圈，确认所有坦克都已加满了补给，这才放心地爬上自己的坦克，把头伸进炮塔内，结果我发现肯·梅奥（Ken Mayo）还没有睡，原来今晚轮到他守夜值班。梅奥感觉到有人进来，向上抬了抬头，发现是我之后，便顺手递上了一盒食物，而这是我今天吃上的第一顿饭。在那一瞬间，我觉得，尽管还有很多事情要去做，还有很多东西需要学习，但在赢得手下信任的漫漫长路上，我已经成功地迈出了一小步。吃完饭后，我也钻进了铺盖，想抢在起床号响起前睡上几个小时，但我满脑子想的仍然是摆在自己面前的两场持久战——一场是同德国人的斗争，另一场则是如何赢得手下的信任。此时的我并不知道，对于我、第 5 装甲连和 A 中队而言，真正的烈火洗礼还没有到来。

树篱田

上文说到，我们从前线撤下，来到了巴约东南方向的营地。我利用在营地休整的这两天时间，仔细观察了现在的手下。他们和大多数士兵一样，只要被人问起，就会说自己真正效忠的对象是其所属的舍伍德义勇游骑兵队，而舍伍德义勇游骑兵队被官方称为"诺丁汉郡义勇骑兵队"（the Nottinghamshire Yeomanry），本质上是一支地方自卫骑兵团，曾主要在以下地区招募士兵：曼斯菲尔德（Mansfield）与沃克索普（Worksop）的矿区、诺丁汉郡乡村，以及雷特福德（Retford）和特伦特河畔纽瓦克(Newark-on-Trent)等市镇。对于舍伍德义勇游骑兵队的士兵来说，他们皆是诺丁汉郡及北英格兰地区的同乡，有着强烈的地域认同感，在此基础上组成了一支乡勇队伍，而他们的军官则抽调自当地的乡绅狩猎团。1794年，为了防范拿破仑入侵本土，该部队一度由5名公爵和20名伯爵及勋爵共同指挥，此事也为该部队的战史增添了浓墨重彩的一笔。

1940年，舍伍德义勇游骑兵队在乡绅的指挥下，代表全郡出征巴勒斯坦，奉命维护当地治安。所有将士脚踏马鞍，手持马刀，奔赴前线。在该部队的战史上，也曾有两次类似的调遣，其中一次是在1900年被调往南非同布尔人作战，另外一次则是在一战期间被卷入美索不达米亚战役。然而，随着局势的发展，英国的当务之急，不再是维护帝国内部的治安，而是必须在地中海及北非地区击败轴心国。因此，舍伍德义勇游骑兵队放弃了战马，摇身一变，成了海岸炮兵部队，以崭新的身份接受训练。该部队先后参与了托布鲁克（Tobruk）、班加西（Benghazi）与克里特（Crete）三地的保卫战，然后于1941再次接受改编，成了一支装甲部队，同时装备了"格兰特""十字军"与"谢尔曼"三种型号的坦克。1942年，舍伍德义勇游骑兵队被编入第8装甲旅，在阿拉姆哈勒法战役（the battle of Alam Halfa）中，首次以装甲部队的身份同敌人交火，但因尚未适应角色的转变，该部队在战斗中损失惨重——半数坦克被德国非洲军团（Afrika Korps）的坦克及88毫米口径反坦克炮击毁。在汲取了早期沙漠战役的惨痛教训后，舍伍德义勇游骑兵队愈挫愈勇，最终在英军向阿拉姆哈勒法发起突击后的24小时内，率先冲破隆美尔的防线，成为第8集团军下辖各部队当中唯一一支成功突防的劲旅，从此声名远扬。1943年，该部队又在盟军向突尼斯挺进的过程中充当先锋，发挥了至关重要的作用，最终迫使德军投降。

在战争中，部队的性质与特点总会随着战斗经验的累积而不断发生变化，其中一条属性便是可以形成类似同窗之谊的战友情。"铁打的营盘流水的兵",减员时有发生,同时也不断有"新鲜血液"补充到行伍当中。为了加速新手成长,部队加大了培养力度,能够自上而下一直关注到哪怕最为微小的组成部分。具体到装甲团,受关注的个体便是每一位车组成员及其所属的装甲连。舍伍德义勇游骑兵队也不例外,该团下辖的 12 个连,每个连装备 3 辆坦克,是最基本的战斗单位。在战斗中,同一个连的士兵并肩作战,相互配合,同仇敌忾,同生共死,所以他们都对连队忠心耿耿。虽然每名坦克手都以游骑兵队成员的身份参与战斗,但他们实际上只是为了自己所属的车组而战。不过,为了连队的整体利益,他们也会同连队内另外两个车组做好协同配合。15 名战士整日吃住在一起,白天比肩而战,晚上同屋共寝,闲暇时间插科打诨,甚至比家人更了解彼此。长此以往,袍泽之情日渐深厚,集体的归属感也愈发强烈。

作为舍伍德义勇游骑兵队的一分子,哈里森和第 5 装甲连的大多数战士一样,在北非战场上经历了战火的洗礼,深知侧翼空虚与位置暴露是战场大忌。他们虽然刚被划入我的麾下,却已身经百战,随大军征战过阿拉姆哈勒法与阿拉曼等地。我还在军校接受训练的时候,这些人就已在沙漠里打过了好几场恶仗,一同出生入死,彼此之间情同手足。任何新加入第 5 装甲连的成员想要融入他们,就必须先在激烈的战斗中证明自己。对于我这样刚走马上任的年轻中尉来说,这就更是难上加难了,因为我此前和他们没有任何交集——既没有在北非并肩作战,也没有一起在英国受训,更没有同时登陆诺曼底。在他们看来,我只不过是一个初出茅庐的 19 岁的小屁孩,脸上写满了稚嫩,根本没有经历过战争的考验。但我终究是他们的新任指挥官,将在今后的行动中掌握决策大权。所以他们非常清楚,我若纸上谈兵鲁莽行事,必将会给连队带来灭顶之灾。

在第 8 集团军中,许多老兵认为,他们已经在沙漠战役中拼尽了全力,如今却又被逼着从头再来一遍,在欧洲的西北角赌上自己的生死。第 5 装甲连大多数士兵同样持此态度,所以他们更愿意听从哈里森的指挥——论年纪,哈里森的年龄是我的两倍之多;论经历,他已在北非战役中九死一生,如今更是挂念家中妻儿老小,一心只想着如何活下来同家人团聚。正因如此,哈里森对我没有任何兴趣,更不会给我提供任何指导。我甚至怀疑,在他看来,我的上任只是走个形式,根本不会对他的威信造成任何影响,因为自诺曼底战役爆发以来,历任装甲连指挥官很难在战场上活过两周时间。他主要担心的是，我在习得必要的战场指挥能力前，会不会害死他和连队中的其他人，或者在试错的过程中搭上自己的性命。

在离开前线进行休整的这些天里，我们收编了 A 中队的其他成员，同时做好了"谢尔曼"坦克的维修与保养工作，随时可以投入到下一场行动当中。然而，鉴于我日后的表现将直接决定车组成员的生死，所以他们与我之间的关系变得十分微妙。机枪手和炮手还算听话，两人老老实实地将 75 毫米口径主炮的炮闩及 0.3 英寸口径机枪拆卸下来，清洗了所有的零部件并给它们涂上了机油。但坦克手锡德·马丁就有些难以对付了——此前在我下令校准主武器镗孔时，他就已表现出了桀骜不驯的一面，如今对我的不服更是溢于言表。此人在二十八九岁的时候当过矿工，身材精瘦，皮肤黝黑，有些滑头滑脑。倘若在和平年代，他没准能成为战友当中的"点子王"。但现在是战争时期，他把小聪明用错了地方，面对我的命令，他总是磨磨蹭蹭的，总是想方设法地找出各种理由或借口。再说说机枪手萨姆·加特赛德（Sam Gartside），这个人身材矮胖，胸肌发达。他与马丁同岁，两人又都来自诺丁汉郡的沃克索普区，所以他们关系甚密。我能察觉到，他们总是在检修坦克机枪时嘀嘀咕咕，对我的到来表示不满。

坦克静止不动时，车组中最忙碌的当数驾驶员。虽然"谢尔曼"坦克在当时以性能稳定而著称，极少出现机械故障，但任何装甲车辆在长时间超负荷运转后，都时不时地需要小修小补（譬如，调紧用金属销钉联结起来的履带链环，给驱动链轮与轮轴架加机油，随时检查油位并给油箱加满油），而这些全都需要驾驶员来完成。我们这辆车的驾驶员是乔·狄克逊（Joe Dixon），他又高又瘦，只比我大一岁。当初在利比亚的时候，有一名士兵负伤，他作为替补加入了舍伍德义勇游骑兵队，所以才在不久后幸运地赶上了突尼斯地区的最后几场沙漠战役。他总是勤勤恳恳地忙着分内的保养工作，相比另外三名成员，他很少抱怨。在我这辆车内，狄克逊、加特赛德和马丁都是列兵，装填手兼无线电员肯·梅奥是唯一的准士官。在我看来，梅奥或许是因为军衔带来的责任感，才表现得与另外三人稍有不同。

肯·梅奥满头金发，身材瘦削，有二十八九岁的样子。他原本在 B 中队服役，后因在 D 日当天受了轻伤，被送下了火线。伤愈后，他便被调配至 A 中队。

梅奥本身很有能力，在舍伍德义勇游骑兵队中的资历又老，所以荣升下士指日可待。也就是说，他有望独当一面，扛起指挥坦克车组作战的大梁。但据我观察，很少有车组成员愿意独自扛起这样的责任，因为指挥战斗时需要将头探出舱门，很容易被狙击手爆头，或者被弹片击中脑袋。在诺曼底作战的第一个月内，舍伍德义勇游骑兵队就已经损失了 50 名坦克指挥官（其中包括第 5 装甲连的前任指挥官，此人在率领装甲连向 103 高地挺进的途中，为了指挥战斗而将身体伸出炮塔舱门，结果被子弹射穿了胸腔，很快便因伤势过重身亡）。由此可见，一旦被提拔为指挥官，不仅意味着肩上的担子更重，还会大大增加暴露在敌人视野中的风险。所以，许多人在得知自己升职后表现得不情不愿，也就不足为奇了。我刚上任时，梅奥并没向我提及这些，但他在后来向我坦言，他当时心里很清楚，要不是自己当初不愿意接手坦克指挥官这个烫手的山芋，我也不会被调到这里来。对于我即将承担的巨大风险与责任，他感同身受，心头既有同情，又有些愧疚。有了这样的感情基础，我俩逐渐结成了同盟。靠着这层关系，我在今后的战斗中，一点点赢得了连队成员的信任。

就在大家互相推诿，谁也不愿意独挑大梁的时候，第 5 装甲连的下士乔尼·拉纳（Jonny Lanes）接过了指挥棒。他是地地道道的诺丁汉郡乡下汉，于 1936 年（当时只有 17 岁）加入舍伍德义勇游骑兵队，后来负责指挥第 5 装甲连中的第 3 辆坦克。舍伍德义勇游骑兵队乘船前往巴勒斯坦的途中，他因为喜爱马匹，领到了照看骑兵队坐骑的任务，所以大部分时间都待在船只的底舱内喂马。另外，在托布鲁克战役中，他摇身一变，成了海岸炮手。之后，他又被编入 A 中队的"十字军"坦克车组，参加了该中队的每一场行动，随舍伍德义勇游骑兵队从埃及一路征战至利比亚。等到 25 岁的时候，他看上去仍比哈里森年轻许多，似乎并没有被北非的恶战耗尽精力。我刚来的时候，他表现得十分低调，显然也是在静观我在战斗中的表现。但他又和哈里森不太一样——在前一天的行动中，我注意到，与敌人交战时，他不会像哈里森那样踌躇不前，而是会态度坚定地跟随我，与我的坦克共进退。

我们连的士兵虽然个性与出身迥异，但也有诸多共同的特征。首先，他们都操着一口独特的方言，中间夹杂着部分诺丁汉郡地区的口音（这种口音与约克郡的口音相近，但后者的发音更硬一些，表意也更为直白）。比如，字母"h"通常不发音，第二人称单数"you"会被"thou"替代；人们平常见面的问候语是"Alrate youth?";若想表示一个人很幸运,会说他(她)是个"jammy git"①;若想表达自己对某事比较满意,则会说"chuffed"②。总的说来,士兵们的方言当中混杂大量旧式驻印度英军的用语,以及近代受北非文化影响而产生的埃及俚语。在他们不时说出口的印地语中,"dhobi"表示"清洗","jildi"的意思是"抓紧做某事","dekko"则对应"看一眼"。如果他们对某事不感兴趣,就会蹦出阿拉伯语单词"malessh",但如果他们对某事感到非常满意,则会脱口而出"quois quetter"。而且士兵们常常"出口成脏",往方言中掺入大量英语粗话,特别是那个"F"开头的单词,只不过将发音模糊成了"fooking",让它听起来不会过于刺耳。我曾经接受过为期六个月的坦克兵训练,对此早就习以为常,而其他像我这样在维多利亚时代的中产阶级家庭中长大的年轻人,若听到这些污言秽语,恐怕会立刻火冒三丈。最后,我的手下和大多数士兵一样,会用说反话的方式来发牢骚。比如,他们若对某事不满,就会说"这事儿真他妈绝了"(not fooking on)。英国士兵是出了名的爱发牢骚,如果没有在部队中服过役,根本听不出来他们"话里有话"。但发牢骚并不代表心情不好,他们真要憋着一句话不说,全体沉默不语,反而需要我及时提振士气。

说到士气,我们保持身心愉悦的主要方式是做饭与吃饭,因为食物不仅是维持体能的必需品,同时也是战争期间为数不多的可以让我们轻松获得慰藉的东西。正因如此,我们倍加珍惜分到手的口粮。每个车组各自起灶生火,最后将做好的饭菜装进十人份的干粮盒内,供一个车组的人吃上两天。每餐的主食虽然单调,总是硬饼干、罐头咸牛肉、豆子和总也吃不完的"麦克诺基战壕乱炖"(Maconochie,一种军用罐头烩菜肉,由劣质肉丁和炖到稀烂的蔬菜混杂在一起制作而成,味道令人作呕),但车组成员们会开动脑筋,想尽各种方法将它们变成美味的佳肴。时间充裕的时候,我们会把饼干捣碎,然后倒进水里泡上一夜,等到第二天再往里掺入炼乳和糖,将它们熬煮成粥。与此同时,我们还会就地取材——加特赛德练就了一手以物易物的好本事,擅长同法国平民做交易,用部队配发的香烟与巧克力换来当地特产,以改善我们的伙食。虽然这群

---

① 译者注:意为"幸运儿"。
② 译者注:意为"开心且满意的"。

来自诺丁汉郡矿谷的"乡巴佬"已经入乡随俗，适应了松软的法式卡门贝干酪（Camembert[①]），但"茶"（Cha，士兵们平常就这么发音）对心灵的慰藉作用，永远无法被任何食材所取代，在士兵们的心头占据着极其重要的位置，而新鲜的茶叶更是被所有车组视如珍宝。平日里，士兵们小心翼翼地将茶叶保管在最为安全的地方，只有极少数时候才会拿出来过过嘴瘾，替代混合着奶粉与糖的罐头茶。另外，米饭布丁也是稀缺之物，如果有人在新配发的口粮包中找到了它，便会忍不住发出"quois quetter"这种惊叹声。

　　我身为坦克连的指挥官，每日有要事在身，自然无法加入研制美食的行列。为了第二天的行动万无一失，我总得亲自监督连队做好准备，而等到傍晚行动结束，所有人返回营地后，我还要参加约翰·萨姆科恩主持的命令组会议。所以，我能吃上什么，完全取决于肯·梅奥，他总会为我留一口饭，让我从营地返回连队时不至于饿肚子。可等到我将命令转达给坦克连的中士及下士，终于能抽出时间吃饭时，饭菜早已变得冰凉。冷饭虽然难以下咽，但有梅奥专门为我留饭，让我能在百忙之中匆匆地扒一口饭吃，已经令我非常满足了。从这一点上来说，梅奥实际上已经成了我的私人勤务兵。要是在更为正规的部队中，这种附属关系会更正式一些，因为普通列兵会被公开分配给各个军官，成为他们的专属秘书，负责照顾他们的衣食起居。但我并没有刻意差遣梅奥，他所做的一切全凭自愿。正是因为有了梅奥的照顾，我才能集中精力指挥连队作战。不然，我可能早就一命归西了。

　　那天晚上，营地内的A中队命令组会议早早地结束了，我们连队因此有了共进晚餐的时间。同车组的人若能坐下来一起吃饭，便可以通过说笑来短暂地放松紧绷的神经，这对于缓解战斗压力来说，十分必要。但当我完成了一天的校准工作，准备坐下与车组成员共享入队以来的第一顿晚餐时，却只能听到从其他车组那里传来的欢声笑语，眼巴巴地看着他们谈天说地，尽情地享受着行动期间难得的轻松一刻。再看看我自己车组的人，一个个沉默寡言，谁都不愿说话。之所以会如此尴尬，是因为截至目前，我在他们眼中，仍然是一个不请自来的外人，谁又想同一个陌生人并肩作战呢？我心里非常清楚，他们还在观察我，想知道我将如何

　　[①] 译者注：一种原产于诺曼底卡门贝附近的软乳酪，表皮发白，风味浓郁。

证明自己，所以我的一举一动直接影响着他们接下来重新投入战斗后的表现。而他们能否信任我，也将对整个车组的士气产生极大的影响。在他们看来，只有相处久了，才能判断我是否值得信任，我也只有熬过了这段磨合期，才能真正被他们接纳。但从以往装甲连指挥官的平均存活天数来看，上天留给我的时间并不多，而手下这些人也根本没指望我能活多久。

如此一来，我陷入了一个悖论：我只有一直活下去，才能够习得必要的经验，知道该做什么与不该做什么。有了丰富的作战经验后，我才会在指挥战斗时游刃有余，不会让手下人贸然送死，进而提高我本人乃至整个坦克连的生存概率。而在一个身经百战的部队中，最容易丧命的往往是初来乍到的新兵蛋子，因为只有经过实战的锤炼，才能对战斗中的风险了如指掌。所以，摆在我面前的关键问题是，我能否活得够久，能否快速地积累经验，从而避免做出害死整个连队的人的错误决策。从这一点上来说，我手下的人一定认为，我的到来大大降低了他们的生存概率。

不过，战争经验丰富也并不一定是好事。第5坦克连的战士们比我更了解战争，他们曾亲眼见过德军的88毫米口径火炮将装甲孱弱的英军坦克炸成废铁，眼睁睁地看着同伴在火海中被活活烧死，所以对战争充满了恐惧。而来到诺曼底之后，陌生的战场环境让他们更加没了底气。以往在平坦开阔的沙漠地带，敌人身在明处，或者用士兵们自己的话说，"就像一坨风干的鼻屎晾在那里"。但来到地形紧凑、植被茂密的诺曼底乡村后，死亡变得如影随形，"死神"很可能蹲伏在每一条凹陷的小路里，或者藏在每一道树篱的背后。起起伏伏的丘陵中，随时可能冒出一门反坦克炮、一辆德军坦克或一名扛着"铁拳"的德国士兵。他们会朝"谢尔曼"坦克射出高爆弹或穿甲弹，将薄若蝉翼的座舱外壳撕开一道口子。面对这种全新的战场环境，北非老兵们一时手足无措。

让老兵们感到恐惧的不只是地形，还有火力强大的德国坦克，特别是凶猛的虎式坦克。但我们当时并不知道，真正的考验即将到来——就在我们东南方向12英里处，一位德国军官正在实施他的作战计划。正因如此，舍伍德义勇游骑兵队才接到命令，所有人必须在一个小时内开拔。就这样，我们在严肃而尴尬的气氛中匆匆结束了营地内的第一顿集体晚餐，然后迅速收拾好行囊。战斗已经在维莱博卡日（Villers-Bocage）打响，今夜我们将枕戈待旦，随时准备应对突发状况。

盟军在攻占诺曼底滩头阵地后，便向内陆推进，但苦战数日无果——第50

诺森伯兰步兵师和第 8 装甲旅迟迟未能攻破德军阵地。随着党卫军第十二 "希特勒青年装甲师" 和德军装甲教导师被调入诺曼底一带,德军进一步巩固了其在巴约以南的防御阵地(西起蒂伊镇,东迄卡昂),接下来他们将调集更多的军队来加强卡昂一带的防御。在这形势危急的时刻,舍伍德义勇游骑兵队却被调离前线进行休整与改组,令蒙哥马利焦急万分。他迫切希望赶在德国人采取行动前重新组织进攻,从而让英国陆军第 2 集团军保持挺进态势。与此同时,第 7 装甲师接到命令——为了从侧翼包抄德军装甲教导师设在蒂伊镇周围的阵地,他们须向南挺进至维莱博卡日,然后向东迂回,利用敌人防线背后的一个缺口,驱车穿过维莱博卡日内的一处小集镇。这个极其大胆的计划是在实践经典的坦克战理论,意图通过穿插至敌人后方的方式来瓦解敌军阵地。皇家装甲兵团教官对此引以为豪,但他们没有想到的是,这套在沙漠地带屡试不爽的方法,竟没有考虑诺曼底地区独特的树篱田地形。更为要命的是,他们还将在此遭遇年轻的党卫军坦克指挥官米歇尔·魏特曼(Michael Wittman)。

说回 6 月 12 日,当我们撤出战斗的时候,党卫军第 101 重装装甲营第 2 连指挥官米歇尔·魏特曼 [此时,他的军衔为党卫军上级突击中队长(Obersturmführer)] 正沿着一条杂草蔓生的小道,赶往位于维莱博卡日西郊的营地。其实早在 6 月 7 日,魏特曼就已率部从博韦(Beauvais)出发前往诺曼底。他麾下的虎式坦克虽然凶悍,但机械故障率极高。所以,等到达目的地时,其麾下的 8 辆虎式坦克只剩下了 4 辆。鉴于每辆坦克都重达 54 吨,这支装甲部队只能绕道至巴黎南部,在那里寻找尚未被盟军轰炸机炸毁且能够承受坦克重量的桥梁,所以他们又在路上多花了五天的时间。崎岖颠簸的小道令本就糟糕的车况雪上加霜,所有坦克需要大修一番。魏特曼原本计划在第二天组织士兵修理剩余的虎式坦克,但第二天他刚睁开睡眼,就看见了英军的装甲车——它们首尾相连,在前方几百码外的维莱博卡日至卡昂主干道上排成了长龙。此刻,英军的坦克在明处,魏特曼的部队藏身暗处,二者仅相隔一块田地的距离。

如果第 4 伦敦义勇骑兵团(the 4th City of London Yeomanry)在行军期间部署一支前哨侦察小队,便可以发现党卫军第 101 重装装甲营第 2 连剩余的虎式坦克。但第 7 装甲师的先头部队急于赶路,仅在遇到欢腾的人群(这些人看到盟军的坦克后,以为解放在即)时稍作停顿,之后便匆匆穿过了维莱博卡日。英军车队行至集镇外，在一处斜坡上停了下来，等待指挥官做出下一步的行军部署。魏特曼立刻抓住这一时机，跃上身旁的一辆虎式坦克，准备指挥部队同第4伦敦义勇骑兵团交战。只听他一声令下，这辆坦克的88毫米口径主炮连续射出多枚穿甲弹，击穿了位于英军车队首尾的坦克，令英军整个车队在主干道上进退维谷。紧接着，魏特曼贴着被困英军车队的一侧前进，沿途击毁了20多辆克伦威尔坦克、布伦机枪运兵车和半履带装甲车，在身后留下一堆堆熊熊燃烧的机械残骸。抵达维莱博卡日后，他又击溃了另一支装备了克伦威尔坦克的英军坦克部队。最终，魏特曼搭乘的坦克被英国步兵的6磅反坦克炮击毁，但在此之前，他麾下的另外两辆虎式坦克和德军装甲教导师的战车已经加入了战斗。

魏特曼此前已被授予骑士铁十字勋章（Knight's Cross），曾在东线创下一次性击毁130余辆坦克的战绩，在对苏作战中立下了赫赫战功，并从此名声大噪，被德国大众所追捧。此次袭击英军车队的惊人举动，又在他个人的军功簿上增添了浓墨重彩的一笔。纳粹的宣传机器趁机大做文章，将魏特曼打造成所谓的"王牌坦克手"，大肆渲染其事迹，并最终杜撰出魏特曼"单枪匹马"击退整个第7装甲师的神话。在此过程中，不少历史学家也在推波助澜，但历史的真相却是：在维莱博卡日重创英军车队并非魏特曼一人的功劳，而且这位"王牌坦克手"也没参与接下来在该镇周围爆发的战斗（这场战斗一直持续至当天下午，双方在晚上稍作休整，到了第二天又继续交战）。

维莱博卡日战役与我连无关，虽然我们在战斗打响前一个小时就接到了预警命令，之后就一直在原地待命，时刻准备被连夜调入战场，在第二天与第7装甲师并肩作战，但最终的调令迟迟没有下达。经此一役，英军共损失50余辆坦克。如此惨痛的教训，不仅是"沙漠跳鼠"（Desert Rat，指1941—1942年北非沙漠战役中佩戴跳鼠标记的英国第7装甲师士兵）们狂妄轻敌的必然结果，也证明了在北非作战的经验已不再适用于全新的作战环境。此后，英军士兵对虎式坦克不可战胜的神话更加深信不疑，总是担心它们随时会从某个角落里突然钻出来。事实上，德军在诺曼底共部署了2500辆坦克与自行火炮，但其中虎式坦克的数量只有不到200辆，大多数德军装甲师装备的是型号较老的四号坦克，以及大量的豹式坦克。豹式坦克的作战能力很强，装甲很厚，其数量约占德军坦克总数的四分之一，它们才是盟军面临的最大威胁。因为与虎式坦克相比，该型号的坦克的数量更多，性能也更加稳定。另外，我们在日后的实战中还发现，豹式坦克的炮塔转动速度也比虎式坦克更迅速，令人猝不及防。

我们在事后才得知德军坦克的真实数量，但何时知晓这一数据，对战斗的影响并不大。在战场上，德军的所有坦克与自行火炮都很危险，只要它们瞄准了你，那么你就没有必要去细究对方装备的火炮到底是 75 毫米口径还是 88 毫米口径了，反正都够你"喝上一壶"。与此同时，丘陵地形也加剧了我们面临的危险，但树篱田带来的战术转变对敌我双方都很公平。于我们而言，诺曼底乡野空间狭小，在埃及和利比亚屡试不爽的打法完全"水土不服"，隐蔽在各处的威胁随时可能将我们撕碎，但对于敌人来说，他们自身的优势同样受到了限制。某些历史学家常常夸大事实，宣称诺曼底地区易守难攻，不适合坦克作战。然而，在诺曼底地区的大多数坦克对决中，两辆坦克之间的交战距离往往不足 600 码，德军坦克很难发挥其射程更远和光学瞄准系统更先进的优势。

维莱博卡日战役充分暴露出盟军在树篱田地形中作战所面临的重重困难。因此，及时调整战略以适应新的战斗环境，成为盟军当下最为紧迫的事情。第 7 装甲师原隶属第 8 集团军，后者自 1940 年起，就一直在北非地区作战。到了 1943 年，该集团军又参与了意大利地区最初的几场战斗。这次惨遭党卫军第 101 重装装甲营和德军装甲教导师偷袭后，第 7 装甲师开始重视因长期作战而导致的士兵过度疲劳的问题，也意识到了在诺曼底地区照搬以往的作战经验根本行不通。约翰·萨姆科恩本身就是舍伍德义勇游骑兵队的一名老兵，又经历了蒂伊镇一带的战斗，自然懂得这些道理。他心里非常清楚，想要防止类似的悲剧重演，就得在最短的时间内掌握大量的新情报，并研究全新的战略战术。好在萨姆科恩思维敏锐，他凭借自己在北非指挥舍伍德义勇游骑兵队下辖装甲连的经验，很快就为中队所有人规定了应对全新挑战的基本原则——"谢尔曼"坦克虽然火力不足且装甲孱弱，但机动性强，而且相对较短的炮管也变相提升了主炮的射速，这些都是可以为指挥官所利用的优势。一名优秀的"谢尔曼"坦克炮手和装填手，能够在第一枚炮弹击中目标前，继续射出三至四枚炮弹，而在这段时间里，对面虎式坦克的车组成员还在费力地将又长又重的炮弹塞入炮闩，为第二次击发做准备。相比虎式坦克的炮弹，"谢尔曼"坦克装备的 75 毫米高爆弹在重量上轻了 5 磅，在长度上短了 8 英寸，非常适合打击敌方步兵与反坦克炮。另外，面对德军的重型坦克，"谢尔曼"坦克还可以采用火力覆盖的方法——发射大量的高爆弹以摧毁对方光学器件，并炸断其履带。用约翰·萨姆科恩的话来说就是，打击虎式坦克的关键在于"不能有半点犹豫"，要"先下手为强"和"持续开火，不给敌人喘息的机会"。

除了具体的战术外，约翰·萨姆科恩也十分关注手下四名装甲连指挥官的战场表现。他深知，我们四人是整个中队的指挥中枢，我们的一举一动将直接决定战斗的成败——任何鲁莽冒进或疏忽大意，都可能导致部队全军覆没。因此，他格外重视战术的运用，总是向我们强调，何时该向可疑的地方逐一开火扫射，实行所谓的"火力探察"；何时又该隐藏车体。同时，他还提醒我们，在居高临下处要避免显露车体轮廓，在开阔的正斜面上要注意提防敌人的火力打击。此外，他还指出，要善于利用我方的地形优势来保存有生力量，最大限度地提高一招制敌的能力。所以，研判地形和分析地图也是两项必备的作战技能，任何错误判断都可能带来灭顶之灾。

在根据地形拟定相应战术方面，约翰·萨姆科恩是当之无愧的专家。如果我们的坦克开到了他的前面，他就会用无线电向我们介绍前方地形的具体特征，详细说明该地形的战术价值，进而强调如何运用该地形。我就曾在头戴耳机中听到了他的声音："糖果5号，听清楚，注意你右侧的树篱。停下来，用火力覆盖该区域，然后再继续前进。"

起初，我以为萨姆科恩需要先观察每一位装甲连指挥官的表现，然后才能指挥我们作战。直到后来我才意识到，他其实一直待在自己坦克的炮塔内分析地图，然后根据对地形的研判向我们下达指令。能通过无线电听到长官心平气和地教导我们如何作战，令我们这些年轻军官备受鼓舞，一下子变得自信了许多。虽然他是我遇到的第一个声称自己"带不好兵"的军官，但实际上，他既精于研判地图，又擅长带兵打仗，着实是一名业务能力精湛、实力突出的战场领袖。作为A中队的"一把手"，约翰·萨姆科恩为人坦率，平易近人，关爱下属，渐渐赢得了我们的尊敬与爱戴。不过，我们犯错时，他也会毫不留情地指出我们的错误，让我们立刻改正。我自然也不例外，常会因为战术违规，在无线电里被他臭骂一顿。

当时，萨姆科恩没有和我们提起他的想法，但他心里清楚，A中队的部分老兵此前参加过埃及与利比亚地区的战斗，早就精疲力竭。这些人家中有妻儿老小，当初是被强征入伍的。他们在北非战场上出生入死，如今还没有喘口气，就又被拉到欧洲战场上从头来过。满打满算，舍伍德义勇游骑兵队共有37名军官和655名普通士兵，其中约有300人被纳入下辖各中队及各装甲连的一线战斗序列。舍伍德义勇游骑兵队返回英国时，许多人已被调离该部队，或者被调整至后勤或支援连队，从事危险性较低的工作，但仍有至少一半的北非老兵留在了负责打头阵的各尖刀中队里。亚瑟·哈里森中士便是其中之一，只要被别人问起此事，他必定会脏话连篇。

　　萨姆科恩对哈里森这类高级士官的心态了如指掌，知道他们如果对年轻的装甲连指挥官没有信心，必然会在战场上畏缩不前，因此才会花大力气培养我们。虽然我在四名年轻的指挥官当中资历最浅，既没有随舍伍德义勇游骑兵队的其他成员一同受训，也没有在 D 日当天和他们并肩登陆诺曼底，但除了迈克·豪登，其他人均未曾参与过沙漠战役。萨姆科恩考虑到我们接受过高标准的战术与指挥训练，所以认为年轻指挥官缺少战斗经验也并非坏事——首先，我们这些人刚从桑德赫斯皇家军事学院毕业，早已习惯于坚决服从命令；其次，我们没有在北非打过仗，面对树篱田地形，不会受制于先入为主的惯性思维，更不会有明显的不适应感，因为我们压根没有可以用来对比的经验；最后，我们年轻气盛，急于证明自己，对战场的一切充满新鲜感，渴望学习更多的知识，具有极强的可塑性，而萨姆科恩只需稍下功夫，就可以将我们打造成骁勇善战的装甲连指挥官。所以，我们刚返回前线，萨姆科恩便迫不及待地寻找向我们灌输作战思想的机会。

　　由于我军未能在维莱博卡日穿越敌人的防线，并暴露了战略意图，因此敌人开始变得警觉起来，迅速加强了防守，修补了战线上的多处漏洞。此后，敌我之间再无大规模的战斗，取而代之的是一系列小规模的拉锯战与零星的交火，双方的作战目标也变成了向前推进几百码，夺取一处树篱、一片树林或一处村庄。德军多次侦察我方阵地，我们毫不手软地予以回击，但双方的交火均以小范围遭遇战为主，鲜有大规模的坦克对决。与此同时，我部的主要任务也变成了支援在前线掘壕固守的步兵部队。自 D 日以来，第8装甲旅一直负责支援第50诺森伯兰步兵师，但从 6 月 17 日开始，该旅便被重新划入另一支新组建的步兵师。第49（约克郡西区）步兵师（the 49th West Riding Division）与第50师类似，下辖三个步兵旅，各旅又下设三个步兵营。该师同样由自己的炮兵提供火力支援，其具体构成为：4 个装备 25 磅炮的野战团、1 个维克斯机枪营和多支工兵中队。舍伍德义勇游骑兵队则负责支援第49师下辖的第147步兵旅，该旅由三部分组成，分别是第 11 皇家苏格兰燧发枪团（11th Royal Scots Fusiliers）、惠灵顿公爵团（the Duke of Wellington's Regiment）第 6 营和惠灵顿公爵团第 7 营——对应的军事术语依次为 11RSF、6DWR 和 7DWR。

第 49 师刚抵达诺曼底不久，便接到命令，必须攻下克里斯托镇（Cristot）内一个被德军占领的小村庄，同时巩固该村以南 1 英里处的 102 高地（此前敌人已渗透进该区域并发起了试探性攻击）。最终，这项任务落到了第 49 师下辖的第 146 旅的头上，第 24 枪骑兵团负责对其提供支援。由于舍伍德义勇游骑兵队正在支援第 147 旅，所以我部暂时被留作预备队。在此之前，第 50 师曾尝试联合第 4/7 禁卫龙骑兵团共同夺取克里斯托镇，但以惨败而告终——冲锋在前的中队损失了 90% 的坦克，而其对口支援的绿霍华德团（Green Howards）也有 250 名步兵在行动中负伤或阵亡。所以在执行此次任务时，这两支部队再也没有冒进，而是采取了更为稳健的策略——在向村庄发起进攻前，先由第 49 师和第 50 师下辖的共计 8 个野战团共同实施火力覆盖。每个野战团都装备了 24 门 25 磅炮，其同时向不到半英里见方的区域开火，产生的威力撼天震地，迫使党卫军第 12 师撤出了阵地。此轮炮战消耗了大量的弹药，致使我部原定于 6 月 17 日的行动被推迟，舍伍德义勇游骑兵队又被留作预备队。但是，为了夺取 102 高地周围区域，第 24 枪骑兵团仍在继续向前推进，并在此过程中损失了 8 辆"谢尔曼"坦克。

到了第二天，我们正式参与战斗，以接替正在布瓦隆德公园（Le Parc de Boislonde，位于 102 高地的正斜面上）一带支援第 147 旅的第 24 枪骑兵团。自 6 月 8 日以来，在克里斯托镇与蒂伊镇之间（在蒂伊镇东南方向 3 英里处）的这片狭小区域内，敌我双方的激战一直在持续，整整 11 天的炮火留下了满目疮痍。凌晨时分，我部向 102 高地进发。途经克里斯托镇时，我环顾四周，发现大片的玉米地已被炮火夷为平地。一路上，不时会有"谢尔曼"坦克的残骸映入眼帘，它们孤零零地堆在路边，已被烈焰烧到焦黑，无声地控诉着战斗的惨烈，成了我们判断行军进程的路标。克里斯托镇位于通往 102 高地之路上的一处洼地内，在我们到达时，这里已是尸横遍野，满地凄凉。此前，绿霍华德团向镇内一个被德军占领的小村庄发起进攻，但遭遇了顽强的抵抗，被阻滞在该村周围，留下了遍地的尸体。这些尸体在夏日高温的炙烤下，迅速腐烂，散发出阵阵恶臭，中间还掺杂着田间死牛的气味。而在村子内，德国人与英国人的尸体混杂在一起，已经尸蜡化了。放眼望去，花园内与乡间小道的路面上，随处可见摊成一片的黄白色尸蜡。我们小心翼翼地在蜿蜒的乡村主路上驱车前行，试图避开一具具横在路中央的尸体。在此期间，我们经过了一辆堆满尸体的手推车，而在这辆车后方的车辙上，还卧着一个没有了气息的德国士兵。眼前的这一幕令人毛骨悚然，车组所有人都被惊得说不出话来，瞬间倦意全无，只能默默地驾驶坦克，以期能够尽快穿过村庄。虽然视野受限，但坦克手们仍能透过潜望镜窥见这人间炼狱，更何况死亡的气味已经透过敞开的舱门渗透进了坦克内部。

行至 102 高地附近的缓坡时，满是尸山血海的克里斯托镇终于被抛在了身后，空气总算清新了一些，所有人这才稍稍松口气。这时，B 中队已被部署在地势更高的地方，可以向南俯瞰布瓦隆德公园的古堡林地，C 中队则被安置在我部的右翼。公园里的树木郁郁葱葱，遮挡住了巍峨的古堡及其附属建筑。据说，惠灵顿公爵团第 6 营的步兵已将战壕挖进了这片森林，虽然他们距离我们不到 200 码，但根本让人望不见踪影。我端起双筒望远镜，透过树梢观察前方的地面，依稀可以看到丰特奈村的石板屋顶在阳光的照射下闪烁着亮光，离我只有不到一英里的距离。此刻周围一片寂静，我决定沿着缓坡向下走近一些，以便能够更好地观察前方地面的细节。

这时候，无线电中传来了一句训斥，我本以为是约翰·萨姆科恩在说话，但再仔细一想，这句话骂得不如萨姆科恩那么直接，所以我立刻否定了自己的判断。不过我可以确定，当我开着坦克向下靠近林线时，耳机的杂音中的确有人在说话。

"埃布尔 4 号（Able 4），你看见那玩意了吗？"

这是哈里森的声音，然后对方的回应是："埃布尔 5 号（Able 5）。是的，但那好像是乔治·德林中士，这家伙是迪基·霍尔曼第 4 装甲连的高级士官，负责指挥'阿基亚'（Akilla）号。"

从刚才到现在，我打破了约翰·萨姆科恩为我们定下的基本作战原则，冒着让自己的"谢尔曼"坦克暴露在正斜面上，成为敌人坦克或反坦克炮（它们全都隐藏在前方的树林里）的靶子的危险，上前探测敌情。与此同时，我注意了一下身后。果然，哈里森这个老滑头这次又没有跟上来。这时，我又在脑中分析了一下刚才的情况——我们中队在与 C 中队打配合，所以所有人现在用的都是舍伍德义勇游骑兵队的通信频段，这样看来，中队里的所有人，包括我的车组在内，应该都听到了刚才的对话。我这人向来听话，当着所有人的面被训斥，虽然没有被认出来，但仍旧感到有些心虚，于是我立刻驾驶"命中"（Aim）号沿着缓坡向上往回开，回到了刚刚离开的山脊顶部，在一小片橡树林和树篱之间找到一处位置藏了起来。

上午余下的时间里，阵地上平静无事。我们和 A 中队剩余的装甲连沿着山脊的等高线排开，所有人都坐在车内，密切注视着前方的林地，随时准备应对任何突发情况。但幸运的是，并没有任何险情发生，山脊上一片寂静，耳边只有发动机怠速运转时发出的低声轰鸣（而且有一定的节奏），以及"沙沙"的无线电静电噪声。正午刚过，坦克内已经热得让人难以忍耐，我动了恻隐之心，默许狄克逊和加特赛德打开各自的舱门透气，但面对二人更过分的要求，比如下车抻抻腿、撒泡尿，我依旧断然拒绝，因为我们已经在车上准备了一个用来盛尿的 75 毫米口径空弹壳。我端起双筒望远镜，用它不停地扫视前方区域，并不时提醒马丁用主炮瞄具像我这样观察敌情。再看看车组里的其他人，他们全都是一副慵懒的模样：梅奥严重违反规定，正坐在炮塔内的地板上，用一个小普里默斯便携式燃油炉煮咖啡；狄克逊和加特赛德对坐在变速箱的两侧，把它当成了临时的牌桌，全神贯注地在上面打扑克。所有人一边观察敌情，一边抽烟，等待着行动的时机。整整一下午，发动机一直在震动，发出令人昏昏欲睡的轰鸣声，耳机里的无线电噪声也在噼啪作响，一群苍蝇萦绕在敞开的舱门四周，嗡嗡地吵个不停。时间就在由这些噪声交织而成的"交响乐"中一点点流逝。

太阳刚爬过最高点，我们前方的林地突然变得喧闹起来，敌人的迫击炮和火炮炮弹落入林中，发出一连串短促且刺耳的爆炸声。震天的声响与刺眼的闪光瞬间打破了午后的宁静，将我们从慵懒的状态中唤醒。最先发现险情的是加特赛德，他惊慌失措地大声叫嚷："快看，那些恶心的鼻屎！"我闻声望去，也发现了不寻常的情况——一群步兵从前方森林的边缘冲出，跑到了我们的前方，冲着我们飞奔而来。我再仔细一看，他们竟然是我方的步兵，而在他们的身后，还有几辆刚逃出森林的布伦机枪运兵车正开足马力向上爬坡。我驾车迎头赶上几名正在奔跑的士兵，想拦下并载上他们，但他们对我的呼喊置若罔闻。这些人从我们身边掠过时，嘴里还在不停地叫喊。我只好下车，试图从发动机的轰鸣声中分辨出他们在说些什么。然而，没有一个人愿意停下来告诉我前方发生了什么，只是不断重复喊着"坦克""虎式""他们来了"这几句话。更令人着急的是，我在他们当中也找不到可以问话的军官。面对这种情况，我迅速用无线电联系上了约翰·萨姆科恩，告诉他前方的步兵正在溃退。与此同时，我们装甲连也已转入戒备状态，不停地转动 0.3 英寸口径机枪与 75 毫米口径主炮，以侦察四周潜在的敌人。萨姆科恩问我，是否发现了敌方坦克。我回答说："没有，一辆都没有。"于是，他让我待在原地监视敌情，并且叮嘱我，只要发现德国坦克从树林中探出头来，就立刻开火。说罢，他就驾驶自己的坦克朝前开去，直至确定自己的火炮射程能够覆盖一门英国 17 磅反坦克炮为止。这门火炮被部署在被树木遮蔽的车道上，原本是要在那里朝林中开火的，结果却被四散逃窜的炮组遗弃在了路边。

我们紧绷着神经，焦急不安地等待了几分钟，结果没有任何情况发生。敌人的迫击炮与火炮停止了射击，并且再也没有任何人冲出树林跑到我们面前。紧接着，隐藏在角落里的我方火炮开始朝树林方向开火，挫败了敌人针对我方阵地的最后一轮重炮掩护射击。由于惠灵顿公爵团第 6 营（针对惠灵顿公爵团第 6 营擅自撤出布瓦隆德阵地一事，英军迅速成立了陆军调查委员会。一个月后，蒙哥马利认为，该营不再适合参与任何战斗，于是罢免了该营指挥官的职务，同时解散了该营，将该营的士兵遣散至其他部队，作为伤员的替补）擅自从林中撤出，在军中引起了恐慌，第 49 师担心德国人随时会从树林中冲出来，所以调集来所有可用的火炮。但他们没有弄清楚情况，竟然将炮口对准了我们扼守的阵地。我们没有听见炮弹从头上呼啸而过的声音，它们撞击到地面时，才发出震天动地的巨响，并产生了巨大的威力，炸得遍地尘土飞扬，四溅的尖锐弹片足以将一个人劈成两半。我赶紧冲车组成员大喊："关闭舱门，立刻关闭舱门！"同时，我将自己头上的炮塔舱门向下拉至半开状态，然后在心中暗暗祈祷，千万不要有任何钢铁弹片穿过上面的开口击中我。这时候，越来越多的炮弹落在了树林中，但由于被树冠遮挡，不少炮弹在空中就已炸开，致命的弹片在我们头顶四散溅开，大大增加了我们被击中的风险。

我不太清楚这次"密集火力炮攻"（Stonk，军事术语，指集中所有火炮的火力猛轰同一个目标）究竟持续了多长时间，但在我的印象中，它好像有一年那么漫长。我们坐在"命中"（Aim）号内，耳边不断传来令人心惊胆寒的爆炸声，以及金属碎片飞速撞击坦克侧板发出的声音，好在只要坦克不被炮弹直接命中，我们就不会受到任何伤害。但暴露在坦克外或将头探出舱口的人就没有这般幸运了，而他们无一例外都是坦克指挥官：A 中队有两名高级士官受伤，C 中队有两名军官挂了彩，其中一人刚加入舍伍德义勇游骑兵队不久，是一名年轻的装甲连指挥官。另外，还有一名高级士官 [隶属侦察装甲连，该连装备了 11 辆"甜心"（Honey）轻型坦克①] 在战场上失踪，并从此下落不明。据说，战友们最后一次看到他的时间是炮击开始前，当时他正在坦克外面观察敌情。所以，人们推测，他很有可能是因被炮弹直接击中而粉身碎骨了。如果放在今天，这样误伤友军的乌龙事件一定会引发众怒，但在那个处处硝烟弥漫的年代，这不过是一件稀松平常的事情。要知道，几十万大军在战场上兵戎相见，战斗场面往往非常混乱，再加上通信技术落后，武器精度也远不如今天，人们只能尽量减少乌龙事件发生的次数。显然，在今后的战斗中，我们还将不止一次被友军"误伤"。

等到炮击结束，我打开舱门，看了看坦克四周的地面，只见到处都是坑坑洼洼的圆形弹坑（坑壁的泥土已被烈焰烧得焦黑），金属弹片散落满地，白色的硝烟还没有散尽。伍德义勇游骑兵队在没有步兵支援的情况下，一直坚守阵线直至夜幕降临。其间，敌军两次试图在少量坦克的掩护下侦察我方阵地，但均被我军击退。我虽然看不到游骑兵队的指挥长，但却能够通过无线电通信网中的声音感受到他无时不在，可以听见他一直在用冷静的语气指挥战斗，自始至终都在命令 A 中队、C 中队和侦察装甲连加强警戒，以防止敌人在我方阵线上撕开缺口。到了 22 时 00 分，惠灵顿公爵团第 7 营开始重新派遣步兵巡逻队进入前方林地，以填补八小时之前第 6 营溃退时留下的空缺。为了防止溃退的情况再次发生，斯坦利·克里斯托弗森开始利用自己作为一队之长的威信，对他们软硬兼施，一边向他们施压，一边好言相劝，以确保他们能始终配合舍伍德义勇游骑兵队作战。此举不仅令第 7 营重拾作战的勇气，并重建了我们对这支友军的信任，还印证了一个道理：在作战中，指挥官的坚强领导不仅可以有效遏制恐慌的情绪，还能迅速地挽回局势。通过此事，我们还认识到，想要在充满挑战的诺曼底新环境中取得对敌优势，多军种的协同配合至关重要。话虽如此，但与步兵的配合并非易事，并且这个问题将会贯穿战争的始终。

---

① 译者注："甜心"是英军对M5轻型坦克的昵称。

其实，步兵和我们一样，也需要学会适应新的环境。第49师此前从未参加过实战，只是在英国国内的东安格利亚（East Anglia）和索尔兹伯里平原（Salisbury Plain）等开阔地带接受过多兵种协同训练——这支部队显然没有为适应诺曼底地区的作战环境做好充足准备。同时，这也暴露出了英军的装甲战术理论固有的弱点——过于死板，缺少灵活性。在北非战场上，步兵单位和坦克尚可以各自为战，但在树篱田地形作战，对兵种的融合与协同提出了更高的要求。因此，对大多数步兵师而言，无论其战斗经历如何，都既缺少步坦协同作战的经验，也找不到可以照搬的现成方法。就拿我领导的装甲连来说，我们隶属一支独立的装甲旅，一直被不停地调配给不同的步兵单位——我们刚刚和某个步兵师配合默契，就又被调走，配属给另一个步兵师。在这种情况下，我们只能从头再来，重新与新搭档磨合，寻找适合双方的协同战术。但由于每次的调动都非常仓促，我们根本没有时间与新部队进行磨合。

在诺曼底地区的出师不利，给所有人都好好上了一课。但是，战争留给我们吸取教训的时间并不多。英军在维莱博卡日遭遇重创后，越来越多的德军前来此地增援，敌我双方在前线逐渐形成了对峙，进入一段相对平静的时期。在此期间，舍伍德义勇游骑兵队以被动防守为主，下辖各中队轮流支援第49师的各步兵单位。不过，这样的局面并没有持续太久，因为蒙哥马利仍在设法重掌战场的主动权——他正在集结兵力，准备发动一场大规模的战役以打破僵局。为了养精蓄锐，每次都会有两个中队被调离前线进行休整。6月18日这天，狂风骤起，西边的天空乌云密布，暴风雨即将来临。当晚，暴雨从天而降。第二天，我们在102高地接替了B中队。当时，狂风肆虐，将雨水拍到我们的脸上，更糟糕的是，坦克换气扇还将雨水吸进了车内。所有的一切都预示着，我们接下来将面临一场恶战。

站稳脚跟

一天后，莱斯利·斯金纳上尉来到了我的坦克旁边。当时，滂沱大雨还在一直不停地下。我们身处一处绝佳的"底盘掩护阵地"，正对着一块开阔的田地，而敌人就在田地的另一侧。那天一早，敌人的一挺机枪就在不停地袭扰我们，我们忍无可忍，便朝着这挺机枪所在的位置打过去数发高爆弹。从那以后，对面就再也没有了动静。我看到斯金纳时，他正蹲着身子，似乎想要往前走。我赶忙冲他大喊，一边挥动手臂连比带画，一边提高嗓门，试图让自己的声音盖过发动机的轰鸣声："哎！神父！你他妈要干嘛去？前面全是德国鬼子！"

神父听到我的喊话后，停了下来。我也爬出"命中"号，跳到坦克尾部的地面上，然后绕到神父身旁。神父向我解释说，在前方150码处的潮湿开阔地带中央，躺着一具尸体，他想走过去看看能不能认出这名士兵，然后好好安葬他。这名英国士兵面朝地趴了整整一个早上，就像是一捆被遗弃在路边的破布。

我告诉神父，这个想法有点疯狂，他很有可能会搭上自己的性命，但神父仍执意前往。我见自己劝不住他，只好说自己会在后面做好掩护，同时祝他好运。于是，神父开始动身，慢慢爬过湿漉漉的田地，一点点朝着那具尸体挪动，包括我在内的所有人在后面都紧张地屏住了呼吸——连队的机枪手已经做好了随时开枪的准备，炮手也已将炮弹上膛，并把炮口对准了对面的树篱。神父趴在地上，继续向田地更远处匍匐前进。看到这一幕，我猛吸了一口烟，马丁则一刻不停地通过主炮瞄具观察着神父的一举一动，同时轻声嘟囔道："真他娘疯了！"这时，神父距离那具尸体只有50码的距离，然而周围一片安静，没有任何事情发生。最终，神父爬到了尸体旁边，但对面的德军阵地依旧没有任何反应。斯金纳简单地搜索了这名士兵的衣物，然后试图将其拖拽回我方阵地，但尸体纹丝未动。他只好伏在这具早就已经没有任何气息的遗体上，做了最后的祷告，然后再次爬过湿漉漉的草地，回到了我们身边，德国人依旧一枪未发。

从神父带回的身份牌来看，这名死去的士兵是我们当中的一员。就在前一天，坦克手莱伍德（Lywood）与那名失踪的侦察装甲连指挥官一同在车外观察战场，然后便丢掉了性命。我们不清楚，他到底是在惠灵顿公爵团第6营溃退引发的友军炮轰中丧生的，还是倒在了敌人的机枪枪口之下。神父斯金纳认为，这两种情况都有可能，但对于他这种专业的随军牧师来说，无论是上述哪种情况，他都想找到逝者，然后用基督教的仪式体面地安葬他们。可是，莱伍德的遗体完全暴露在德国人的视野内，斯金纳也只能勉强放弃让逝者入土为安的想法，转而爬上了一辆从团部借来的"野狗"（Dingo）装甲侦察车，然后驶离阵地，试图去寻找那名失踪的高级士官的遗体。

斯坦利·克里斯托弗森得知了斯金纳的冒险举动后，火冒三丈，当面将他训斥了一番，禁止他以后再前往交战区域查看尸体。但即使是指挥长的禁令，也阻止不了这名神父的步伐，虽然他总是徒劳而返。不过，在102高地后方发生的激烈战斗，最终让他得偿所愿，找到了自己的用武之地——某次寻尸未果后，他走在返回阵地的路上，在途经克里斯托镇时，他突然被几名步兵拦下。这几人问他，能不能帮忙安葬几名第4/7禁卫龙骑兵团坦克手的遗体。自从村庄被袭击以来，他们已经曝尸街头长达六日，身上早已爬满了蛆虫。神父答应了他们，一边猛抽着烟，一边将这几名不幸的装甲兵装殓进用灰色军毯缝制而成的制式裹尸袋内，然后把他们埋葬在诺曼底的土地里，并为死者举行了简短的葬礼。这件事之后，他大病了一场。

到了6月21日，持续了三天的狂风暴雨终于开始减弱。经历了这场暴风雨的蹂躏后，英军的"桑树"漂浮式防波堤港遭到了严重破坏，美军的各类设施亦悉数被毁，盟军将更多人员和物资运送上岸的方案因此而搁浅。此前，盟军曾设想在短时间内组建起一支兵强马壮、补给充足的部队，以便能够向德军的滩头阵地发起突围冲锋。但如今盟军因暴风雨而损失惨重，只能被迫放缓备战的速度。不仅如此，这场风暴还迫使蒙哥马利推迟了即将发起的攻势["埃普索姆行动"（Operation Epsom）]。不过，仅仅两天内，英军的漂浮式防波堤港便恢复了运转，每天都能将6000吨重的物资与装备源源不断地运送上岸。很快，行动的开始日期定在了6月25日，双方对峙的局面即将结束，斯金纳再也没有机会穿过战场去超度死者了。

此次行动的重点是将刚刚登陆的第八军（VIII Corps）送至预定战斗位置，以冲破蒂伊镇以东绵延5英里的德军防线。第八军由两个步兵师和一个装甲师组成，该军在诺曼底登陆后，一路向南行军，穿过了奥东河谷（Odon river valley）。接下来，这支部队将奉命攻占该河谷对岸的高地，即112高地（Hill 112）。如果成功拿下此高地，这支部队便可以迂回至卡昂西侧，从西南方向威慑该城，间接实现诺曼底登陆行动的最初目标。此轮攻势能够消耗敌人大量的有生力量与资源，并将更多的德军装甲师牵制在卡昂一带，从而为下一步行动创造条件，最终有利于英军扫清通往卡昂以南法莱斯平原（Falaise Plain，此处的地形更为开阔）的道路。倘若英军能成功越过该平原，便可以长驱直入解放巴黎，再以巴黎为跳板攻入德国本土。担负本次主攻任务的部队由第43萨默塞特郡步兵师（the 43rd Wessex Division）、第15苏格兰低地步兵师（the 15th Lowland Scottish Division）和第11装甲师（11th Armoured Division）下辖各作战单位组成，共拥有60000名士兵、600辆坦克和700挺机枪。与此同时，第49师和第8旅为了策应主力部队并分散德军注意力，于6月25日发起了"无足鸟行动"（Operation Martlet[①]），计划攻占丰特奈村（Fontenay）和劳雷村（Rauray），同时夺取村庄尽头的奥东河谷北制高点，以拱卫"埃普索姆行动"主攻部队的右翼。

但是，第5装甲连对蒙哥马利的宏伟计划知之甚少。在发起进攻前的几天里，我们连队被划入"无足鸟行动"，接到的指令是原地待命，以随时准备投入战斗。因此，我们一直坐在潮湿的坦克内，忍受着高温的煎熬，目不转睛地注视着前线，而约翰·萨姆科恩等中队领导则前往第147旅指挥部，出席舍伍德义勇游骑兵队指挥长主持的多场作战计划会议——第147旅正是"无足鸟行动"负责支援的第49师下辖的步兵旅。

根据会议的部署，"无足鸟行动"分为三个阶段，在此期间每个中队负责对口支援第147旅下辖的各营。第一阶段的作战目标是夺取丰特奈村。为此，C中队将负责支援第11皇家苏格兰燧发枪团，B中队领到的任务是拱卫惠灵顿公爵团第7营的左翼，而我们连将和A中队剩余人马则作为预备队被留在原地。第二阶段的作战目标是占领丰特奈村以南的高地，倘若前两步行动顺利，我们连将在第三阶段穿过丰特奈村，向劳雷村发起进攻。与此同时，第8装甲旅下辖的另一个团——第4/7禁卫龙骑兵团负责支援位于此轮攻势右翼的第49师下辖的第146旅。其实，中队领导们在制订作战计划时，并没有向我们透露具体细节，我们之所以对此略知一二，是因为约翰·萨姆科恩每晚召开命令组会议时，不仅会向我们披露A中队将在行动中扮演的大致角色，还转达了指挥长对步坦

---

①译者注：又名"无畏行动"。

协同的担忧（尤其令指挥长头疼的是，A 中队的协同对象还是上次在我们眼皮底下临阵溃逃的惠灵顿公爵团第 6 营）。

盟军的各级军官一边制订计划，一边等待天气好转及补给状况得到改善，而我们作为一线作战部队，在隔三岔五被调离前线进行休整的同时，也一直在关注更为现实的问题——我们将会面临怎样的敌人？按照萨姆科恩在晚间会议上的说法，与我们正面交火的，将会是党卫军第十二装甲师（the 12th SS Panzer Division），而据我们所知，该师由狂热的希特勒青年团成员组成，其指挥官亦由纳粹资深党徒担任。另有传言称，党卫军第十二装甲师在刚刚登陆诺曼底的数日里，就已处决了将近 100 名被俘的加拿大士兵 [6 月 7 日至 8 日，党卫军第十二“希特勒青年装甲师”在圣日耳曼 - 拉布朗什埃尔布（Saint-Germain-la-Blanche-Herbe）镇内的阿登修道院（Ardenne Abbey）处决了 20 名加拿大战俘]。我至今没有在近距离内遭遇任何德国士兵，所以早已摩拳擦掌。但我又有些担心，一旦真的和敌人交起火来，自己手里的简陋配枪究竟能否靠得住。

步兵们统一装备了制式配枪——0.303 英寸口径布伦轻机枪（.303 Bren light machine gun）和李 - 恩菲尔德栓式步枪（Lee Enfield bolt-action rifle）。至于坦克车组成员，配备的则是 0.38 英寸口径韦伯利马克 4 型（.38 Webley Mark Ⅳ）转轮手枪和 9 毫米口径司登冲锋枪（9mm Sten submachine gun），后者的设计与制造工艺均十分简陋，并且其生产成本只有五先令。司登冲锋枪的构造十分简单，非常容易走火。在子弹已经上膛的情况下，司登冲锋枪只要掉落到地上，或者枪托碰到了硬物，膛内的子弹就有可能在无人扣动扳机的情况下被意外击发。另外，该枪采用左侧水平弹匣供弹，不利于坦克手站在舱口内持枪射击，而且弹匣内的子弹极其容易卡壳。0.38 英寸口径转轮手枪同样是列装全军的标准配枪，但除了性能稳定外，几乎一无是处——开火时像一台走锭纺纱机，需要你像牛仔一样用左手挡在枪身上方，以防枪身抖动过于剧烈。该枪不仅穿透力差，而且射击精度低，用它在 20 步以外射中人形标靶都属于撞了大运。从这两件武器的性能来看，它们既不适用于“谢尔曼”坦克的逼仄空间，也难以应对需要快速瞄准与精准射击的战斗。反观敌人，他们的小型自动武器可要精良太多了。因此，等我们接下来穿越此前被敌人占领的区域时，我打算找准机会，换掉手里的破烂玩意儿。

最终，我如愿以偿，捡到了一把 MP40"施迈瑟"（Schmeisser）冲锋枪[①]，但找到这把枪的具体时间和地点，我已记不太清楚，因为在克里斯托镇和 102 高地附近的德军阵地内，到处都是被遗弃的装备和武器。"施迈瑟"冲锋枪虽然比司登冲锋枪略重一些，且设计定型的时间也更早（1938 年），但绝对是一把性能优越的武器，其枪身采用了冲压钢与塑料两种材料，同时配备了折叠式枪托与垂直弹匣，不仅更易于装填，而且也方便士兵快速摆出射击姿势，非常适合坦克手在炮塔舱口内握持。该枪和司登冲锋枪一样，使用的也是 9 毫米口径无底缘弹，所以弹匣内可填入更多的子弹。哈利·希南仍坚持使用配发的司登冲锋枪，对我捡拾德军武器的行为嗤之以鼻。正是观念与使用偏好上的差异，最终导致我俩遭遇了迥然不同的命运。但同为装甲连的指挥官，我俩一致认为，配发的转轮手枪性能孱弱，德军的"卢格"自动手枪才是更好的替代品。正因为如此，"卢格"备受盟军士兵青睐，只要有人从被俘的德军士兵身上搜到了这把枪，就会不假思索地把它收入囊中。我们也只有等到下一轮攻势开始时，才有机会获得一把"卢格"。不过，等待的时间应该不会太长。

6 月 24 日晚，我们接到了最终命令，将要对丰特奈村和劳雷村发起牵制性进攻，以策应"埃普索姆行动"。从古至今，英军指挥官在传达命令时采用的流程几乎一成不变——首先，约翰·萨姆科恩向我们介绍了总体战况，同时在地图上标出了敌我双方阵地的位置；紧接着，他强调了本次任务的重要性，阐述了具体的行动方案，并且就后勤、指挥和通信等方面的统筹协调做了详细的部署；最后，他解答了大家提出的疑问。所有流程结束后，在场的各连队指挥官开始对表，汇集地图和归档作战资料，然后返回各自连队转达任务简报。而我在连队内部开会时，只关注 A 中队承担的任务和第 5 装甲连在其中扮演的角色，根本不会向哈里森中士、莱恩下士及车组成员透露与此无关的内容。身为装甲连的指挥官，我掌握的信息自然要比连队里的其他人多。但对于舍伍德义勇游骑兵队下辖的其他单位的角色分工，我毫无兴趣，更不愿去关注游骑兵队上面的旅和师会有什么大动作，而是将注意力集中在两个方面：一是了解我连奉命攻占的村庄与道路岔口，想方设

---

①译者注：冲锋枪又叫手提式轻机枪，是一种介于手枪和机枪之间的武器。

法掌握它们的具体情况；二是思考我们该如何穿过沿途的田地与树篱，以及在此期间需要在哪些地点同敌人交火。

行动开始前的最后一个下午，营地内一片繁忙的景象，所有人都在做临战前的准备——为坦克装满弹药，给油箱加满油，再完成一些小修小补。考虑树篱田的紧凑地形，我们将尽可能多的高爆弹打包装箱，连同加装的 0.3 英寸口径机枪弹药，一起塞进了坦克内。我无视一脸不情愿的哈里森，直接和所有炮手做好了沟通，以确保他们全都完成了 75 毫米主炮的校准工作。紧接着，我又测试了自己的"施迈瑟"冲锋枪，将它挂在了炮塔内触手可及的地方。等到天色渐暗，肯·梅奥开始尝试将"命中"号的无线电调至作战频段，以便能够及时接收 A 中队与游骑兵队的作战指令。一番调试之后，他扭动无线电面板上的一个小旋钮，将频段锁定在固定位置。等到我们完成所有工作时，天已经完全黑了下来。我匆匆爬进坦克旁的斜顶披棚，发现汽油罐里的火焰早已熄灭，战前最后一顿正餐已经变得冰凉。我根本顾不上这些，一直在思考着如何运用过去几天里积攒的经验教训，满脑子都是第二天的战斗。

断断续续睡了几个小时后，我们在第二天凌晨被叫醒。当时，天还没有亮，我看看手表，时间是 02 时 00 分，所有人必须在短时间内收拾完毕，准备出发。于是，我们匆匆泡了一杯热甜茶，就着它囫囵吞枣地咽下早餐，然后手忙脚乱地爬进坦克并启动发动机，同时将无线电调至静默状态。抵达 102 高地附近的集结区域后，我们被部署至等待进攻位置，当时距离破晓还有一个小时。在战斗打响前一个小时，我方炮兵率先开火，密集的间接火力持续了整整六十分钟。到了 03 时 30 分，饱受炮火打击的敌人已接近崩溃状态。在我们身后，250 门火炮同时朝着夜幕逐渐退去的地方射出炮弹，炮口的火光照亮了地平线。与此同时，军属中型炮兵团的 5.5 英寸火炮射出的炮弹，为师属炮兵团的 25 磅炮提供了有效的火力补充，其产生的破坏力是轻型野战炮的四倍。炮击发出的声响震天动地，炮弹呼啸着穿过我们头顶的云层，组成了一道移动的声墙，重重地砸向敌人的阵地。最终，炮弹消失在薄雾笼罩的黑暗之中，在前方不到一千码的地方落地开花，发出巨大的爆炸声。

令我感到诧异的是，居然有人能在如此猛烈的炮击中幸存下来，而且由于进攻被推迟，德国人获得了加强防御的时间。他们此前在苏德战场的前线经受过苏军猛烈炮火的洗礼，积攒了丰富的经验，懂得如何掘地三尺以构筑地堡——此类防御工事固若金汤，除非被炮弹直接命中，否则可以抵御一切袭击。德军还把坦克与反坦克炮埋入地下，将丰特奈村和劳雷村改造成了坚不可摧的要塞。不仅如此，敌人还在这两个村庄的前方设置了一道屏障，在该防线上部署了隐蔽的机枪、狙击手和扛着"铁拳"的步兵。我方进攻力量在抵达敌人的主阵地前，需要先穿过这道防线——它的作用便是吸收并削弱我方兵锋的威力。如此看来，本次牵制性进攻能否取得成功，我军能否突破敌人防线，取决于步兵、装甲部队和炮兵的精诚合作，需要他们众志成城，尽可能地扬长避短。

一小时后，天色渐亮，熹微的晨光穿过一团团的潮湿雾气，在战场上投下斑驳的光影。此时此刻，天气阴冷，细雨绵绵。B中队与C中队的战车跟在打头的步兵后面，沿着102高地的缓坡，朝着位于浅谷谷底的丰特奈村，浩浩荡荡地前进，一路上引擎轰鸣。与此同时，我们身后的炮兵仍在开火，但其已将炮击方式调整为徐进弹幕射击——让弹幕落在步兵前方几百码的位置上，然后随着步兵向前不断推进，每三分钟将弹幕向前挪动几百码。火炮并不是什么精准的武器，只能暂时压制沟壕纵横的敌军阵地，无法彻底将其摧毁，仍会有大量的敌人在炮击中幸存下来。所以，实施炮击的关键在于，各步兵营要紧随弹幕向前推进，不给敌人喘息的机会，要在敌人做好准备前杀对方一个出其不意。一旦步兵与敌人交火，B中队与C中队的30余辆坦克便可以开火，然后再被调到步兵前方，以对付战壕内的机枪火力点与敌军装甲车辆。由于是在丘陵地带作战，坦克很容易遭受反坦克武器的袭击，所以需要打头的步兵反过来协助坦克清除躲藏在建筑物或树篱后面的德军士兵，他们可能装备有反坦克炮，或者正扛着"铁拳"虎视眈眈。

我们连队作为预备队留在102高地，目送着战友们逐渐远去。伴随着发动机的轰鸣声与履带摩擦地面发出的"咯吱"声，B中队与C中队面朝丰特奈村的方向，沿着缓坡渐行渐远，驶进了随着微风打旋的薄雾之中。同行的步兵排成纵队，将步枪扛在左肩，走在车队的一侧。随着地势逐渐降低，雾气越来越浓，最终聚集在谷底的低洼处。最终，人与车完全被浓雾吞噬，只留下模糊的影子。这时，我方的炮兵仍在开火，他们射出的炮弹飞出了我们的视野，落在先头部队的前方。紧接着，从薄雾里传来了清晰的"噗噗"声，我们虽然看不见前方的情况，但从声音就可以判断，这是德军MG-42机枪标志性的开火声。很快，德军反坦克炮的开火声也加入其中,同时混杂着我方炮弹爆炸的巨大声响。此轮进攻想要取得成功,步兵必须紧随弹幕前进,并且在行军过程中跟住坦克。然而,敌人的机枪与炮弹打散了步兵的队伍,迫使士兵们停下来躲避弹雨。

由于能见度几乎为零,加上暴露在敌人炮火中的步兵急于寻找掩体,步坦协同顷刻间瓦解,原本组织有序的进攻队伍瞬间陷入混乱之中,沦为一盘散沙。我们留守在后方,一直通过接收团级无线电信号来了解前线的情况,当听到无线电设备里传出此起彼伏的喊叫声时,便断定前方的进攻遇到了麻烦。所有坦克装备的都是"19型"无线电,尚能使用同一频段通话,而步兵的"18型"无线电则采用了不同的频段,各连与各中队各自为战,彼此之间无法建立通信。步兵们受到敌军火力的压制,龟缩在掩体内,不敢向前挪动半步,只能用手里的挖壕工具不停劈砍地面,甚至把地面削低了好几英尺。连队指挥官着急地冲他们大声吼叫,催促他们赶紧起身向前冲,但死亡的阴影笼罩着战场,谁又愿意舍弃藏身之所去白白送死呢?随着晨雾渐渐散去,分散的人群三三两两地聚在一起,组成了零散的队伍。德军立刻集中火力,朝这些队伍射击,造成了更多的伤亡。战场上哀号声不绝于耳,步兵指挥官一边大声激励士兵起身战斗,一边歇斯底里地呼喊担架员搬运伤者。

作为随军牧师,斯金纳早就做好了心理准备,认为自己应当随医护兵一起在前线救死扶伤。所以,在此轮进攻中,他加入了先头部队的右翼,紧紧地跟在C中队后面,一路俯身小跑,沿途寻找伤者,不时地跳入地面沟壑中寻求掩护,或是匆匆地挖出避弹坑。突然,一阵密集的机枪子弹射来,斯金纳赶忙卧倒,滚入一个现成的散兵坑中,不过坑里早已躺着一名皇家苏格兰燧发枪团的士兵。这时,敌军的重型机枪仍在"哒哒哒"响个不停,子弹贴着两人的头皮飞过。士兵告诉神父,自己就待在这里,哪里也不想去。斯金纳只好舍下他,趁着机枪停火的间隙独自前进,去寻找下一名伤者。他害怕到了极点,但所幸没有受伤。此时,薄雾已经完全散去,神父环顾四周,看到了许多急需帮助的士兵,其中一些伤员已无力呼救,只能将步枪的刺刀展开,然后费力地把枪插在身旁的土地上,作为求援的标记。斯金纳一刻不停地忙碌着,尽己所能协助担架员将伤兵运回团部的救助站。突然,一枚迫击炮弹在他身旁炸开,飞旋的弹片击中了他的身体。此刻是11时30分,但斯金纳已无力再抬起手腕看时间了。

随着能见度逐渐恢复,幸存下来的士兵重新组织起进攻。然而,C中队历经三个小时，最终抵达丰特奈村外围时，却遇到了一个棘手的问题——进攻部队想要夺取村庄，就必须穿过前方的建筑群，在此期间必然要与敌人发生近距离交火，但我方已没有足够数量的士兵与坦克建立起步坦协同。与此同时，在村庄的南缘，敌人早就挖好了地堡，党卫军第 12 师的坦克正藏在里面严阵以待。面对这种情况，我方逐渐停止了进攻。与此同时，舍伍德义勇游骑兵队及其负责支援的两个步兵营接到命令，需后撤至 102 高地进行休整并补充兵员。一些坦克兵既没有下车作战的经历，也未曾亲眼见过步兵在自己身边哀号着死去，张口便批判步兵作战不力。对此，我不敢苟同，因为步兵和我们不一样，他们没有装甲的保护，非常容易被弹片或机枪子弹击中，更不用说我们的通信设备也比他们精良——每辆坦克都配备了一部"19型"无线电台，可帮助我们更加全面地感知战场态势，从而更好地协调彼此的行动。相比之下，步兵每 10 人组成一个班，三个班组成一个排，三个排组成一个连，每个连才装备一部电台，军官在指挥战斗时自然会力不从心。

步兵与我们并肩作战，却暴露在坦克之外，缺少装甲的保护，命运凄惨，令人心生怜悯。因此，他们得到了一个悲壮的绰号——"送命侠"（原文为 poor bloody infantry，缩写是 PBI）。打起仗来，我们装甲兵可以开着坦克上战场，而步兵只能靠自己的双腿赶路，同时还要像骡子一样驮着步枪、行囊、挖掘工具、口粮、手雷、0.303 英寸口径布伦轻机枪的弹链及其备用弹匣。这些总重量超过 60 磅的单兵装备把步兵压得喘不过气来。而随着战争技术的发展，现代战争中的士兵在原先装备的基础上，还得加上厚重的防弹衣，以及拆弹设备。很难想象，在阿富汗这样的地方，当代的步兵是如何在战斗中坚持到最后的。不过，无论过去还是现在，当步兵都是一项苦差事。二战期间的步兵也常会陷入弹尽援绝的窘境。一旦遇到这种情况，散兵坑便成了他们的临时栖身之所，行囊里的东西则是最后的救命稻草。他们还有一点和我们不同，那就是不能在夜间撤回营地休整，只能一直留在前线。他们在夜里能做的，除了巡逻，就是挖沟或站岗，只有遇到下雨天，才能钻到防毒斗篷下面，披上湿漉漉的军毯或军大衣（如果有的话），在仓促挖成的逼仄壕沟内浅浅地眯上一会。每次行动结束时，步兵们都面色煞白，神情极度憔悴，这大概是因为在战斗中受到了惊吓或失去了朝夕相处的战友。每每看到这一幕，我们都无比同情这群年轻的小伙子，虽然我们坦克兵的伤亡率也很高，但和他们比起来，简直是小巫见大巫。

步兵们虽然只能用布丁碗大小的 MK-2 型钢盔来抵挡敌人的炮火，但也对我们坦克兵心怀同情，更不会和我们互换差事。在他们看来，我们的坦克不仅远逊于敌人的虎式坦克和豹式坦克，而且非常容易遭受反坦克炮的袭击。另外，和他们不一样，在炮弹来袭时，我们无法就地卧倒或跳进壕沟中寻求遮蔽，只能被困在"钢铁棺材"内，眼睁睁地看着炮弹迎面飞来击中坦克，并在短短几秒内将战车变成熊熊燃烧的炼狱。最后，步兵们心里清楚，如果射来的是穿甲弹，那么只需眨眼的工夫，这枚炮弹就能击穿坦克。不仅如此，他们当中的许多人还曾亲眼看见坦克被击中后坦克兵的惨状，看到车组成员被烧得面目全非，哀号着满地打滚，试图扑灭身上的火焰。每当遇到这样的场景，步兵们便会暗自庆幸自己可以徒步走上战场。

虽说坦克兵与步兵不愿互换角色，但从白天的进攻受挫情况来看，加强步坦协同并发起新一轮进攻，已成为当下最为紧迫的任务。鉴于这种形势，C 中队与皇家苏格兰燧发枪团在当天晚上再次投入战斗，并利用夜幕的掩护，攻下了村内的一处据点。第二天的战斗更为激烈，原定的作战时间被一点点延长。不过，他们最终还是拿下了丰特奈村以南的海拔更高的地带，完成了第二阶段的战斗目标。在此期间，我们 A 中队一直留在原地待命，直至前方部队经过 36 小时的浴血奋战夺取第一个目标后，才接到命令——穿过丰特奈村，向该村以南 1.5 英里的劳雷村发起第三阶段的进攻。此时，这一天已过去大半，战斗迟迟没有取得进展，部队的行动远远滞后于计划。指挥长见状，便联合步兵指挥官和高级枪炮官，匆匆制订了一项联合进攻方案。他们冒着猛烈的炮火，在丰特奈村中央的一处果园内召开临时会议。步兵在此之前遭遇了重创，所以不愿再带头顶着炮火穿过开阔地带。因此，与会各方达成一致，同意换我们装甲连来打头阵。为了配合我们行军，我方炮兵会进行徐进弹幕射击，将炮弹集中倾泻在我们前方。与此同时，步兵也会紧随我们向前挺进一英里，然后就地掘壕固守。

这场临时会议结束后，约翰·萨姆科恩也赶忙把我们召集在一起开了个短会。会后，我奉命率领装甲连向前穿越丰特奈村。此次行动的最终目标是抵达该村南缘，并在那里坚守至 A 中队余部同我们会合。我环顾四周，发现丰特奈村本就稀疏的房屋已被我方炮火摧毁殆尽。直到这时，我才注意到，这些坚固的诺曼底乡村建筑，早已被德军纳入防御体系之中，变成了易守难攻的据点。不过，此时的德军阵地已是一片狼藉，僵直的德军尸体横七竖八地躺在地上，并因为尸蜡化而变得面目全非。再看看建筑之间的地堡，之前潜伏在里面负责掩护步兵的坦克已不见踪影。相比之下，我方的行动有条不紊，步兵们虽已精疲力竭，但仍能在坦克的一侧列队前进，而且每推进一段距离，就会有人停下来在路边开挖战壕。

我路过丰特奈村主路的一个转弯处时，看见斯坦利·克里斯托弗森将雨衣展开遮在炮塔舱口上方，然后躲在下面对着麦克风说话。显然，他正在协调各方，以对此次进攻计划做最后的调整。我领着车队继续向前推进了 500 码的距离，穿过一个十字路口，然后开进了道路右侧的一大片田地内。我们的坦克摇晃着车身，在田地内缓缓拉出一条长长的队伍，然后停在原地。一切就绪后，我告诉萨姆科恩，我们已到达指定位置，正等待后续部队到达。对方收到消息后，便派出了 A 中队余部，他们将穿越丰特奈村同我们会合。最先抵达的是作战队长内维尔·费恩，我看到他后，便跳下自己的"坐骑"，爬上了他的坦克，同他沟通作战方案。我们刚聊了一小会儿，坦克右侧的动静便引起了我的注意。

我转头向刚才驶离的道路望去，只看到了长在道边田垄上的树篱，但树冠上方露出了一个人的脑袋和肩膀。此人一副趾高气扬的模样，正往回朝着丰特奈村的方向快速移动，看样子是一名坦克指挥官。起初，我以为他是 C 中队的某个坦克指挥官，因为该部队正在守卫我们前方的高地。但在仔细观察了他头戴的帽子后，我发现了一些不同寻常之处——这顶帽子很有特点，是颇受德军坦克指挥官青睐的黑色银边船形帽，佩戴此帽子的军官通常指挥的是虎式坦克，而在我面前快速掠过的坦克轮廓，正若隐若现地显露出德军坦克特有的战场灰涂装。

"糟糕！"我赶忙告诉费恩，"那是个德国佬，他正在朝十字路口和 A 中队的位置前进！"

说完，我用尽全身力气，冲着自己的车组成员大喊，让他们赶紧掉转"命中"号的车头。与此同时，我跳下费恩的"坐骑"，一个箭步冲向自己的坦克，奋力一跃跳上战车，然后飞速钻进炮塔，扯着嗓门催促驾驶员抓紧时间把我们拉回丰特奈村。紧接着，我一把夺过头戴麦克风和耳机，试图通过无线电将敌情告知萨姆科恩，但却始终联系不上对方。很快，我们驶出了田地，重新回到了平坦的公路上。于是，我们开足马力，直扑丰特奈村。行驶了一段距离后，我听到了坦克开火的声音，不知道是哪方的坦克率先实施了一轮炮击。炮声响起后不久，我便看见前方不到 200 码的地方冒出了滚滚浓烟。

此时，德军的虎式坦克已经沿着主路开进了丰特奈村，我们在后面穷追不舍，眼看着它一点点逼近主路的转弯处，克里斯托弗森的临时移动指挥部正停在那里，而组成指挥部的两辆坦克根本没有装备任何武器。与此同时，萨姆科恩的坦克从转弯处的另一个方向开了过来，正准备右转进入主路。很快，双方的坦克狭路相逢，彼此相距只有约 60 码。萨姆科恩遵循自己的坦克战原则，下令将一枚穿甲弹填入 75 毫米口径主炮的炮膛，然后抢在敌人之前率先开火，并保持不间断的射击。在不到一分钟的时间内，萨姆科恩麾下的炮手已向虎式坦克射出了六枚穿甲弹，将其逼至一栋高大农舍的墙角下。穿甲弹的含磷曳光成分快速燃烧，滚滚浓烟盖住了整个街道，导致双方车组成员都看不到对方。萨姆科恩抢先开火试探，并在确认了目标的位置后，命令炮手持续开火。炮手接连打出了 10 发炮弹，直至听到无线电里有人报告说，发现虎式坦克的车组成员正弃车而逃。

等我赶到交战地点时，双方的遭遇战已经结束了，街道上的浓烟正在一点点散开。在这场近距离交火中，萨姆科恩共击中对面的庞然大物六次，但所有炮弹均没有击穿虎式坦克的主装甲。不过，随后传来的战报称，实际上有一枚穿甲弹击穿了机枪所在的位置的装甲（与其他地方相比，此处的装甲较薄），其产生的金属射流瘫痪了坦克内部的动力系统，同时导致坦克驾驶员受伤。该坦克的指挥官眼看自己的战车瘫痪在原地，随时都有再次被击中的危险，便命令车组成员弃车而逃。就这样，我们歪打正着，在诺曼底战场上幸运地俘获了第一辆完整的虎式坦克，而创造这个奇迹的人正是萨姆科恩，他凭借自己恪守的坦克战原则，拯救了自己乃至全车人的性命。在他的身后，半个中队的人马沿着主街排成了一字长队。更重要的是，组成舍伍德义勇游骑兵队临时移动指挥部的坦克不仅没有装备任何武器，还距步兵的指挥部仅有几百码的距离。可以说，萨姆科恩凭借一己之力，避免了"维莱博卡日"那样的悲剧再次发生。不过，我猜他根本没有心情庆祝，因为天色渐晚，他得抓紧时间将 A 中队调往前方，为接下来进攻劳雷村做好准备。

劳雷村比丰特奈村小很多，由四十多间房舍组成。这两个村庄相距 2500 码，它们之间有大片的田地、树篱，以及零星的树木。放眼望去，这片区域比我们此前穿越的任何地带都要空旷。得益于此，A 中队展开了冲锋队形——两个装甲连在前，另外两个装甲连尾随其后。其中，哈利·希南的第 2 装甲连位于左翼，我的第 5 装甲连则被排在了右侧前锋位置，我们两个连队组成一道屏障，将坐镇中央的萨姆科恩挡在后面。紧接着，萨姆科恩调来 A 中队的 4 辆"谢尔曼萤火虫"坦克，将它们和自己的"坐骑"编成所谓的"禁卫军"。与此同时，惠灵顿公爵团的步兵也在我们旁边排好了队形，他们单膝跪地，将锋利的刺刀装在枪口位置。此时，困扰了 C 中队一整天的薄雾终于开始消散，夕阳的余晖穿过残雾，照亮了前方金灿灿的玉米地。我们并没有事先约定好具体的进攻时间，只要我们开始出发，后方的火炮部队便会随时待命。其实，在今天下午早些时候，C 中队就已经肃清了丰特奈村外围的高地，为我们向前冲锋打响第三阶段的战斗扫除了障碍。不幸的是，他们在此过程中损失了两辆坦克，被击中的坦克瘫在原地，在我们前方不远处冒着滚滚浓烟。我在心中暗暗祈祷，希望这两辆战车的车组成员全都逃了出来，千万别被活活烧死在这烈火炼狱之中。此时此刻，我和自己的车组成员正在等待中队指挥长的命令和后方火炮声响起，心中紧张万分。

突然，无线电里传出了萨姆科恩的声音："各单位注意！各单位注意！立刻前进！"

我方的火炮立刻开始射击，向前方不到 200 码的位置发起猛烈炮击。

还没等我下令，狄克逊就已放下了制动杆，让发动机的动力经齿轮传导至驱动链轮。就这样，在我们还没做好准备的情况下，"命中"号猛地向前冲去。步兵紧跟着我们的战车，迈进了齐腰高的玉米丛。我们展开队形，用坦克的履带压倒了挺立的玉米秆，碾出行进的轨迹。但没过多久，我们就停了下来，射出高爆弹和机枪子弹，对前方实施了长达十五分钟的火力覆盖，没有放过任何一道树篱，然后才向前继续推进一段距离。然而，在前有炮火覆盖，后有火力探察的情况下，居然还有一挺德国机枪从一道树篱下方探出头来，一刻不停地朝我方开火。步兵见状，立刻匍匐在地，在高级士官和军官的大声呵斥下，断断续续地尝试用手中的轻机枪还击，但布伦轻机枪每次只能打出 30 发子弹，根本不是 MG42 的对手，在后者强大的火力面前相形见绌。MG42 的枪管装有独特的散热套筒，每分钟可连续射出 300 发子弹。在我看来，这种机枪似乎从来就没有射光子弹的时候。所以，只要它一开火，就意味着我们别无选择，必须先上前干掉它。

MG42 的子弹打在坦克的侧面，就像有人在用手提钻撞击装甲。面对这种情况，我立刻命令马丁朝敌人机枪火力网上方的树冠位置打出三发高爆弹。炮弹在半空炸开，弹片四溅。坦克的车载机枪也在同一时间喷出火苗，打光了好几条弹链。在"空中火力"和地面火力的双重压制下，对面的机枪终于安静了下来。我抓住时机，命令车组成员停止射击，小心翼翼地驾驶坦克向前推进。突然，我注意到前方树篱中有一阵动静，几个身着灰色军装的人从里面钻了出来，背对着我们的坦克拼命朝前跑。还没等我下令，马丁和加特赛德就迫不及待地扣动了扳机，同轴机枪与车身机枪哒哒作响，冰雹般的子弹将逃窜的几人击倒在地。虽然车身机枪的转动幅度有限，但驾驶员狄克逊却能配合机枪手，熟练地向左或向右调整车头方向，以便加特赛德能够以最大的幅度扫射奔逃的人群，梅奥则拿着一条全新的弹链在一旁待命，随时准备给打空的进弹盘补满子弹。这几人配合默契，动作行云流水，俨然组成了一台运转流畅的战争机器，令一旁观战的我心生敬佩，并不禁感慨，原来当杀戮的本能同熟练的战斗技巧结合在一起时，能产生如此大的杀伤力。我的手下心里非常清楚，绝不能放过任何一名德国士兵，因为他们虽然现在在逃命，但随时都能够找到掩体藏起来，然后捡起旁边的"铁拳"，转身给我们来个致命一击。另外，逃走的士兵往往都能凭体力再苦战一天。所以，我们绝不会给德国人这样的机会。

等我下令停止射击时，呛鼻的硝烟已经填满了整个坦克车厢。可能是我的声音有点小，也可能是因为噪声太大，车组成员并没有听清我的命令，断断续续的射击声仍在持续。我只好再次下令，才终于喊停了射击。至此，我们完成了本轮作战任务。在我们的前方，数具德国人的尸体已经被打成了筛子，面朝下横七竖八地倒在树篱的一侧，定格成倒地瞬间四肢摊开的姿势。没过多久，炮塔内的硝烟彻底消散，我终于能够看清前方的战况——我方步兵已经跳进敌人逃走时丢弃的战壕，现在正在清缴负隅顽抗的残敌。他们先用布伦轻机枪向地下掩体的洞口内扫射，然后再丢进去一颗手雷，等有敌人逃出来时，便立刻开枪或冲上前将刺刀扎进敌人的胸膛。为防万一，他们给掩体内的尸体挨个补了一刀。令我印象深刻的是，有一名被炮火震晕的德国士兵醒来后爬出了壕沟，像醉汉一样跟跟跄跄地朝我们这边走来，并将双手举过头顶，惊恐地恳求周围的步兵不要杀他。不可思议的是，此轮冲锋的步兵竟然都放过了他。要知道，步兵一旦进入进攻状态，到最后往往都会杀红了眼，更不用说这些人刚刚目睹朝夕相伴的战友倒在了身后的麦田里。

这名士兵最终成了我们的俘虏，但并不是所有德国人都能这般走运。就在敌我双方沿着树篱展开激烈近战期间，一群步兵发现了一名党卫军士兵，于是就想把他拽出被泥土掩盖的掩体，但却遭到了反抗。恼羞成怒的士兵们对他一阵拳打脚踢，甚至还用枪托朝他脸上砸去。等他放弃挣扎，被强拖出战壕后，士兵们又粗暴地将他推来推去，一路推搡至"命中"号刚刚占据的射击位置。我上下打量了一下这名士兵，他穿着迷彩外套，其领口上有醒目的党卫军标志。由于连续多日蹲伏在树篱底部的掩体内躲避炮火轰击，我们面前的这名士兵衣冠不整，蓬头垢面，一缕打结的金发垂在布满血渍的面颊前。由于刚才受到了枪托的砸击，他的脸部已经肿胀变形。他看上去还不到 18 岁，清澈的蓝色眼眸里透着不服和日耳曼人与生俱来的桀骜。当我们为了核实身份而试图从他身上搜出工资簿（工资簿里的信息通常包括相关士兵的身份、工资、奖金、扣款和其他与薪酬相关的资料，是德国军队的官方记录，用于确保士兵能按时收到他们应得的薪酬和福利待遇，可用于身份确认和个人档案管理。在战争期间，军队通常会要求士兵随身携带工资簿，以便在必要时核实他们的身份和薪酬情况）时，他拒绝举起双手，眼睛向上轻蔑地盯着我，仿佛此时被踩在脚下的人是我。我刚想说些什么，突然，周围炮声大作，敌人的迫击炮开始朝我们猛烈开火。步兵们立刻就地卧倒，还有人快速躲到了坦克后面，以免被飞溅的弹片击中。但这名德国士兵丝毫不慌，就站在原地嘲笑躲藏的步兵们，直到一块弹片正中他的前额，才瘫倒在地，他死去的时候脸上还带有一丝惊愕的表情。这一幕我至今记忆犹新。

　　我们的坦克继续前进了大约一百码，在行至距离劳雷村大约一英里的地方停了下来。至此，步兵已经完成了他们在此轮攻势中的任务，不再继续前进，开始沿着刚才肃清的树篱掘壕固守。但 A 中队还得继续向前推进。没有了步兵的支援，我们需要加倍小心，时刻注意神出鬼没的狙击手。另外，扛着"铁拳"的德国士兵也蹲伏在四周的玉米地里，虎视眈眈地等待我们靠近，随时准备给我们致命一击。萨姆科恩意识到，从现在开始，我们只能依靠自己了。于是，他开始不紧不慢地调整战术。他根据自己在北非战场上获得的经验，一边等待太阳落山，一边通过无线电协调我们的行动。在他的指挥下，两个装甲连交替掩护前进——一个连队向前推进时，另一个连队就留在原地防守，并且每个连队每次只能向前推进一个战术距离。最终，每两辆坦克之间拉出了 100—150 码的间隔，两个装甲连则相距200—300 码。与此同时，萨姆科恩还将那几辆"谢尔曼萤火虫"坦克部署在我方控制下的后方较远处。这样一来，他随时可以将这些坦克调入射击位置，利用威力更大的 17 磅炮进行掩护射击。各连队动身前，都会用高爆弹和机枪扫荡每一处可疑的掩体。随着我们和劳雷村之间的距离逐渐缩短，从后方射来的炮弹也不时落在我们前方。

我根本看不清楚，敌人的坦克射出的第一发炮弹是从哪个方向打过来，但当时的情势已不容我去仔细分辨，因为我们已经逼近劳雷村外围，离目的地只有不到 1000 码的距离。更要命的是，德军的炮弹采用了特殊的发射火药，其所含成分可减少射击时的火光与声音，让坦克在开火时难以被我们发现，而这些坦克又隐蔽在树林中或建筑群内的地下掩体中。我只好从左到右扫视眼前的房屋与植被，试图找到刚才开火的坦克。突然，又一声巨大的爆炸声在我耳边响起，紧接着又是第三声。我立刻意识到，这仅仅是开始，更猛烈的攻击还在后面等着我们。这时，我左翼的哈利·希南装甲连已开始奋力还击，但更多的炮弹呼啸着向我们飞来，扎进四周的泥土后炸开，激起漫天飞扬的尘土。面对这种情况，萨姆科恩依旧沉着冷静，从容不迫地用无线电指挥着战斗。他一边向我们报告，前方出现了敌人的装甲部队，一边调来其他连队为我们提供支援。目前看来，情况还不算太糟——德军是迎着太阳射击的，刺眼的阳光让他们很难用瞄具准确地定位我们的位置，并且 A 中队的反制火力十分凶猛，同样影响到了他们的射击精度。突然，一道金属闪光引起了我的注意，我循着光亮看去，发现了一台停在低洼处、试图将车体隐藏起来的德军装甲车辆。

于是，我通过对讲机下达了一则射击指令："穿甲弹准备，炮口右转，视距 800 码，高大建筑右侧的工事内，发现敌军'野蜂'。"

马丁紧紧握着铲形握把，将炮塔转了过去，但因为用力过猛，不小心越过了目标。我赶紧冲他大喊，让他调整方位。马丁听到后，一边把炮塔往回调，一边紧张地通过瞄具搜寻着目标。这时候，从左边传来 75 毫米口径火炮的射击声，莱恩下士率先向我发现的敌人开火。通常来说，炮手发现并锁定目标后，会大吼一声"开火"。但马丁迟迟没有动静，急得我揪住他的衣领，向后一把将他扯出炮手席，然后跳进空位，抓起铲形握把，亲自将炮口对准了目标。在我踩下射击踏板的一瞬间，第一发炮弹从炮口中射出，但稍稍偏离了目标，落在了"野蜂"的右侧。完成这一连串的操作后，我把马丁推回炮手席，自己将头探出炮台，大声命令马丁调整炮弹落点。这一次，马丁没有让我失望，准确地修正了弹道。第二发穿甲弹射向"野蜂"，一击命中。在我和莱恩的联合打击下，这辆"野蜂"被迫后撤。

刚才我们逼近劳雷村时，德军坦克先发制人，令我们措手不及。但战斗进行到现在，形势已经发生了逆转，A中队的所有坦克都在朝着对面一整条战线上的敌人开火。一些老旧的四号坦克中弹起火，就连性能更为优良的重型坦克也难逃一劫。在我方四个装甲连的持续火力覆盖下，德军坦克无一幸免，均被75毫米口径火炮摧毁，瘫在原地动弹不得。萨姆科恩趁机将"谢尔曼萤火虫"坦克调上前来。乔治·德林中士也跳下坦克，走到后方的"17磅炮"那里，带领它们朝前线方向移动。德林中士出身铁匠家庭，在战争爆发前就已加入舍伍德义勇游骑兵队。此人自幼跟随父亲打猎，对于地形有着敏锐的洞察力。入伍后，他将这种异乎常人的第六感带到了战斗中，擅长利用地势起伏来偷袭德军坦克。北非战役期间，他作战勇猛，总是冲在最前面同敌人交火，并因此被授予了军功勋章。这一次，他徒步领着"阿基亚"号进入射击位置，然后利用一道树篱作为掩护，朝躲在劳雷村旁小树林内的一辆豹式坦克开火还击。"阿基亚"号装备的17磅炮威力巨大，在500码开外只需用一枚炮弹，就能射穿德军重型坦克的装甲。所以，德林中士对首发命中目标胸有成竹。几分钟后，他调整了坦克的位置，又击中了另一辆德军坦克。但这仅仅是开始，在接下来的时间里，他陆续又干掉了两辆坦克。

就在中士狩猎正酣之际，一辆豹式坦克突然从藏身的掩体内冲了出来，沿着一条贯穿前方空地的东西向道路（距离我们不到200码），直冲我们右翼驶来。这辆坦克只顾着冲锋，却忽略了致命的一点——它的行进方向垂直于我们的推进方向，因此它将薄弱的侧面装甲暴露在了我们面前。面对这一绝佳的射击机会，所有坦克都跃跃欲试，纷纷转动炮塔，将炮口对准了越来越近的豹式坦克。我再次下达射击指令，马丁立刻响应，这次他一下就瞄准了目标。接下来，我们开始条不紊地重复着射击步骤，先开火，再装填，然后准备再次开火，75毫米口径火炮的后膛跟随我们的节奏，先后坐再复进。打空的弹壳掉落到炮塔内的地板上之后，肯·梅奥立刻将一枚新的炮弹填入后膛。马丁再次开火，我们射出的第二发炮弹冲出炮管，和其他坦克射出的炮弹混在一起，飞向驶来的豹式坦克。其中几枚炮弹被豹式坦克的装甲弹开，但终究让这辆坦克放缓了速度，并最后停了下来。随后，豹式坦克的舱盖被打开了，两名车组成员爬出来准备弃车而逃。我方的"谢尔曼"

坦克不约而同地用同轴机枪进行射击，瞬间放倒了两人。从目前的火力对比来看，A中队所有坦克火力全开，对守卫劳雷村的德军装甲部队形成了压倒性优势。我自己的坦克也因为持续开火，导致炮塔内部弥漫着呛鼻的浓烟，换气扇工作了许久，才将浓烟慢慢抽出。

　　萨姆科恩指示我去肃清劳雷村西侧的一排树篱，因为敌人在那里挖出了密密麻麻的战壕与射击掩体。在刚才的交火中，一些德国士兵死在了原地，还有一些人试图跑回村子内的房屋中寻求遮蔽，但却在奔跑途中被击倒，躺在地上奄奄一息。我们一点点靠近树篱，为了不留一个活口，只得将同轴机枪的枪口压到最低，同时左右来回转动炮塔，对着树篱底部一刻不停地扫射。与此同时，狄克逊再次配合加特赛德，来回摆动车头，为后者操纵的车身机枪提供最大的射击幅度。我也没有闲着，一边下达射击指令，一边拨动无线电通信面板上的旋钮，将指令传达给装甲连的其他坦克。很快，乔尼·拉纳的坦克赶上了我们，与我们并排行驶。想到"老油条"哈里森可能又故意在后面磨蹭，我向后眺望，想要找到他的位置。等我转回头来，竟然发现一名德军士兵正试图爬上"命中"号的车头。他用一只手举着木柄手榴弹，试图在光滑陡峭的装甲板上找到立足点。情况十分危急，我必须趁他立足未稳的间隙，钻进炮塔内找到那把捡来的施迈瑟冲锋枪。在此之前，我已经将枪托展开，并且解除了保险。等我端起枪抬头向舱口外看去时，那名德军士兵已经扶稳站好，将头探到了舱口上方，他攥着手榴弹的胳膊高高扬起，正准备将手榴弹扔进炮塔。我立刻扣下扳机，射出一连串的子弹。这名士兵当即中弹，身体往后一仰，从坦克的一侧摔了下去。

　　由于缺少步兵掩护，我们无法穿过房屋群向村庄更深处挺进。不过，A中队还是完成了既定的作战目标，共击毁了13辆敌军坦克，仅乔治·德林一人就干掉了4辆。不过，我和其他装甲连指挥官一样，认为击毁敌军坦克是全体车组成员共同努力的结果，所以不会刻意记录个人的战功。这时候，A中队指挥长告诉萨姆科恩，他将派一个营前来接替我们，并巩固已经取得的战果。等到这支部队抵达时，天色已晚，我们便一路后撤，直至在劳雷村外围听到了步兵用凿与铲挖掘战壕时发出的声响，才停下来进行休整。第二天，步兵与B中队肃清了村庄，并为此付出了巨大的代价——当天凌晨，一辆虎式坦克趁着夜色孤身潜回阵地，B中队因此损失一整个装甲连的坦克，另有11人在战斗中牺牲，随行步兵的伤亡同样十分惨重。不过，我方最终在 6 月 27 日夺下了劳雷村。战斗结束后,共有 9 辆德军坦克被遗弃在路边,其中一些车辆(甚至还有一辆虎式坦克和一辆豹式坦克)还没熄火。

占领了劳雷村后,舍伍德义勇游骑兵队继续配合第 49 师作战,在接下来的五天里一直留在原地坚守,以巩固战果并保护"埃普索姆行动"的右翼("埃普索姆行动"的地点就在我们驻地的东侧)。与此同时,由第八军辖内的三个师组成的主力部队已成功抵达奥东河谷,正与敌人在 112 高地附近展开激战。一时间,双方僵持不下。蒙哥马利见自己精心策划的首轮大规模进攻力竭气短,终于放弃了原定计划。德军趁机发起反扑,但都被我军击退——在我们的注视下,英国皇家空军的"兰开斯特"轰炸机群浩浩荡荡地飞越长空,将维莱博卡日炸成了废墟。庞然大物般的飞机俯冲下来,在掠过我们头顶的瞬间打开了弹舱门——机腹内挂载的炸弹清晰可见。我们饶有兴致地仰望着天空,看着成千上万枚钢壳高爆炸弹被甩出机腹,如雨点般砸向这个可怜的小镇。轰炸机完成任务后,便折转向北,只留下阵阵季风将爆炸产生的烟尘向我们这边吹来。截至此时,我方虽然将突出部深深扎进了敌人的防线,但始终无法完成突破。到了 7 月 4 日,舍伍德义勇游骑兵队被调离战场进行休整。经过连续九天没日没夜的战斗后,我们所有人都已筋疲力尽,在接到命令后便欣然将坦克开进了舒安镇(Chouain,位于巴约以南 6 英里)附近的一片静谧的果园内,那里建有一处休整营地。到达目的地后,虽然所有车组成员都已经累得快要站不住了,但他们还是强忍着困倦,按照我的命令开始例行补给程序,准备往坦克内搬运成箱的弹药。没有任何人发出一句怨言,就连马丁也只是翻了翻白眼——这个动作在我看来,也算是默认接受了命令。我赶忙拆开几包 Player's 牌香烟,把它们散给周围的伙计。大家抽完烟就开始忙活起来。等忙完所有工作后,我们连胡子都没刮,便带着浑身污渍沉沉睡去。

在接下来的五天里,舍伍德义勇游骑兵队养精蓄锐,在重新整编部队的同时补充了战斗损失。与此同时,B 梯队的车辆也从滩头驶出,载着第二批补给,到舒安镇同我们会合。这是自诺曼底登陆以来,舍伍德义勇游骑兵队的各职能部队第一次齐聚在同一个地方。B 梯队的车辆不仅运来了第二批补给,还捎带了一线作战部队在战斗期间不常用到的物资,比如现金津贴和信件。尤其令我感到欣喜的是,他们捎给了我一枚舍伍德义勇游骑兵队的帽徽。

经过了三周的战斗之后,我不仅活着,还积攒了丰富的战斗经验。在约翰·萨姆科恩的指导下，我学会了如何观察地形，如何研判战斗的形势，如何利用敌人的弱点，以及如何最大限度地发挥我方的人数与火力优势。事实证明，虎式坦克与豹式坦克并非不可战胜，我们经过了实战的检验，有足够的能力完成任何艰巨的任务。虽然始终未能突破敌人的防线，虽然为了前进区区几千码的距离同敌人鏖战数日，但我们在蒙哥马利实现其战略意图的过程中发挥了重要作用——他想把敌人牵制在卡昂一带，并通过消耗战给对方造成无法弥补的损耗。此次行动中，我们的人数优势开始显现，这证明了量变最终足以引起质变。以数量取胜，本身就是一个残酷的算术问题，这会同时损耗对峙双方的力量。接下来，消耗战这台"绞肉机"仍将继续运转。我还有很多东西需要学习，尤其是需要改进坦克和步兵之间的协作方式，但这些都是我事后反思才得出的结论。于我而言，当时最重要的收获是在两方面证明了自己：一是在与德国人的战斗中展现了自己的指挥水平，二是赢得了手下的信任。当我将舍伍德义勇游骑兵队的团徽别在自己的黑色坦克贝雷帽上后，顿时找到了家的感觉——我属于这里，我终于在连队中站稳了脚跟。

好事连连

在丰特奈村与劳雷村之间的主路上，有一段长约 1.5 英里的路段。人们行至此路段时，如果向道路左边开阔的空地眺望，便能看见一排孤零零的山毛榉，仿佛守墓人一般，笔直地伫立在丰特奈勒佩内勒（Fontenay-le-Pesnel）墓地旁。修剪整齐的树篱将墓地围在中央，里面埋葬着 460 名英联邦战士及 59 名德国士兵的遗骸。这片墓地由英联邦国殇纪念坟场管理委员会（Commonwealth War Graves Commission）负责维护，在"埃普索姆行动"中牺牲的舍伍德义勇游骑兵队 B 中队和 C 中队的将士均长眠于此。其中，格林中士和年仅 19 岁的坦克手史密斯均隶属 B 中队，两人的墓碑无声地诉说着当年在两个村落之间爆发的激烈战斗。我曾多次站在路边缅怀逝去的战友们。七十年后的今天，我再次来到这里，听着风吹过山毛榉发出的沙沙声，万千思绪涌上心头——七十年前，如果我和我的手下稍有不慎，此刻躺在对面墓地里的就会是我们。幸运的是，我们 A 中队无一人阵亡——这要归功于约翰·萨姆科恩的英明领导。

在萨姆科恩的指挥下，A 中队在登陆诺曼底之后的短短几周内愈战愈勇，形成了强大的凝聚力。特别是在进攻劳雷村的战役中（这是自北非战役以来，舍伍德义勇游骑兵队同敌方装甲部队规模最大的一次交锋），A 中队表现出前所未有的英勇与善战，创造了以零损失击毁敌方 13 辆坦克的壮举。萨姆科恩总是谦虚地说，他的指挥依赖我们的配合与成全，战斗的成败取决于中队的年轻军官。话虽如此，但实际上是我们从他那里获得了信心与能力，是我们受益于他的引领。他所营造的信任感逐渐扩散至中队的士兵及下级军官当中，并印证了这样一个道理——在战争中，稳健的指挥对于提振部队士气至关重要。然而，刚刚取得如此辉煌战绩的 A 中队，即将经历一场领导层危机。

即使在战争期间，军队也需兼顾团队的发展和军官个人的职业前途。1944 年的统计资料显示，约有 75% 的军官并非职业军人出身，萨姆科恩就是其中的一员。一旦战争结束，这名代理少校注定会离开部队。果然，在战后总结会上，萨姆科恩被告知将官复原职，以上尉身份重操旧业，做回舍伍德义勇游骑兵队的技术副官，由此产生的职位空缺将由杰弗里·梅金斯（Geoffrey Makins）填补。这对萨姆科恩来说是一个不小的打击，但梅金斯在战前就已是皇家龙骑兵团的职业军官，若想继续晋升，就必须拥有指挥团级部队下辖战斗单位作战的经历。面对这种情况，如果本团内没有合适的发展机会，类似梅金斯这样的人就会被空降至另外一个有空缺的单位，或者由其上级在别的单位"人为创造空缺"，比如萨姆科恩遭遇的这种情况。纵使我们对部队军官的职业发展政策一无所知，但也能隐约意识到，这种做法将会给 A 中队造成毁灭性的打击。萨姆科恩被替换一事在 A 中队中引发了一阵骚动，因为所有队员都坚信，只有萨姆科恩才能带领他们活着取得胜利。很快，在劳雷村战役之后，还没等下一次大规模进攻开始，A 中队便为如此荒唐的人事变动付出了惨痛的代价。

7 月 10 日，就在杰弗里·梅金斯上任四天后，舍伍德义勇游骑兵队从舒安镇的果园出发，前往下一次行动的集结点。奥托莱巴格村（Hottot-les-Bagues）位于劳雷村以西 4 英里处，村内稀稀疏疏的房屋沿着高地山脚下的一条道路排开，散落在道路的两侧。该村已被敌军占领，是德军阵地突出部的重要组成部分。凭借此突出部，德军像楔子一样扎进了英军的前方战线。德军装甲教导师下辖各部队已在村内坚守了数周时间，曾多次击退试图赶走他们的英军。蒙哥马利为了确保能够继续对整个德国防线施压，决定拔掉这根扎在英军阵线上的楔子。此次进攻还有一个目标，那就是配合主攻部队夺取卡昂以南的 112 高地主峰。承担主攻任务的是第 43 萨默塞特郡步兵师，而我们则负责为第 50 师第 231 旅步兵进攻奥托莱巴格村提供支援。

经过一整夜的行军，我们抵达了本次进攻的起始位置。此轮攻势将采用标准的旅级"双子协同"（two up）步兵战术，即第 231 旅下辖的两个营分别在 A 中队与 B 中队的支援下，率先发起冲锋，剩下的一个营则和 C 中队留在原地作为预备队。等到东方破晓时，早已就位的火炮部队便会打出炮弹，并让弹幕徐徐向前推进，根本不会给我们留出与步兵磨合的时间。在清晨的第一缕阳光照亮了大地后，我们才看清了前方的地形：一条陡峭的小坡向上延伸并连接到奥托莱巴格村的北侧，沿途低矮的树篱将足球场大小的田地围在中央，形成了典型的树篱田，而多块树篱田又拼凑在一起，其间散布着果园与树丛。每一块树篱田都可能成为绝佳的防御阵地，需要我们花费一番工夫挨个拿下。由于坦克发动机的轰鸣声太大，我们无法听到敌军炮弹飞来时的呼啸声，但是步兵却能听得一清二楚，然后在第一波炮弹落地前，像鼹鼠一样"钻入地下"。当我们向前推进，准备对付第一道树篱时，动作敏捷的步兵都找到了掩体或躲开了炮弹，因稍有迟疑而暴露在空地上的那些人则遭遇了不幸。

德军的炮火十分猛烈，爆炸产生的弹片持续撞击坦克两侧，我只能一直低着头躲在车长指挥塔内。敌人的狙击手也在频频向我们开枪，不过我并非毫无还手的办法，我把头盔放置在别处以吸引敌人的火力，然后操起机枪扫射每一处可疑的树木和遮掩物。德军狙击手通常会把自己拴在树上，以防中弹后摔落到地上再被集火攻击。在使用 0.3 英寸口径机枪子弹和 75 毫米口径高爆弹进行长达 15 分钟的火力覆盖后，我们终于肃清了第一道树篱，并着手突破下一道屏障。这时候，更大的危险却在悄悄等待着我们。因为当树篱之间的间距更大，并且其位置更靠近德军主阵地时，树篱背后藏有德军坦克的可能性就更大。不过，针对这种情况，我们已经想到了新的策略。

劳雷村的战斗表明，"谢尔曼萤火虫"坦克不太适合充当"通用坦克"。该坦克虽然装备了体形硕大且火力凶猛的 17 磅炮，可以有效对付虎式坦克和豹式坦克，但其在敏捷性方面却不如装备 75 毫米口径火炮的 M4"谢尔曼"坦克：一方面，"谢尔曼萤火虫"坦克的主炮炮管很长，这大大降低了该型号的坦克在植被茂密的地形中的机动性；另一方面，"谢尔曼萤火虫"坦克的主炮十分笨重，在坦克高速行进期间，或者在需要进行远距离火力覆盖时，其炮口必须转向车尾，同时炮管也应被固定在坦克的后甲板上方。这样做可以大大减少炮塔座的损耗，但却需要指挥官在开展常规行动前，手动解开固定坦克主炮的装置。另外，为腾出空间以容纳口径更大的炮弹，"谢尔曼萤火虫"坦克的车身机枪手的座位也被拆除了。这样一来，该型号的坦克一旦近距离遭遇扛着"铁拳"的德军步兵，便会陷入极端危险的境地。综上所述，虽然 M4"谢尔曼"坦克缺少"谢尔曼萤火虫"坦克那样的穿甲能力，但我们中的大多数人还是更青睐轻巧灵活的前者，更偏爱装备优质高爆弹药的 75 毫米口径速射火炮。在此前的战斗中，约翰·萨姆科恩同时使用了这两种型号的"谢尔曼"坦克。如今，新任指挥官沿用了他的做法，将 A 中队装备的四辆"谢尔曼萤火虫"下发给各装甲连。最终，每个连均配备了三辆 M4"谢尔曼"坦克和一辆"谢尔曼萤火虫"坦克。

在我们装甲连里，负责指挥"谢尔曼萤火虫"坦克的是一等兵雷德芬（Lance Corporal Redfern），此人身材矮小，非常适合坐在该坦克的逼仄空间内操纵 17 磅炮。由于担心敌人的坦克随时可能从前面冲出来，我让连队的三辆"谢尔曼"坦克使用高爆弹扫荡前方的树篱，同时命令雷德芬操纵"谢尔曼萤火虫"坦克在右翼提供掩护。一旦我们将藏在暗处的德军坦克逼出树篱，雷德芬就要立刻使用 17 磅炮来击毁它。其实，"谢尔曼萤火虫"坦克只要出现在战场上，就会让德军坦克主动现身，因为敌人深知17磅炮的威力，他们必须主动出击干掉它。另外，"谢尔曼萤火虫"坦克开火时，炮口会发出耀眼的火光，很难不被德军士兵发现。雷德芬第一次开炮时，炮口喷涌出的火焰燎到了他的眉毛，疼得他脏话频出。从这以后，车组成员吸取了教训，每当"谢尔曼萤火虫"坦克开炮时，就会闭上眼睛，雷德芬更是会把头深埋进炮塔内。"谢尔曼萤火虫"坦克一开火就会暴露自己的位置，并会吸引射程内的所有敌军坦克或反坦克炮瞄准它。因此，我们必须慎重选择它的射击位置。

如果仔细观察对面的树篱，便可以通过升腾在树篱上方的热气，辨识出敌人坦克的位置。比如，豹式坦克的后甲板顶部安装有两个大型排气扇，用于排出发动机产生的烟气和热量。在此过程中，废气会加热周围的空气，造成不易察觉的异样——只有经验丰富的老兵才能用肉眼发现它。每当我们发现这类异常情况时，就会立刻用高爆弹进行火力覆盖。豹式坦克的顶部装甲要比其侧面和正面的装甲薄很多，有一定的可能被高爆弹的弹片击穿。如果足够幸运，一发炮弹可能就会点燃被它排到空中的汽油蒸气。

无论身处何种环境，只要某辆德军坦克暴露了自身位置，我们装甲连的所有坦克便会火力全开，劈头盖脸地将炮弹砸过去。倘若我们动用75毫米口径速射炮来压制对方，那么即使无法将其击毁，速射炮所迸发出的凶猛火力也足以逼退敌人。我们会优先使用高爆弹，因为虽然穿甲弹的名字中有"穿甲"二字，但其穿透力并不怎么好，而高爆弹则可以在短时间内快速瘫痪敌方坦克的光学瞄准系统或破坏其履带。为了确保自身的安全，我们从不会在同一个地方停留太长的时间，总是在不停变换位置的同时，维持对敌人的火力打击。以"谢尔曼"坦克为例，每辆"谢尔曼"坦克在快速向目标射出3—4枚炮弹后，都会娴熟地掉转车头，驶入新的射击位置，然后观察炮击的效果，如有必要就会再次朝目标开火。在奥托莱巴格村，我们沿用了此战术。乔尼·拉纳下士还是一如既往地紧跟着我，但亚瑟·哈里森中士依旧在后面磨磨蹭蹭。战斗刚一结束，忍无可忍的我便去找他当面对质。他反驳说："我是因为引擎过热，才跟不上的。"当时我还年轻稚嫩，常常对这种缺乏斗志的态度嗤之以鼻，但随着参战次数及阅历的增加，我开始意识到：一个人的作战经验越丰富，就越不敢冒险。只有初生牛犊才不怕虎，久经沙场后，人们只会变得更加畏首畏尾。

奥托莱巴格村战役期间，舍伍德义勇游骑兵队共击毁敌军7辆坦克，其中5

辆要归功于 A 中队采用的新战术。不过，A 中队在此期间也遭遇了自参战以来的第一次重大伤亡。事情还要从战斗的第一天晚上说起。经过一整个白天的奋战，我们将战线向前推进了几百码，但敌人龟缩在战壕内，根本没有后撤的迹象，这导致战斗陷入了僵局。为了巩固白天取得的战果，我们当晚没有撤回营地进行休整，而是同步兵一起坚守前线以鼓舞士气，同时防止德军反击。对于这项决定，坦克兵们深感不满，因为这意味着我们根本不会有睡觉的时间，并且夜间能见度极低，遭遇敌人偷袭的危险也会大大增加——夜幕降临时，敌人会派出更多的狙击手潜入我方阵地。不仅如此，德军士兵也会扛着"铁拳"绕过掩护我们的步兵，随时准备给我们的坦克来个"致命一击"。整个夜里，我都睁大眼睛盯着黑黢黢的四周。敌我双方断断续续地交火，不时会有爆炸产生的火光照亮前方，在地面投下瘆人的阴影，然后渐渐熄灭。每当此时，我都会闭上一只眼睛以免被刺眼的光亮致盲。就在我极力想要保持清醒和全神贯注时，偶尔会有曳光弹拖着长长的轨迹划破夜空，迷离的光影令我浮想联翩。那一夜，我不停地抬手看表，期盼指针能走动得更快一些。但我心里清楚，只要清晨第一缕阳光照亮大地，我们又会重复前一天所做的一切。

又经过了一天艰苦的战斗，我们终于开上了山脚下的缓坡，向奥托莱巴格村进发。等我们沿着山脚下狭长的主路杀进村子里时，遭到了敌方火炮的猛烈轰击。面对这种情况，我们采用了坦克与步兵互相配合的战术。首先，我方坦克朝教堂尖顶和高大建筑的上层窗户射出 75 毫米口径炮弹，以肃清机枪阵地和任何可能藏有狙击手或炮兵观测员的构筑物。紧接着，步兵进入道路两边的房屋，清剿建筑物内部的残敌——他们通常采用的方式是先向屋子里丢几颗手雷，再使用自动步枪朝房间内扫射一通。凭借此方法，我们缓缓地穿越村庄向前推进，但没过多久就遭遇了敌方的反坦克火力袭击，我们只好驶离道路到路旁寻找掩护。不幸的是，在敌人的第一轮袭击中，我方有一辆坦克中弹起火。我目睹了这一幕之后，在心中默默祈祷，希望坦克内的车组成员能够顺利逃生，但这辆"谢尔曼"坦克在短短几秒内就变成了熊熊燃烧的炼狱。在那个瞬间，我甚至庆幸自己的坦克发出的轰鸣声"堵住了我的双耳"，让我听不到困在那辆坦克里面的人发出的撕心裂肺的惨叫声。等到我们将敌人彻底赶出村庄时，舍伍德义勇游骑兵队已损失了四辆坦克，共有七人（其中大部分是 A 中队的坦克指挥官，甚至还有三人是军官）在战斗中牺牲和负伤。

在这场战斗中，A 中队的副指挥官罗尼·盖利斯上尉（Captain Ronnie Gellis）身负重伤，其整个下巴都被敌人的狙击手打掉了；迈克·豪登在率领第 3 装甲连爬上缓坡时，脸部被弹片划破（还好仅是皮外伤）；接替萨姆科恩的杰弗里·梅金斯就没有迈克·豪登这般幸运了，他因暴露在坦克外指挥战斗而不幸被炮弹击中，几天后便因伤势过重去世了。谁都说不清楚，这位新上任的 A 中队指挥官被敌人击中，究竟是因为其自身经验不足，还是纯粹因为倒霉。但话又说回来，这是他第一次指挥战斗，而萨姆科恩之前就教导我们：在战争中，运气要靠自己创造。等我们撤出前线时，我看了一眼拴在炮塔舱门后方机枪架上的头盔，发现上面有两个弹孔。毫无疑问，这一定是德军狙击手的杰作。谢天谢地，我们第 5 装甲连没有任何人伤亡，但我们打出的炮弹好几次差一点就击中了自己人。

诺曼底战役期间，盟军取得的空中优势被大肆宣扬，关于英国皇家空军与美国陆军航空队携手组建战术空军，派出"台风"（Typhoon）与 P-47"雷电"（Thunderbolt）战术轰炸机对德军实施毁灭性打击一事，在当时几乎人尽皆知。但人们有所不知的是，友军的空中火力也会给我们带来危险。我们发起进攻的第一天，便前进受阻，而且根据战报提供的消息，我们得知敌军的增援坦克正在赶来。在我们毫不知情的情况下，步兵竟然命令随行的英国皇家空军前进观测员呼叫战机前来支援。当我听到飞机引擎发出的刺耳轰鸣声时，A 中队正沿着山脊排成一列。我抬头看了看身后，看到了第一架"台风"的黑色轮廓。这架飞机正呼啸着向我们俯冲过来，其机翼前缘还冒着火光，让我起初误认为它已被德军的防空高射炮击中了。但随后它就开始倾斜机身并开始向上爬升。这个时候，我看到了它的机腹下方出现了两道烟雾的轨迹，便意识到大事不好——这架飞机释放了两枚火箭弹，它们正朝着我们飞来！见此情景，我赶紧冲连队里的其他人拼命喊叫，让他们赶紧躲藏起来做好防护。就在我将舱门拉下一半的瞬间，呼啸而来的火箭弹在"命中"号两侧爆炸了，钢铁碎片如泥点般溅到了坦克的车身上。

透过半掩着的舱门，我看到又有三个黑点在我们头顶的天空中盘旋。随着这些黑点越变越大，其轮廓也逐渐清晰起来——三架飞机在调整至 60 度倾角的俯冲攻击姿态后，接连释放出多枚 60 毫米口径火箭弹。与此同时，飞机机翼下方的 20 毫米口径机炮也在不停地喷涌出火舌，在我们四周的地面上划出一道道深深的弹痕，子弹所经之处，泥土向两边飞溅。幸运的是，仅有一部分子弹击中了我们的坦克，所有火箭弹均与我们擦身而过，不然肯定会把我们的坦克炸开花。幸亏当时的战机的对地攻击精度并不高，想要使用非制导火箭弹击中地面目标并不容易，要是换作现代战争，战机只需发射一枚精确制导炸弹，就可以百分之百命中地面车辆。这场空袭虽然仅持续了数秒时间，却给地面上的人造成了极大的恐慌。要是敌人这般对待我们也就算了，但差点要我们命的可是自己人。一想到这里，坦克兵们恼怒万分，纷纷用污言秽语"问候"英国皇家空军。第4装甲连的迪基·霍尔曼尤为激动，因为他把刚刚收到的21岁生日礼物绑在了坦克后部的防水帆布下面，而这心爱之物却被空军的飞机撕得粉碎。

　　之前在村庄内作战时，同我们交火的是德国国防军。面对他们的顽强阻击，我们每向前推进一码的距离，都需要付出巨大的代价。不过，这些士兵虽然凶悍，但却与党卫军不同——他们一旦意识到阵地将要失守，便会举手投降。只要我们杀入阵地内，这些人就会乖乖举起双手。通常情况下，处置这些士兵是我方步兵的事，但如果我方步兵未能及时跟上坦克，我就会带着一部分坦克兵跳出坦克，亲自搜查战俘的工资簿，以获取有关战俘及其所属部队的信息，然后将有用的情报上报给团部的情报官。当然，这也是搜刮战俘财物的绝佳机会，士兵们会趁机将手表与钢笔等有价值的物品收入囊中。因此在战役结束后，一名盟军士兵的手腕上戴着好几块表的情况也并不少见。不过，我们最想弄到手的还是德军的手枪，幸好村子里的战俘满足了我们的愿望，在投降时乖乖地交出了手里的"卢格"手枪。这款德国于1908年设计的手枪，是德军配发的制式手枪，因为其采用了新颖的拨动机制——肘节闭锁，所以可以完成一整套顺滑的击发动作（当发射完一发子弹后，在枪机和枪管后坐的同时，联轴会推动肘节闭合完成开锁。弹匣里的弹簧则会顺势推动子弹进入弹仓，紧接着复进簧又会推动肘节展开，完成闭锁）。更重要的是，它可以兼容我军的9毫米口径子弹，而且其射速远超我军的0.38英寸口径转轮手枪。我也有幸弄到了这样一把抢手货，实现了一个"个人小目标"。

　　我们成功占领了奥托莱巴格村，帮助蒙哥马利实现了其更为宏大的战略目标——拉直战线并分散德军的注意力。得益于此，蒙哥马利准备发起"古德伍德行动"（Operation Goodwood，又译作"良木行动"），他计划命令盟军迂回至卡昂东侧进行围点打援，以打通通往法莱斯的公路。为此，他动用了第21集团军群中受其支配的所有英国及加拿大军团。最终，盟军于7月10日攻占卡昂孤城，但始终未能突破卡昂附近的德军防线。随着越来越多的敌军增援部队赶来巩固防线，蒙哥马利的计划就被执行得越完美，因为其发动"古德伍德行动"的初衷，就是要将希特勒的主力部队牵制在卡昂一带，从而为协助美国人在西线实施更大规模的突围创造条件。这里需要补充说明的是，美国军队在此之前已经占领了科唐坦半岛，随后又于6月29日夺取了瑟堡的港口，现在正在为实施突围做准备。所以，蒙哥马利在卡昂一带的攻势越猛烈，就越能吸引德军的注意力与兵力，从而减轻西线美军的压力。不过，为了实现这一目标，蒙哥马利付出了巨大的代价。

舍伍德义勇游骑兵队比较幸运，在蒙哥马利的宏伟计划中担负的任务比较轻松。7月17日，舍伍德义勇游骑兵队接到命令，需前往科蒙（Caumont）地区接替美军第2装甲师下辖的第67装甲营，给美国人留出时间进行休整，让他们为即将到来的西线突围做好准备。科蒙位于奥托莱巴格村西南不到10英里处，是整条战线上相对安宁的地区，周围大多数村庄与乡野均未受战火波及，与蒂伊镇四周满目疮痍的交战区形成了鲜明对比。舍伍德义勇游骑兵队奉命接管第67装甲营控制的前沿阵地。该前沿阵地风平浪静，所以此任务最大的难点不在于作战，而在于要伪装成美军，效仿他们佩戴头盔和使用树叶伪装车辆的习惯。另外，我们还必须挖掘狭长散兵壕，以应对间断性的炮击。放在以前，我们撤回营地后，根本不会去挖这种东西，而是会抓紧仅有的一点宝贵时间睡上一觉。但现在的情况有所不同，敌人的炮击虽不猛烈，但还是造成了一定的伤亡，我们不得不做好防范。

当我们离开坦克时，或者关闭主引擎，让车辆依靠汽油副引擎（通常用来给电瓶充电）提供的辅助动力运行时，便可以听清炮弹来袭的声音——炮弹在飞行时能达到超音速，会发出尖厉的呼啸声。只要耳边传来这种声音，就意味着炮弹正朝我们飞来，而我们只有几秒钟的时间作好准备——要么跳入狭长散兵壕内寻求掩护，要么钻进"谢尔曼"坦克并迅速关闭舱门。而迫击炮弹有所不同，它们在飞行时只能达到亚音速，所以并不会发出啸叫声，我们最多只能听到它们在落地前发出的轻微"嗖嗖"声。

其实，普通炮弹与迫击炮弹都算不了什么。自战争打响以来，最令盟军士兵胆寒的德军武器当数"呻吟米妮"（Moaning Minnie）。该武器又名"喷烟者"（Nebelwerfer，其最初是被分配给德国国防军烟幕兵部队的），是德国国防军列装的制式21毫米口径火炮，可一次性将六枚高爆火箭弹发射至三英里外的地方。火箭弹呼啸着划过天空朝目标飞去时，火箭发动机会发出瘆人的声响，那种声音像极了某种鬼怪的"呜咽哀号"声。相比普通火炮和迫击炮动辄多炮齐射,"喷烟者"通常采用单次发射的方式,将六枚火箭弹依次发射出去。单发火箭弹的实际杀伤力十分有限,但其发出的声响能给遭受打击的部队造成心理上的恐慌。不过,每门"喷烟者"一次只能发射六枚火箭弹,并且第一枚火箭弹在击中目标前发出的噪音往往会被我们当作预警信号,可为我们留出足够的时间去寻找掩体以躲避后续的飞弹。所以,每当听到第一道"呜咽哀号"声时,如果我们还在坦克外边,就一定不能有丝毫的犹豫。我就曾遇到过这种情况。当时,我根据标志性的声响,判断第一枚火箭弹正朝我方坚守的科蒙阵地袭来,便立刻冲向距离自己最近的战壕。但是,有一个人却站在战壕外无动于衷,他就是舍伍德义勇游骑兵队的骨干之一、指挥部中队(HQ Squadron)的副指挥官——罗尼·赫顿上尉(Captain Ronnie Hutton)。此人来自北爱尔兰骑兵团(North Irish Horse),是一名地地道道的乌尔斯特大汉,他因在北非沙漠战役中作战英勇,而被授予军功十字勋章(Military Cross,缩写为"MC")。令我十分不解的是,低于地面的壕沟近在咫尺,他为什么不立刻躲进去呢?可能是出于遭受攻击时的求生本能,我没有多想,一把将他推进战壕里,死死地压在他的身上。在那一瞬间,爆炸产生的冲击波扫过战壕的顶部,气流裹挟着大块的金属碎片从头顶呼啸而过。就这样,我这个资浅望轻的年轻中尉,以一种独特的方式结识了罗尼·赫顿上尉这样的军中大人物。德军的攻击结束后,罗尼一边掸去身上的尘土,一边问我为什么舍命将他推进战壕。我编了些理由,比如"长官重任在身,是重点保护对象"云云,但只字未提真正的原因——他挡住了我冲向战壕的路。罗尼听完,哈哈一笑。我俩的情谊由此开始,而在日后另一场迥然不同的危机中,他同样救了我一命。

相比整条战线的其他地方,科蒙阵地除了偶尔遭到炮击外,总体上比较平静。得益于此,我们没有开展任何军事行动,而是利用难得的作战间隙,做了些与战斗无关的事情。比如,我们拿出配给的牛肉饼,同法国平民交换鸡蛋、奶酪、苹果汁和苹果白兰地。除此之外,我们甚至还用一包香烟换到了几只活鸡。每次开动坦克前,我们都会把这些鸡放进坦克内的一个弹药箱里,再往箱子里铺些稻草,而它们也的确把弹药箱当成了安乐窝,一路上在里面睡得安安稳稳。有时候,这些家伙还会在车厢内兴奋地昂首踱步,尤其喜欢趁加特赛德操纵车身机枪时,跳到前面去啄他的后颈。它们也会下蛋,但很容易因受到坦克开火声的惊吓而四处扑腾,根本无心产蛋。遇到这种情况，我们只能杀鸡吃肉——这下正中加特赛德的下怀。

此外，我们不仅可以利用这段时间给家人写信，也能定期收到家里人的来信。按照规定，所有人不得在信中提及部队番号、位置部署和具体活动等军事行动信息。事实上，我们既不愿让亲人知道这些糟心事，也不想让他们担心我们的处境。相反，我们更愿意聊些平常的话题，比如家乡的天气如何、家人的近况怎样、从英国寄来的那一包裹香烟怎么还没送到等。然而，所有的信件都必须经过审查——普通士兵写完信后，需将信纸装入信封（信封不得封口）交给部队领导检查，信件通过审核后才可以被寄出。但军官们自己写信时，只需在信封上签字，就可以证明信中不含任何敏感信息。马丁第一次把写完的家信拿给我审核签字时，脸上露出了非常尴尬的表情。看到他这副模样，我反倒迫不及待地想读一读他那蹩脚的英文句子，想知道信里写了些什么。不过，我还是不愿意窥探手下的私人信件，所以我和连队所有人达成了一项约定——只要他们保证不写机密的话题，我就走个过场，直接在信封上签字，根本不会去读信的内容。写信时，我们感到充实快乐，收到家人的来信时，我们更是欣喜若狂。没有在异国他乡当过兵的人，根本不会理解一封家书会给士兵带来多大的慰藉。家人熟悉的字迹、家长里短的琐事，看似平凡无奇，却能让身处战争中心的我们同外面的寻常世界建立起一丝情感上的联系，并且提醒我们，还有比战争更重要的人与事。这些定期寄来的书信，承载着父母的企盼与妻儿的思念，给了我们常人难以想象的精神鼓舞。

我们也有机会暂时离开战线。有一次，我被意外告知，需要前往团部报到。作为一名年轻的中尉，我在接到消息后有些忐忑不安，以为自己犯了什么错误。团部的临时指挥所设在一间老旧的诺曼底农舍内。在前往指挥所的路上，我绞尽脑汁，拼命地回想自己究竟做错了哪些事情。当团部告诉我，此次行动的目标是陪通信员前往一个不知名的地点执行特殊任务时，我更是一头雾水。带着些许困惑，我坐上一辆诺顿军用摩托车的后座，通信员载着我，疾驰在蒂伊镇通往巴约的主路上，一路风驰电掣。当我们穿过耶路撒冷村附近一处开阔的十字路口时，通信员在我的注视下，将挡位拨至二挡，同时把头压低，无视道路两边从战壕里探出头来的宪兵，猛地拧动油门，加速冲过路口。

摩托车穿过十字路口后，继续疾驰了一英里左右，然后才放慢速度驶离主路，进入一条土路。沿着这条土路，通信员开到一座被炮火炸成废墟的高大农舍前，然后停了下来，指了指农舍的入户台阶，示意我往屋里走。我观察了一下这座农舍的外形，感觉它应该不是军事设施。为保险起见，我抽出了"卢格"手枪，小心翼翼地走上台阶，并在最后一级台阶上停了下来。进入农舍后，我端着手枪，开始挨个搜查房间。所有房间都是空荡荡的，天花板被炸出了大洞，抬头就能看见阴沉沉的天空。到了最后，我注意到，在狭长走廊的尽头，还有一个特殊的房间。它的房门紧闭，木制的门板保存完好。我轻轻挪到房门前，本想直接敲门，但以防万一，还是用上了膛的手枪顶开了木门。进入房间后，我看见房间正中央摆着一张大床，床上的被褥隐约勾勒出一个成人的轮廓。我赶忙用"卢格"手枪瞄准被褥，同时大声命令藏在下面的人亮明身份。话音刚落，被褥便被踢开，一位衣着整齐的皇家陆军勤务队（Royal Army Service Corps）上尉露了出来，正冲我咧嘴微笑。我定睛一看，顿时喜出望外，眼前这个人竟然是我的亲哥哥杰弗里（Geoffrey）！要知道，我们已经三年没有见面了。

战争刚爆发时，杰弗里就加入了皇家陆军勤务队，后于 1940 年在法国作战。敦刻尔克大撤退期间，他与死神擦肩而过，险些登上"兰开斯特里亚"号 [Lancastria，该船在法国圣纳泽尔港（St-Nazaire）外海被纳粹德国空军的轰炸机击沉]。空袭发生时，他正坐在一条准备向"兰开斯特里亚"号驶去的小船内，因此亲眼看见了这艘巨轮带着 4000 多条生命沉入大海。在北非作战期间，他加入了一支后勤部队，负责为第 7 装甲旅提供支援，并且参与了盟军在西西里岛与意大利本土发起的登陆行动。目前，他的服务对象变成了在诺曼底作战的部队。我们认出对方后，拍了拍彼此的后背，一起坐下来喝了点啤酒，聊了聊过去的岁月。他从父母那里得知，我加入了舍伍德义勇骑兵队，所以才派所在部队的通信员过来找我。我提出带他参观自己的装甲连，他欣然同意，表示愿意和我一起回连队驻守的阵地看看。就这样，我坐上了他的吉普车，沿着道路往回走。在经过刚才那个十字路口时，杰弗里向我解释说，把守路口的宪兵身负重任，因为这个路口位于一条重要的补给线上，并且该路口已经被德军的炮兵部队"包围"了。而那些宪兵的职责就是在德军炮击的间隙指挥车辆快速通过路口，而路边仓促挖成的乱葬坑也表明，这是一项极其危险的工作。所以，在宪兵冲我们挥手放行后，杰弗里立刻把油门踩到了底，不敢多停留一秒。

一回到阵地，我就向约翰·萨姆科恩介绍了杰弗里。这里补充说明一下，杰弗里·梅金斯此前重伤身亡，因此萨姆科恩被重新召回 A 中队担任指挥长。见过萨姆科恩后，我又带杰弗里认识了连队内的部分战友。最后，我领着他来到"命中"号前，盛情邀请他爬进坦克里看看，不料杰弗里竟表现得十分抗拒。事后，他向我坦言，自己十分清楚坦克手在战场上的经历，对我们的出生入死感同身受。早在北非指挥一支救护小队时，他就曾亲眼看见坦克中弹着火的惨状。他认识伤亡名单上的每个人，他们的遗骸被救护队从前线拉回时，个个死相惨烈，给他留下了一辈子都难以抹去的阴影。正因如此，他才十分抗拒钻进坦克，尤其是亲弟弟的坦克。小时候，杰弗里总是欺负我，我俩虽是亲兄弟，却没有那么亲密。但自从参观了我的连队后，他便对我刮目相看，一直对我十分敬重。

舍伍德义勇游骑兵队驻守科蒙的那些日子，是一段难得的轻松时光，也是自战争爆发以来时间最长的战间休整期。那段时间里，好事接连发生——我见到了亲哥哥，萨姆科恩重掌 A 中队，莱斯利·斯金纳也伤愈归队。说到斯金纳，这位神父归队心切，加之自我感觉身体已经痊愈，所以在英国休养了一段时间后便坚持出院，并且谎称自己是舍伍德义勇游骑兵队的军官，以此蒙混过关，穿过英吉利海峡回到了部队。虽然他必须就此过程向随军牧师主管部门做出解释，并很有可能因此被逐出部队，但那是上层的事情，舍伍德义勇游骑兵队的每位成员看到他归来都十分高兴。这段时间还有另一件好事发生，就是我们部队没有被卷入"古德伍德行动"——7 月 25 日，盟军正式发起攻势，但在两天后便偃旗息鼓，仅仅将战线向前推进了 6 英里。在这场行动中，共有 600 多辆英军坦克被德军精心编织的反坦克炮火力网击毁。英军以巨大的牺牲为代价，将诺曼底境内的德军装甲师主力牵制在卡昂一带，为美军在西线突围争取了时间。美军于 7 月 25 日发起"眼镜蛇行动"（Operation Cobra），其陆军第 1 集团军和第 3 集团军向对面仅有的两个德军装甲部队发起突袭，最终在月底冲破敌军防线，继续向圣罗（Saint-Lô）推进，有望完全展开部队并攻入布列塔尼。此次行动的大获成功，使盟军士气大振，英军和加拿大军队计划乘胜追击，在各自负责的阵线上故技重施，以互相配合发起全面进攻。因此，舍伍德义勇游骑兵队接到了重新投入战斗的命令，将于 7 月 30 日上阵杀敌。而在战斗打响的前一天，萨姆科恩告知我，第 5 装甲连将在本次总攻中担任先锋部队。

突围

布里克萨德村（Briquessard）坐落在科蒙西南 3 英里处一个树木繁茂的浅谷内，是一个没有教堂的村庄，村内的房屋将一小片绿地斜坡环抱在中央，而这片绿地恰恰是多条道路的交会处。布里克萨德村看似不起眼，地理位置却极其重要，盟军只有夺下此村，才能"与其他突破点合力将德军的防线撕开一个缺口"，为后续实施"蓝衣行动"（Operation Bluecoat）做好铺垫。在此基础上，英国陆军第三十军（British XXX Corps）下辖的 3 个师将向南挺进 10 英里，以攻占品桑峰（Mont Pinçon，诺曼底地区最高的山峰，海拔 1188 英尺，是控制周围乡野的制高点）。天朗气清之时，站在树木繁茂的陡峭山坡上向远处眺望，便能清楚地看到巴约大教堂的尖顶。英军计划夺取品桑峰所在的整片山区，但他们的一举一动全都被居高临下的德军看得一清二楚。因此，能否夺下品桑峰，是能否攻破敌军防线的关键，将直接决定"蓝衣行动"的成败。另外，"蓝衣行动"还包含一个仓促形成的设想——英军配合美军在西线的行动，在保护美军左翼的同时，利用美军的快速机动，促成德军整条诺曼底防线的崩溃。为此，上级将行军速度放在了首位，命令我们务必大胆行事。但实际上，这种冒进的做法隐含着诸多风险。

品桑峰因山势险峻，成为扼守瑞士诺曼区（La Suisse Normande，隶属卡尔多瓦斯省）的门户，其陡峭的山脊被郁郁葱葱的植被覆盖，树篱穿插其间，随地势高低起伏，绵延数里。舍伍德义勇游骑兵队奉命为第 43 萨默塞特郡步兵师提供支援。该师早在 6 月 23 日就已登陆法国，因此从未与我们合作过。通常情况下，舍伍德义勇游骑兵队对口支援的各师的师长 [如第 50 师的道格拉斯·格雷厄姆（Douglas Graham）]，大多品行端正，他们无论是在自己的军队中，还是在我们团内，都有口皆碑。不过，担任第 43 师师长的艾弗·托马斯少将（Major General Ivor Thomas）却是个例外，此人因为昏招频出和心术不正而饱受诟病——7 月 10 日至 7 月 13 日期间，他指挥第 43 师向 112 高地发起进攻，但惨遭失败，致使部队减员 40%，并因此落得"屠夫"（Butcher）的骂名。而在舍伍德义勇游骑兵队内部，官兵们更愿意称他为"冯·托马"（von Thoma）——这是北非战役中一位被俘虏的德国将军的名字，之所以选用这个绰号，是因为我们一致认为，谁要是受托马斯领导，会更害怕折在他的手里，而不是倒在德国人的枪口下。

艾弗·托马斯身材魁梧，满脸胡茬，一双小眼睛炯炯有神。单论作战，他是当之无愧的勇士——他曾在一战期间，以炮兵军官的身份荣获两枚军功十字勋章和一枚杰出服役勋章（DSO）。但此人脾气火暴，遇事沉不住气，而且毫无幽默感。最要命的是，他在带兵打仗时尤爱越级指挥，热衷于插手下辖各旅与营的具体事务，稍不满意就会解除旅长或营长的职务。如果下属未能按照他要求的细枝末节去做，或者部队的行军速度及战斗意志未能达到他的预期，他便会毫不留情地剥夺下属的指挥权。我曾几次在路上碰见他——那几次他都正坐在自己的装甲汽车内，准备穿过战场去"骚扰"手下的指挥官。我从未和他说过话，但之后发生的诸多事情印证了我对他的第一印象——他就是一个彻头彻尾的"草包"。从古至今，军队内部上级的作风都会在很大程度上影响下属的行事风格。第43师正是如此，托马斯外强中干，他下面各营及各连的指挥官也同样是这副德行。比如，在接下来进攻布里克萨德村的行动中，A中队和第5装甲连将奉命支援多塞特郡团下辖第5营，该营甚至其下面连队的指挥官均需要亲赴前线，随士兵一同作战。

发起进攻的前一天，约翰·萨姆科恩在指挥部花了一早上的时间，针对夺取村庄及守住周围区域的种种细节，同多塞特郡团下辖第5营进行了详尽的沟通，以确保舍伍德义勇游骑兵队和第43师下辖第130步兵旅接下来能够顺利向南挺进。然而，当天晚些时候，他气冲冲地返回营地，告诉我务必亲自去一趟第5营的指挥部，和他们讨论进攻布里克萨德村的具体细节。萨姆科恩并没有直接向我解释他生气的原因，只是暗示我见到那帮步兵后，自然会明白是怎么回事。果然，那天下午我同样带着一肚子气地回到营地——第5营下面的步兵连指挥官是一位名叫布雷思韦特（Braithwaite）的少校，这个人根本不懂步兵应该如何与坦克配合。在步坦协同作战中，关于是步兵冲在前面，还是坦克冲在前面，从来都没有任何硬性规定，通常需要视具体情况而定——我们即将进入的作战区域布满了狭窄蜿蜒的小路，道路两侧还有树篱和茂密的树林，非常适合被用来打伏击。这样的地形决定了第5营的尖刀连应该走在我们两翼稍稍靠前的位置。若按照此部署，步兵们便可以驱走藏在暗处的狙击手和装备"铁拳"的掷弹兵。然后，我们就能放心跟进，去对付MG42机枪阵地及随时可能冒出来的坦克。这是我们在此前与第49和第50步兵师进行近距离协同作战时积累的经验。但是狂妄自大的布雷思韦特只会纸上谈兵，完全没有采纳我们的建议。他感觉自己比我官大，便摆出一副居高临下的姿态，根本不屑于听我说话，坚持要让坦克打头阵。假如他知道我只是一个小小的中尉，一定会拿军衔压我。好在我留了一手，没有佩戴任何肩章并且断然拒绝了他的要求。

与布雷思韦特少校吵完架后，我隐约觉得接下来不会有什么好事。果然，第二天凌晨，我们在抵达进攻起始位置准备与少校的连队会合时，却发现他们根本不在那里。按照原定计划，我们没有要求炮兵进行徐进弹幕射击，只会在必要时向他们呼叫火力支援。所以，此刻没有任何炮火声响起，步兵也没有出现在我们两翼，我们孤零零停在布里克萨德村以北几百码的高地上待命。此刻，周围的树林显得出奇地安静。天色渐亮，浓厚阴湿的雾气笼罩着树林，我正在思忖接下来该怎么办时，突然听到一声尖锐的爆炸声。与此同时，从村子方向传来了轻武器开枪的噼啪声。我立刻带领连队沿着一条通往村庄的下坡小路，朝着开火的方向驶去。一路上，雾气越来越浓，能见度降到了 100 码左右。不过，随着我们逼近目标，浓雾开始散去，原本毫无生气的树林，突然显露出三五成群的卡其色人影。这些步兵没有继续前进，刚才的步枪声与机枪声也逐渐减弱，只剩下布伦轻机枪在断断续续地射击，偶尔会掺入李埃菲尔德式步枪发出的零星开火声，所有的子弹都漫无目标地飞向各个方向。渐渐地，薄雾向远处退去，一辆吉普车从雾中驶出，一路颠簸着朝我们开过来。狄克逊把坦克开到一边，给它让出了路。当车子从我身边驶过时，我低头一看，竟然发现布雷思韦特少校躺在担架内——担架与车身平行，被牢牢地绑在车尾的金属固定架上。少校的一条腿经过了简单的包扎，绑带上已是血迹斑斑。显然，他踩到了德国人的木盒地雷（Schu-mine）。布雷思韦特也注意到了我，我俩对视了一眼，彼此心照不宣，吉普车载着他继续颠簸在林间小路上，朝着后方渐行渐远。

德国人在战场上大量使用不同型号的地雷。其中，泰勒地雷（Teller mine）是一种反坦克雷，其表面积与大号餐盘相当，厚度为 3 英寸，内装 12 磅重的 TNT 炸药，足以炸断坦克的履带或击穿坦克底盘装甲，也可以将普通车辆炸得粉碎。不过，只有在压力达到 200 磅以上时，才会触发该型号的地雷，普通士兵踩上后不会有任何危险。为此，德国人部署了专门对付步兵的木盒地雷。作为德军最常使用的杀伤装置，该型号的地雷为躲避金属探测器的检测，采用了木盒构造，以最大程度减少金属含量，而木盒内装有 7 盎司重的炸药，刚好可以把士兵的腿炸断，倒霉的布雷思韦特踩中的正是这种地雷。但不幸中的万幸是，这位少校没有踩到更为致命的 S 型反步兵地雷——"弹跳贝蒂"（Bouncing Betty）。一旦被触发，S 型反步兵地雷就会向半空中弹射出一个装填了数百颗钢珠的金属罐，而金属罐又会在齐腰高的位置炸开，朝半径 100 码内的各个方向喷射出致命的钢珠。S 型反步兵地雷旨在致残而非致命，尤其容易给士兵的外生殖器造成重伤，令盟军士兵谈之色变。

我们坐在坦克内，倒不会畏惧反步兵地雷，但是步兵们现在群龙无首，加之担心地面厚厚的落叶下还藏有更多的地雷，所以他们很快撤出了战斗，消失在逐渐淡去的迷雾中。布里克萨德村就在树林外几百码的地方，可是步兵连里暂时没有人能够接替倒霉蛋布雷思韦特的位置。我只好通过无线电向装甲连简要地通报了当下的处境——我们将在没有步兵掩护的情况下向前推进，在行进过程中需要时刻保持警惕，密切注意德军的反坦克小队。莱恩下士紧跟在我的后面，他用肯定的口吻回复了我，表示理解并支持我的决定。马丁则用实际行动做出了回应——他重新校准了主炮，将炮弹上膛，同时解除了保险。做完这些后，他只说了一句话："太不靠谱了，那就我们自己上！"听到这句话，我便继续对着麦克风喊话，命令狄克逊小心地移动到前面。

在缺乏步兵掩护的情况下，驾驶坦克穿过林地并进入村庄实属冒险之举。但我们别无选择，因为舍伍德义勇游骑兵队其余部队及第 43 师第 130 旅就在身后，正等待我们肃清布里克萨德村后再发起总攻。不过，我们早已习惯了在没有步兵支援的情况下作战。要知道，步兵不仅只占诺曼底地区英军总兵力的 17%，还在历次战斗中伤亡惨重。因此，英军在诺曼底作战期间，始终存在步兵兵力不足的问题。但是，这个问题并没有影响我们一路向前推进，毕竟上级已下了死命令，要求我们大胆冒险，并把行军速度放在首位。我们沿着小路往前开，每两辆坦克之间保持着大约 100 码的车距。这样一来，如果"命中"号被击中，我身后的两辆坦克也能有足够的时间与空间做出反应。此时雾气基本散尽，但仍有零星的团雾堆积在树干之间的地面上。我瞥了一眼后甲板，没有望见莱恩下士的身影，却看到一幢高大房屋的墙壁在路旁的昏暗处若隐若现。这表明我们已经抵达布里克萨德村的边缘，若沿着小路继续前进，便会驶入贯穿村庄的大道。于是，我们放慢了速度，缓缓地驶到小路与大道的交会处。在我们前方 40 码的位置，就是一小片被农舍环抱的三角形绿地斜坡，它同时也是多条道路的交会处。我迅速地扫了一眼四周房屋的窗户和花园，但没有发现任何敌人的踪迹。此时此刻，除了柴油发动机空转发出的震响，以及耳机里的无线电噪声，村子里一片寂静，而薄雾也在继续消散。

我停在原地，直至看到莱恩的坦克沿着身后的小路朝我开来，才命令驾驶员将坦克开到绿地右侧的农舍边。狄克逊使劲踩下油门，加大了马力，我们的坦克猛地向前冲去，飞速穿过绿地较高的一侧，然后在一间白色小屋正前方停了下来。与此同时，我用无线电向战友宣告自己已做好战斗准备，然后准备呼叫莱恩的坦克，让它继续前进。突然，一枚炮弹在"命中"号停靠地左侧几英尺外的绿地斜坡上炸开，发出震天动地的声响。

我迅速扫视周边环境，发现敌人的火箭筒小队正躲藏在绿地另一侧房屋群的花园内，距离我们不到 30 码。大概是因为第一发火箭弹没有命中的缘故，这几人显得有些慌乱，导致第二发火箭弹同样没有命中目标。这枚火箭弹从我的头顶飞过，将"命中"号旁边房屋的屋顶炸得粉碎。石板的碎片四溅，布满了坦克的表面。眼看敌人就要打出第三发火箭弹，我赶紧对着麦克风大喊，命令坦克开火。马丁听到命令后，一边向左侧转动炮塔，一边用 0.3 英寸口径机枪持续朝对面扫射。等炮塔停稳后，他便立刻按下主炮的开火按钮，仅用第一发高爆弹就命中了目标。紧接着，他又将炮塔向右转动了几英寸，在机枪压制对面房屋里的敌人时，他将第二枚 75 毫米口径炮弹填入了炮膛。片刻后，第二发炮弹就落入四散奔逃的人群当中。面对我方倾泻的密集火力，这些人在房舍之间来回躲闪，拼尽全力试图逃出花园。但敌我相距这么近，我们怎么可能打偏——机枪子弹与弹片很快将他们撕成了碎片。

就这样，战斗刚刚开始就已经结束。在刚才的危机中，马丁和梅奥反应迅速，做出了一整套行云流水般的操作。事实证明，在战场上遇到险情时，稍有迟疑可能就会丧命。在我手握"施迈瑟"冲锋枪跳下坦克的同时，莱恩的坦克已经冲进村子里为我们提供掩护。刚才还干净整洁的农舍花园，现在已是一片狼藉，德军士兵的尸体横七竖八地倒在地面上。我仔细观察了这些散落在草坪上和花坛里一动不动的敌人，他们刚才没能用火箭筒击中我们，让我既感到不解又有些后怕。要知道，他们可是来自德军的"空降猎兵"（Fallschirmjäger）部队的人！这些伞兵头戴标志性的改良型头盔（该型号的头盔取消了前部盔檐和两侧及后部的下摆，以降低伞降过程中头部和颈部受伤的风险，同时也减少了风阻），身着宽松的空降服，是德国空军中的精锐。根据我的推测，他们可能先遭遇了我方步兵，因为树林里的地雷爆炸声引起了他们的注意。而就在双方交火时，我方坦克突然出现，令他们措手不及。在此之前，我们从未在诺曼底地区遇到过德国伞兵，并且这些伞兵使用的武器也不同于之前随处可见的"铁拳"，而是一种名叫"坦克杀手"（Panzerschreck）的一次性反坦克火箭筒。"坦克杀手"长 5.5 英寸，可发射 88 毫米口径尾翼稳定反坦克火箭弹——虽然说是一次性武器，但实际上我们发现，它是可以重复装弹使用的。我们正好处在它的 150 码射程内，如果它射出的火箭弹真的击中了我们，将会毫不费力地击穿"谢尔曼"坦克的装甲。我满怀好奇地捡起地上的这具"坦克杀手"，将它挂在了坦克的后甲板上。后来，这具火箭筒被送回了前线，部队高层领导看到后十分高兴，因为它是盟军在诺曼底缴获的第一具德军火箭筒。

在歼灭德军伞兵小队及其支援步兵后，我向 A 中队报告了战况，告知后方布里克萨德村内的敌人已被肃清，然后便爬进"命中"号，静静等待大部队抵达。几分钟后，我就听到了笨重的坦克压在林间小路上发出的声音。此时，阳光已经驱散了最后一丝薄雾，今日注定是天朗气清的一天。然而，就在我坐在炮塔内洋洋得意地等待大部队时，我突然发现出村道路的路面上竟然布有整整几排泰勒地雷，而 A 中队剩下的全部人马还有几分钟就要驶来！情况万分危急，我立马爬下炮塔，冲过绿地开始排雷，刚才的沾沾自喜瞬间烟消云散。我拎起地雷一侧的把手，将它们挨个扔到路边。等我扔完最后一枚地雷时，大部队的第一辆"谢尔曼"坦克已经在绿地路口掉转车头了。然后，这辆坦克从我身旁呼啸而过，坦克指挥官站在炮塔舱口内向我招手，我向后退了几步。其实，我当时并不知道泰勒地雷有反排爆装置。如果那些德国伞兵启动了该装置，我在捡起地雷的瞬间就会被炸成碎片。

险情被排除后，大部队接下来需要向南挺进，第 5 装甲连与 A 中队余部则奉命留守村庄。萨姆科恩命令我将麾下的所有坦克全部调集至村子的西郊，在那里摆出警戒姿态，直至大部队的车队及我们对口支援的作战单位全部通过村庄。后来我们在冲破农舍后面的掩体时，发现农田的中央竟然有一个排的德军。我们二话不说，立刻同他们交火，最终歼灭了半数敌人，并俘虏了侥幸活下来的士兵。然而，我们缺少步兵支援，没有办法处置这些俘虏，只有先解除他们的武装，搜走他们的工资簿、手枪与手表，然后把他们送回后方，交由后方部队接管。如此重要的村庄，德军只部署了不到一个连的兵力，由此可见，面对盟军的全线出击，德军只得分散兵力被动防守，并因此而显得力不从心，负责守卫各处防线的兵力也越来越薄弱。从另一方面来说，布里克萨德村的战斗同样暴露出我们在遭遇小股敌人时的弱点——丘陵地形使行军受限，可供我们使用的只有狭窄的单行道，并且它们通常还是低洼的田间小路。这些小路在丘陵间的褶皱内蜿蜒蛇行，偶尔会通向两侧都是陡坡的空旷地带。在这样的地形中行军，我们随时可能会遭遇伏击。

第二天，作为"蓝衣行动"的一环，更为猛烈的突防行动在第43师的支援下展开。此次行动的主要目标是夺取布里克萨德村以南3英里处的卡阿涅（Cahagnes）小镇。根据部署，A中队的任务是保护主攻部队的右翼，B中队和C中队则奉命配合步兵攻占小镇。鉴于敌人的火力比较分散，这次我们同样摒弃了徐进弹幕射击战术，而是在行动开始前呼叫英国皇家空军对目标实施地毯式轰炸。7月31日拂晓时分，在我们的注视之下，数百架"兰开斯特"（Lancasters）与"哈利法克斯"（Halifaxes）轰炸机组成了黑压压的机群，贴着地面飞来，从我们头顶掠过，朝着卡阿涅方向扑去。灰蒙蒙的天空中顿时充斥着末日狂想曲般的发动机咆哮声。我们可以清楚地看到，飞机弹舱的舱门已经打开，一枚枚炸弹从弹舱内落下。刹那间，成千上万吨炸药被倾泻至德军阵地上，爆炸产生的火海与尘云吞没了我们眼前的世界，冲击波裹挟着瓦砾从我们头顶呼啸而过，我们脚下的大地一刻不停地颤栗。此情此景，甚至让我们对遭受轰炸的德国人产生了一丝怜悯。不过，这种同情转瞬即逝，因为德军的防空炮弹几乎同时腾空而起，直冲我方的轰炸机飞去，刺眼的曳光在空中交织成密集的火力网。我们惊恐地看到，一架"兰开斯特"的机翼被炮火折断，飞机失速并开始螺旋式下坠，朝地面撞去。飞机快要触地前，一朵白色的伞花从飞机下方弹出，紧接着是第二朵。我们屏住了呼吸，期盼着更多的伞花能在空中展开，因为"兰开斯特"的机组共有7人。但事与愿违，这个在空中螺旋下坠的黑影落到了山脊后方，消失在我们的视野里。几秒钟之后，远方的地平线上腾起一个巨大的火球。几乎就在同时，轰炸停止了，诡异的寂静笼罩着整片大地，直至坦克发动机的启动声再次打破沉寂。

两天的时间里，舍伍德义勇游骑兵队向前推进了5英里。其中，B中队和C中队围歼了多股敌军，并在几乎未遭遇任何抵抗的情况下，攻下了卡阿涅小镇。不过，由于进军路上埋有地雷，两支中队完成任务的时间比原计划的稍晚了一些。卡阿涅小镇在轰炸中遭受了严重的破坏，当舍伍德义勇游骑兵队从中穿过时，该镇已是一片废墟。负责保卫右翼的A中队平稳地向前推进，沿途击毁了一辆"虎式"坦克和一辆"猎豹"（Jagdpanther）坦克歼击车。"猎豹"坦克歼击车虽然没有炮塔，但兼具虎式坦克与豹式坦克之长——装备了前者的88毫米口径火炮与后者的倾斜式装甲，同时具备强大的火力与良好的防护性能。这里具体说一说 A 中队击毁虎式坦克的经过——德林中士发现这辆坦克后，遂指挥"阿基亚"号驶入射击位置，然后命令 17 磅炮从侧面对其开火。接连射出的高爆弹炸断了虎式坦克的一条履带，迫使车组成员弃车逃生。之后，他又发现了另一辆虎式坦克，但那辆坦克的车组成员见车辆陷入泥潭中动弹不得，便果断弃车而逃。类似的坦克交火还有很多，总而言之，舍伍德义勇游骑兵队在不到 48 小时的时间内，取得了比以往任何时候都要辉煌的战果。这也表明，德军正在收缩防线。

8 月 1 日晚，指挥长收到了"蓝衣行动"的正式命令——总攻即将打响。因此，舍伍德义勇游骑兵队的主力转向了西南方向，朝着品桑峰挺进。根据作战部署的要求，舍伍德义勇游骑兵队将继续支援第 130 旅，而我们接下来的目标，是要攻下前方的瑞尔克村（Jurques）、拉比涅村（La Bigne）和翁德方丹村（Ondefontaine）。倘若顺利穿过这三个村庄，我们便能抵达本次行动中第 43 师的终极目标——品桑峰的制高点。本次行军的总路程不到 5 英里，但通往目的地的道路只有一条，需要我们直面敌人的炮火，花费数周的时间杀出一条血路。我们越接近品桑峰，战斗就会愈发惨烈，因为我们已经深入瑞士诺曼区腹地，德国人在此居高临下把守着门户，可以最大限度地发挥地形优势。

我们的部队按计划穿过了瑞尔克村，驶入拉比涅村外的隘口，沿着一条陡峭的道路缓缓爬坡。C 中队一个装甲连的两辆"谢尔曼"坦克率先爬到坡顶，驶出了隘口。这时，危险突然降临——对面高地上的两门 88 毫米反坦克炮发现了探出头的"谢尔曼"坦克，便立即开火并击毁了它们，致使该装甲连指挥官乔克·坎贝尔中尉（Lieutenant Jock Campbell）及其众多下属不幸牺牲。紧接着，C 中队的另一个装甲连被调到了道路的最前面，他们同样遭遇了火炮的打击。该装甲连的几辆"谢尔曼"坦克一边向前猛冲，一边设法还击，最终击伤了德军一门火炮。但领头的坦克 [由艾伦·伯基特中尉（Lieutenant Alan Birket）指挥] 却被另一门火炮击毁，并在中弹后熊熊燃烧起来。

"谢尔曼"坦克净重 32 吨，但在装满弹药、燃油、车组成员及各种设施后，重量将会显著增加。因此，伯基特中尉的坦克在坡顶中弹后，车内的成员非死即伤，根本无法操纵坦克，而笨重的坦克则在重力的作用下开始向后溜下山坡，速度越来越快。此时，布伦机枪运兵车等英军战车正首尾相连地挤在隘口的入口，在坡底位置排成了一条长龙。"谢尔曼"坦克变成了一团火球，径直朝车队冲过来，车内的弹药因受热而不停地爆裂。在这万分危急的时刻，C中队的一名高级士官挺身而出，跳到了熊熊燃烧的坦克上，并迅速钻进驾驶舱——他一把抓住右操纵杆，猛地向后一拉，将坦克开进了路旁的沟渠内。多亏了这名高级士官的沉着冷静，我们才没有出现更大的伤亡。但是，面对被困在车内的坦克车组成员，这位勇士却无能为力。

当天晚些时候，第5装甲连从B中队与C中队的坦克残骸旁驶过时，它们还在燃烧。热量在炼狱般的车厢内聚集，最终汇成一股猛烈的上升气流，从敞开的舱口喷涌而出，吐出一道道骇人的火舌。由于弹药推进剂、燃油与机油在中弹后同时猛烈燃烧，这些坦克残骸还在朝着天空喷吐浓烟，而其侧面的钢板则在高温的炙烤下发出暗红色的光。一旦中弹起火，"谢尔曼"坦克可能会燃烧24个小时才会彻底熄灭。在那之后，只有战场条件允许，旁人才能进入坦克内搜寻被困人员的遗骸，而在舍伍德义勇游骑兵队内部，这一重任落到了随军牧师斯金纳的身上。斯金纳本想在坦克中弹的第二天就进入车厢内搜寻尸体，但遭到了上级的拒绝，所以他在两天后才钻进遇难的坦克里。在伯基特的坦克内，斯金纳从灰烬中找出了几根骨盆骨，它们是车组成员留下的唯一痕迹。在另一辆被烧毁的坦克内，火势虽然不大，但火焰产生的热量却将炮塔内的三个人的遗骸熔成了一体。我们佩戴的石棉纤维身份牌根本经受不住烈焰的灼烧，但斯金纳却能从这堆遗骸中辨认出谁是坎贝尔，这属实让我感到很意外。他一边呕吐不止，一边试图将炮塔内的遗骸进行分离，但经过很长一段时间的尝试后，他最终还是选择了放弃，只能将整堆骸骨挪走安葬。

三天后，在强烈的责任感驱使之下，斯金纳再次回到事发地，仔细地分辨出了伯基特和其他车组成员，然后在一处铁路道口旁匆匆挖出几个墓坑，将几人的遗骸埋葬在了里面，并为他们举行了简短的葬礼。在这之后，他又大病一场。直到战争结束，我们才知道斯金纳经历了什么。盟军征战西北欧期间，斯金纳坚持认为，不应该让操纵坦克的战斗人员钻进坦克残骸里搜寻遗体。有一次，一名中队领导提出借给斯金纳一些人手，结果被他拒绝了。他说："尽量少让在坦克中生活与战斗的人参与这种事，虽然他们早有心理准备，但别逼他们去面对那些。"用他自己的话说，整理遗骸是他的"分内之事"——他需要钻进被烧得面目全非的"谢尔曼"坦克内，先辨认逝者的身份，然后挖出他们的遗骸并拿去安葬。如果遇到有人被炮弹或地雷炸碎，他还需要四处收集尸块，然后把它们拼在一起，以便辨认身份。最后，他还要把这些尸块缝合起来，装进裹尸袋内。从事这份工作需要足够的胆量，因为有时候尸骸暴露在野外，在阳光的暴晒下已经高度腐烂了，上面爬满蛆蝇，场景十分骇人。

虽然我们侥幸躲过一劫，但 C 中队中弹的坦克仍然歪倒在路边，时刻提醒着后来者，前方路途凶险。但我们想要驶出隘口抵达拉比涅村，只能沿着这条狭长的通道朝前走。被击毁的坦克仍在熊熊燃烧，任何刚来到此地的装甲连指挥官看到这一幕，都不免会心惊胆寒。"蓝衣行动"开始前不久，也就是舍伍德义勇游骑兵队驻守科蒙阵地期间，大卫·奥尔德森（David Alderson）加入了该部队并被调往 A 中队，以填补迈克·豪登在奥托莱巴格村负伤后留下的领导职位空缺。为了照顾这位新人，在奥尔德森就任第 3 装甲连指挥官的约翰·萨姆科恩命令我保护好他，并让他的坦克在爬坡时跟在我身后。我们小心翼翼地驶过 C 中队的坦克残骸，最后左转离开了主路，进入贴着山脊线的一条小路，找到了一处有利地形作为阵地，以掩护 A 中队其余人马向拉比涅村前进。这样一来，当萨姆科恩在前方推进时，我们便能在后方居高临下观测敌情，以防在前方遭遇更多的德军装甲部队。不得不说，这是一步好棋。

第 5 装甲连栖身的山脊阵地对面，是一处树木繁茂的小山谷，而在山谷的尽头，拉比涅村的屋顶清晰可见。我们的阵地虽然占据了有利地形，但却位于暴露在敌人炮火之下的正斜面，非常容易遭受山谷对面的 88 毫米口径火炮（隐藏在树丛之中）的打击。为了将风险降到最低，我命令部队沿山脊展开，同时告诉所有指挥官，务必使用双筒望远镜全面侦察前方的地形。此时，太阳在我身后，我趁机努力搜寻任何可能暴露敌人载具的蛛丝马迹，比如履带经粗糙路面打磨后，光亮的钢铁表面在阳光照射下闪耀的银光，或者光学瞄具的反光。但是，我没有找到任何坦克或自行火炮，反而发现了正前方有一个连的敌军步兵——他们大概有 150 人，正在一片松树林前列队行进，并且每四人站成一排，仿佛要去参加阅兵仪式。显然，这些人不知道我们就在周围。于是，我立刻命令连队进入战斗状态。所有人操起机枪朝着对面开火，敌军步兵应声倒地，仅有部分士兵在第一轮机枪扫射中幸存下来，他们四散开来，躲进身后的树林中。为了解决剩下的敌人，我们改用 75 毫米口径主炮射出高爆弹，并且故意将炮口对准松树林上方，以制造空爆效果，从而造成更大的伤亡。等到我们停止射击时，身着灰色军装的敌人尸体在松树下积成了堆。

敌人站得很密，并且距离我们不到 400 码，在这种情况下，面对一个装甲连的机枪与火炮齐射，很难有人能存活下来。不过，并非所有坦克都按照我的命令朝谷底的敌人开火，奥尔德森的"谢尔曼"坦克便是其中之一。对此，我表示非常生气，提醒他一旦接到开火命令，就必须跟着我开火。他回答说，自己之所以没有开火，是因为觉得这样做很不人道，德国人连做出反应的机会都没有。我通过无线电大骂了他一顿，质问他知不知道自己在哪。我本想同他较真，但又觉得有些多余，他自己不学会听从命令，不按照我们这些老兵的做法行事，坑害的是自己，他在战场上存活下来的概率会大大降低。不过，在骂完他后，我回想起了自己以前被人颐指气使的日子，又有些后悔——尤其在后来听他说起我的斥责给他造成了怎样的影响时，我更是懊悔不迭。

作为新加入 A 中队的少尉，大卫·奥尔德森是战场上的新兵，还没有像我们这样形成根深蒂固的杀戮本能。他既没有亲眼看到我方步兵穿过空地时，被德军用 MG42 机枪屠杀的场景，也没有领教过敌人反坦克炮的威力，自然不会像我们一样，在面对四散奔逃的敌人时，能理所当然地操起机枪扫射对方。因为他不知道，敌人也会用同样的方式来对待我们。设想一下，要是奥尔德森此前经历过战争的残酷，他还会对敌人心怀怜悯吗？他肯定也会毫不犹豫地和我们一起放倒敌人吧！以今天的价值观来看，我们当初的态度和行为或许过于残忍，但那是 70 年前，大战全面爆发，各方都已经杀红了眼。当然，我们也会遵循一些基本原则，但决不会受制于当代士兵所忌惮的复杂交战规则。高级指挥官不断地向我们灌输——我们在战场上的使命只有一个，那就是杀死德国人。

反过来，敌人也想将我们斩尽杀绝。他们见己方阵线遭到了破坏，便发起了一系列小规模的防御战，试图以伤亡为代价来迟滞我们的进攻。他们每占据一个村庄，就会将其打造成坚固的据点，每一个暴露在外的路口或路段，都被他们变成了伏击区。我们前方的 C 中队为夺下拉比涅村，同敌人发生了激烈交火，而对面的党卫军第十师负隅顽抗、拒不投降，因此双方鏖战到了天亮。此时，冯·托马下定决心要攻下村庄，便命令 C 中队在夜间发起袭击。就这样，舍伍德义勇游骑兵队与第 7 汉普郡团展开协同作战——C 中队先用高爆弹对德军机枪阵地实施火力覆盖，然后步兵再进入每栋房屋与敌人拼刺刀。最终，拉比涅村被攻下，我们从 C 中队的驻地驶过，带头朝着舍伍德义勇游骑兵队的下一个作战目标——翁德方丹村挺进。翁德方丹村位于品桑峰西南 10 英里处，那里不仅地势更加险峻，而且部署在山坡上的德军前进观测员会持续呼叫火炮和迫击炮射击。我们再次沿着狭长的道路前进，道路两侧伫立着高高的树篱。在这种环境下，倘若同敌军坦克发生交火，我们根本找不到可以靠边停车的地方。另外，接下来行军的路线同样途经一道被茂密植被覆盖的巴伦森林（Bois de Baron）山脊线，要想进攻翁德方丹村，就必须穿过这道天然屏障。

在这样险恶的环境下，没有哪位装甲连指挥官愿意率领自己的部队打头阵。所以，萨姆科恩让我们各装甲连轮流担任先锋。轮到我们装甲连担任先锋时，我总是驾着自己的坦克身先士卒。此前，我在皇家装甲兵团受训时，教官就告诉我们，部队行进时，中士或下士应驾驶坦克冲在最前面，这样就能将部队指挥官护在中间。一旦发生交火，指挥官就能在更为有利的位置上指挥战斗。在实战中，考虑到领头的坦克容易遭遇集火攻击，因此大多数部队都会让各坦克轮流充当"领头羊"，并由连队领袖和连队内的两名高级士官轮流驾驶领头的坦克。皇家装甲兵团的理论知识与部队的实战经验都没有问题，但二者完全没有考虑到我面临的现实问题——在我的装甲连里，中士是那个"老油条"哈里森，他根本不可能在轮到自己的时候，去老老实实地打头阵，而且我如果使唤不动这位高级士官，就更不可能指望莱恩下士去完成这项任务了。因此，每次轮到我们装甲连打头阵时，我总是不顾危险，把"命中"号排在连队最前面。

坦率地说，在整个中队最前面驾驶坦克沿着狭长的道路前进，是一件极其危险的事情。因为这辆坦克必然会率先接敌，遭遇各式武器（如"铁拳"、反坦克炮、泰勒地雷，以及敌方坦克主炮）攻击的风险也随之大大增加。每翻过一个山丘或转过一个弯，我都会觉得这可能是人生的最后一站，总是担心随时会有一枚 88 毫米口径炮弹呼啸着从对面飞来。真要发生这种情况，恐怕任何人都会在心中暗暗祈祷炮弹打偏——只有这样才有机会避开敌人的准线，不然就只能被道路两旁的树篱困在对手的杀伤区内。万一谁的坦克真被击中了，他就只能祈祷自己别被当场炸死或炸成重伤，这样他才有机会爬出舱口，滚到坦克的后甲板上，然后与其他成员一起躲过敌人的机枪与迫击炮倾泻过来的弹雨，并逃进最近的战壕或坚实的掩体内。

当初，我从中队指挥官那里得知第 5 装甲连将要打头阵的消息时，心情一下子跌落到谷底。同车的成员听闻这个消息后，同样群情激愤，因为他们清楚这意味着什么，也亲眼看见过其他车组的遭遇。他们开始骂骂咧咧，一直在抱怨这次应该轮到别组，甚至吐槽说："这安排真他妈绝了。"早知如此，我应该在前一天晚上隐瞒这一消息，让他们好好睡上一觉，到第二天早上登车时才告诉他们。但抱怨归抱怨，他们还是义无反顾地登上了战车——这令我心生敬佩，要知道，一旦进入坦克，就意味着要熬过一段极为艰难的时光。蜷缩在钢铁牢笼内，在视野严重受限的情况下，坦克内的人只会一心想着下一枚炮弹会击中他们、打残他们，还是直接置他们于死地，根本无心顾及其他。每个人都因注意力高度集中而变得有些神经兮兮的，不过还好他们从来不会让我失望。于普通军官而言，长时间保持专注并非难事，但对于我们来说却不是那么容易，因为我们总有很多事情需要处理——既要接受与传达命令，也要组织第二天的战斗，同时还得指挥部队其他人员作战，以及通过无线电协调中队内其他连队的行动。不过，我们也乐于这样，至少这些事可以分散我们的注意力，让我们不用总想着经过下一个路口或下一段路时，会有什么样的致命危险在等待着我们。

在长达 100 码的狭长道路上行军，同时还要防范对面高地森林中居高临下的敌人，我们务必小心谨慎。我指挥"命中"号先往前开，莱恩下士的坦克停在后面，为我提供静态掩护。每当我开出一定的战术距离后，莱恩下士便会及时赶上我，然后我们再拉开一定的战术距离，如此循环往复。与此同时，哈里森开着他的那辆"谢尔曼萤火虫"坦克负责殿后。就这样，我们向前推进了 400 码，突然，一枚穿甲弹从我们右侧的树林中蹿出，以超过每秒 3000 英尺的速度，尖叫着朝我们飞来，与我们擦身而过。"啥玩意儿飞过去了？"我脱口而出，然后立刻反应过来，赶忙对着麦克风大喊，"是反坦克炮！赶紧倒车！"狄克逊立即挂上挡，将坦克往后倒，然后猛打方向，一边带着我们驶出主路，一边注意避开右侧的疑似敌人火力点。就在狄克逊操纵坦克的同时，我仔细地观察四周环境，试图找到刚才那枚炮弹的发射点。接下来，我们及时驶离了主路，驶进了一处可以隐藏车体的地点。更幸运的是，敌人的第二发炮弹再次打偏了，而莱恩则根据炮弹轨迹追踪到了发射位置——就在一片玉米地边角处的斜坡附近，那里长满了茂密的树木。于是，他朝这个方向打出了一连串的高爆弹。此时，我通过无线电，向整个舍伍德义勇游骑兵队呼叫增援，萨姆科恩接到指令后，将其转给了负责提供近距支援的"司事"自行火炮炮组，同时移动至方便观察并调整炮弹落点的位置。几秒钟之后，第一波 25 磅炮弹如雨点般出现在空中,在落入我们右侧的丛林内之后炸开。与此同时,我听到萨姆科恩通过无线电下达了弹道修正指令:"向右 50 密位,高低加 200。"然后,他又补充道:"效力射!"不到 1 分钟,八枚炮弹就齐刷刷地飞了过来,紧接着又是一波炮弹飞来。自 D 日登陆以来,埃塞克斯郡团义勇游骑兵队一直跟随我们作战,他们始终表现出色。当初在黄金海滩炸掉勒阿梅勒村的德军火炮掩体时,他们就已经证明了自身的实力。

一般来说,只要针对特定目标进行炮火齐射,便能铲除隐藏在丛林中的德军 88 毫米口径反坦克炮。如果我们遇到的是德军坦克,虽然火炮齐射不足以将它们摧毁,但也足够将其逼出丛林了。但此时此刻,我们面临的不止一辆坦克,所以清除敌军火力的工作不仅进展缓慢,而且随时都有遭遇反击的危险。另外,敌人埋设的地雷也迟滞了 A 中队的行军,我们只能呼叫工兵去排雷。工兵在工作时,需要步兵和坦克提供掩护,因为敌人往往会将 MG42 机枪的枪口对准埋雷区域。我们在龟速推进的同时,不得不发起一系列小规模的作战行动,以解除种种威胁。不仅如此,由于敌人占据了制高点,我们还持续遭受着迫击炮的打击。除了我以外,所有人都将舱门紧闭。在这种情况下,谁要是离开了坦克,就随时会有被弹片击中的危险。所以,我们的吃喝拉撒全都只能在坦克内解决——这个时候,事先预留的黄铜空弹壳就派上了用场。军情紧急,我们一刻不停地赶路,只有晚上停下来时,才能在坦克里躺下来小憩一会,然后用普里默斯便携式燃油炉在炮塔内的地板上做饭。

战况愈发紧急,我们根本没有时间停下来,更不可能爬出坦克做饭,只能在赶路、交火、闯过村庄的间隙,靠着吃压缩饼干、罐头和巧克力来维持体力。这段时间里,我们一根接一根地抽烟,将车厢熏得乌烟瘴气。在为期六天的持续行军后,所有人浑身上下都散发着酸臭的味道。偶尔遇上下雨天,湿透的衣服贴在身上慢慢阴干,车厢内的味道就变得更加酸臭难闻。大多数时候,天气都很好,但这反而是最为危险的时候。因为在高温的作用下,地面本就干燥、多尘土,坦克履带从地面轧过时,必然会扬起漫天的灰尘,从而引起敌方炮兵前进观测员的注意,并最终招来铺天盖地的反坦克炮弹与迫击炮弹。在此期间,C 中队从我们一侧经过,赶到前面攻下了翁德方丹村。接下来,将由我们领头穿越这座村庄。然而,在恶劣的环境下战斗和生存将近一周时间后,我们都已接近身体和心理的承受极限。

此时的我们精疲力竭,身心到了崩溃的边缘。在巨大的精神压力下持续行军,因战事紧张而无法休息，蜷缩在密闭狭小的坦克空间里见不到阳光，这一切都可能是即将压垮我们的"最后一根稻草"。因为缺少睡眠，每个人都双眼通红，仿佛眼睛里揉进了砂石。又因为极度困乏，车组成员们越来越难以保持清醒和集中注意力。对此，我只能连哄带骂，想尽各种办法来防止他们分神，但我能明显感觉到自己的注意力也在不受控制地下滑。与此同时，在我们的前方，品桑峰尚未被攻下，第43师的指挥官命令威尔特郡团多次向该峰的陡坡发起正面进攻。冯·托马接到命令后，不停向手下各旅指挥官施压，而各旅指挥官又把压力传递给各步兵营的指挥官。就这样，在层层施压之下，第4威尔特郡团被逼上了前线，并损失惨重——很多人刚冲出阵地就被敌人的炮火撕成了碎片。该团的指挥长也在上前指挥部队前进时中弹牺牲了。面对这种情况，舍伍德义勇游骑兵队非常关注我们的处境，随团的医务官甚至警告冯·托马说，如果我们再得不到休息，便很难保持战斗状态。至于冯·托马有没有将这些话听进去，我不得而知，但在8月7日这天，在经历了6天无眠无休的战斗后，斯坦利·克里斯托弗森终于成功说服上级，同意将我们撤出前线，进行为期四天的休整。我们的营地设在维莱博卡日附近的博蒙特（Beaumont）。

两天后，布莱恩·霍罗克斯中将（Lieutenant General Brian Horrocks）前来慰问我们。不久前，霍罗克斯刚刚接管了冯·托马手下第43师隶属的第三十军。此人曾在沙漠战役中身负重伤，但伤愈后便立刻返回前线。他在行事风格上与冯·托马截然不同，他平日里爱开玩笑，常与下属打成一片，从不以军衔压人，因此深受官兵爱戴。最重要的是，他会设身处地为下属着想，尤其是在了解了我们长期以来所作的贡献后，当场肯定了我们所取得的战绩。之后，他从身后的卡车里拿出随身携带的地图，简要地向我们介绍了当下的总体态势——美军从西南方向奔袭，英军在西侧发起进攻，加拿大军队则从卡昂的北侧出发，盟军已对诺曼底地区的德军形成合围之势，并逐渐将其逼进法莱斯附近逐渐缩小的包围圈。他还补充说，敌人正遭受我方空军的猛烈轰炸，很快将被彻底摧毁。他那天说了很多，但大部分内容我已记不太清楚。和其他战友一样，我并不关心什么总体形势，只是为能够暂时活着撤出前线而感到高兴。不过，从这名将军的言语里，我发现他懂得体恤下属，这让我们的内心得到了一丝慰藉。

8月12日，舍伍德义勇游骑兵队重返前线，再次配合第43师向前挺进。最终，品桑峰被我军攻占。在此期间，第12/18轻骑兵队发挥了至关重要的作用，成功掩护舍伍德义勇游骑兵队下辖的两个装甲连沿着一条隐蔽的小路勇猛地冲上峰顶。我方虽然夺下了主峰，却付出了巨大的代价——步兵伤亡惨重，部分突击营的有生力量仅剩不足一个连的规模。与此同时，冯·托马仍率部在东南方向作战，被归入了"黑水行动"（Blackwater）。该行动旨在夺取孔代镇（Condé）并占领努瓦索河（River Noireau）渡口，参与行动的各部队将在渡河后折转向东南，加入围攻法莱斯的大军。按照此部署，舍伍德义勇游骑兵队将再次为第 130 旅提供支援，而我们第 5 装甲连又将在冯·托马的威逼之下马不停蹄地前进。8 月 14 日，A 中队奉命协助多塞特郡团第 5 营进攻普鲁西村。在此期间，第 43 师的这位将军行事依旧，亲自解除了其麾下第 130 旅旅长的职务，原因是该旅未能在战斗打响时立即发起进攻。另外，还有一名营指挥官，以及我们第 8 装甲旅的一名步兵少校，也惨遭冯·托马"炒鱿鱼"。现在回想起来，进攻普鲁西村的行动总体上还是取得了成功——我们刚一进入村庄，就朝每一栋可能藏有狙击手或炮兵前进观测员的建筑发射了高爆弹。紧接着，步兵再进入每一栋建筑物内部，将里面的德国守军全都赶了出来——战斗结束后，我们总共俘虏了 100 多名德军士兵。而在另一边，B 中队在肃清圣但尼德梅雷（Saint-Denis-de-Méré）时遭遇了顽强抵抗。最终，B 中队以损失两辆坦克为代价，攻占了该地，并俘虏了大批德军士兵。剩下来的两天时间，我们一直在扫荡残敌，同时也确定了前往努瓦索河北岸的行军路线。

努瓦索河自北向南流经树木繁茂的深谷。等我们抵达河畔渡口时，德军已经炸毁了河面上所有的桥梁。不过，这条所谓的"河流"，只不过是一道宽 20 码的小溪，河水也并不深。真正阻碍坦克前进的，是陡峭的河堤与敌人可能在渡口埋设的地雷。倘若没有工兵的支援，坦克部队根本不可能通过此区域。为此，工兵在 8 月 15 日这天连夜奋战，为舍伍德义勇游骑兵队开辟过河通道。他们冒着敌人从对岸山脊上不断射来的迫击炮弹，一刻不停地工作，终于赶在黎明前完成了任务。紧接着，C 中队开始渡河，随行的步兵在坦克的后甲板上或坐或站。这时，A 中队的坦克也在更北的地方同时渡河——目的是为 C 中队提供掩护。A 中队的坦克朝着对岸山脊上的崎岖小路射击，试图压制阻碍 C 中队过河的敌军，但事与愿违，C 中队还是接连遭受敌军炮火的打击。更为糟糕的是，河堤的缓坡上树木茂盛，树林中藏有众多德军狙击手和装备反坦克武器的伞兵。C 中队从中穿过时，原本配合有序的步坦协同，被敌军的凶猛火力打散，有六辆坦克遭"铁拳"炸毁，并有 6 名指挥官死伤。最终，堤坡上的敌军步兵被彻底肃清，A 中队和 B 中队趁机攻占了布满碉堡的勒阿梅勒村与贝尔茹村。与此同时，努瓦索河对岸的山脊也被我军占领。

　　自登陆诺曼底滩头之日起，舍伍德义勇游骑兵队历经 11 周的苦战，冲破敌人多道防线，最终抵达了努瓦索河对岸。在此期间，舍伍德义勇游骑兵队共有 200 人伤亡，其中包括 50 名坦克指挥官——他们当中有 36 人是军官。随着努瓦索河对岸的山脊被攻占，我军近前的德军防线在顷刻间土崩瓦解，舍伍德义勇游骑兵队在诺曼底地区的战斗也宣告结束了。8 月 20 日，舍伍德义勇游骑兵队撤出前线。能够再次洗上热水澡，能够冲掉满身的污泥与灰尘，能够在天刚黑时就安然入睡，不用时刻担心被反坦克炮或者迫击炮击中，这种松弛愉悦的感觉简直难以用言语形容。但最令我高兴的是，在树篱田地带鏖战了将近 3 个月时间，我竟然还活着！我的存活时间，远远超出了坦克指挥官在战场上的平均存活时间。一天后，我们北边的部队封上了"法莱斯口袋"（Falaise Pocket）的口子。至此，诺曼底战事彻底结束，盟军剩下的任务，便是追剿法国其余地区与低地国家境内的残敌。

大天鹅

8月16日这天，就在舍伍德义勇游骑兵队在贝尔茹山脊（Berjou Ridge）的斜坡上同敌人厮杀之际，"法莱斯口袋"内的德军主力正面临着被全歼的命运——包围圈在一点点收紧。包围圈北面是加拿大人统帅的波兰军队，西面是长途奔袭而来的英军，南面是正在发起进攻的美军。五天后，包围圈北面的盟军发动突袭，彻底封死了"法莱斯口袋"。盟军取得了最终的胜利。然而，约有3万名德军（包含党卫军和德国国防军）侥幸逃出了包围圈。于是，蒙哥马利下令追击法国东北部的残敌。按照他的计划，盟军的四个集团军将以最快的速度开赴塞纳河河畔，以切断德军的退路，并在河畔建立起桥头堡。盟军顺利过河后，将立即摧毁威胁英国的V-1飞弹基地并肃清英吉利海峡沿岸地区，然后挥师北上挺进低地国家，最后伺机穿过莱茵河攻入德国本土。

根据此部署，加拿大陆军第1集团军（Canadian 1st Army）将沿英吉利海峡海岸一路北上肃清沿途残敌，米尔斯·登普西中将（General Miles Dempsey）统帅的英国陆军第2集团军将在其右翼行军并向位于弗农镇（Vernon）的塞纳河推进。在这两支部队的南侧，是美国陆军第1集团军和第3集团军，他们的目的地是巴黎。作为英国陆军第2集团军旗下的一支劲旅，布莱恩·霍罗克斯中将的第三十军在接到穿越塞纳河的命令后，派出了第43萨默塞特郡步兵师与第8装甲旅，前者下辖的第129步兵旅将担负主攻任务，为其提供支援的是第4/7禁卫龙骑兵团。在此行动期间，舍伍德义勇游骑兵队将作为预备队，奉命支援第214旅。

诺曼底战役是一场残酷的消耗战，共有53000名盟军将士在此战役中牺牲，其中约有16000人来自英国及英联邦部队，并且这组数字还不包含第21集团军群（21st Army Group）中失踪的9000人，以及在作战中挂彩的58000名伤员。不过，盟军在法莱斯重创德军，彻底地扭转了西线战局。德军的准确伤亡情况不得而知，但根据估算，其阵亡人数应该超过了20万人，而且德军受伤、失踪及被俘人数也与此相当。战斗之初虎视眈眈的德军装甲师已不复存在。经此一役，原本兵力超过12000人、装备167辆坦克及自行火炮的德军装甲教导师，仅剩300人侥幸逃至塞纳河对岸，所有车辆或被摧毁或被遗弃在他们身后。8月23日，舍伍德义勇游骑兵队开始向塞纳河挺进，沿途将经过法莱斯以南20英里处的尚布瓦（Chambois）小镇。

我们行经尚布瓦时，已经接连下了两天滂沱大雨，天空阴沉沉的，似乎预示着将会有不好的事情发生。离开尚布瓦后，我们向西北方向继续前进，接下来将要穿过"法莱斯缺口"（Falaise Gap）。9万名被围困在"法莱斯口袋"内的德军士兵蜂拥至"法莱斯缺口"。而面对如潮水般涌来的溃逃队伍，盟军空军与火炮根本无须如今的"精确制导"，只需朝着敌人一顿猛轰，便能轻而易举地制造出地狱般的景象——道路两边的草地上，到处都是中弹后被烧成残骸的坦克与火炮，一辆辆卡车侧翻在地，车斗里的物品散落满地。那些拒不投降的德军士兵全部在轰炸中丧生，尸体在道路两侧堆积成山，混在坦克、火炮与卡车之间。负责牵引火炮与车辆的马队（在德军中，只有装甲师完全实现了摩托化，其余绝大多数部队仍严重依赖马匹来牵引火炮和运送补给）也未能幸免，战马的尸体横七竖八地倒在车辙两旁，许多马匹的腹部被弹片撕开，内脏撒落一地。就在遍地狼藉之间，数以千计的德军尸体堆积成了阴森的小山，它们像蜡像一样扭曲成怪异的姿态，将死前最后一刻的恐惧永远定格在这片战场上：有人手臂向上弯曲，像是在向上天祈求；有人被烧得焦黑，干瘪的身体与翻卷的车辆残骸融为一体。令我印象最为深刻的是，一名德国国防军士兵的死状与其他人完全不同，他不幸被大轰炸时倒下的混凝土灯柱砸中。这名士兵躲过了漫山遍野的炮火，却被一根水泥灯柱活活压死，实在令人唏嘘。

整片区域到处充斥着死尸散发出的腐臭味。在高温的作用下，人与动物的尸体高度腐烂膨胀，上面爬满了蛆蝇。每当我们从尸堆旁经过，不计其数的苍蝇便"嗡"的一声腾空而起，在空中乱舞，黑压压一片，如乌云一般。盟军先头部队行经此地时，已经将路面上的大部分德军尸体连同被击毁的车辆一起，推到路边堆成了小山。然而，我们在行进过程中，仍会不可避免地碾过遗留在道路中央的零星尸骸。坦克的履带从高度腐烂的遗体上压过，瞬间将它们碾爆，然后在地面上拖出两道长长的混杂着肉泥与血迹的车辙。没过多久，整条路面上都铺满了血肉痕迹。眼前这一幕震惊了我们车组的所有人，大家都没有说话，再没有了平常的插科打诨。不过，我们只是被地狱般的景象吓到，并没有对死去的德国士兵产生半点同情，因为正是他们同我们鏖战数周，让我们眼睁睁地看着一个个战友被炸得尸首异处，或者被烧得面目全非。眼前这满地的德军尸体，仅仅是敌人的冰山一角，更多活着的敌人还在想尽一切办法要夺走我们的生命。但不管怎样，我们总算要离开这片尸山血海了，这对每个人来说，都是一种解脱。

终于，阳光穿透了云层，每个人的心情也随之变得明朗起来。此时，舍伍德义勇游骑兵队正朝着弗农镇方向缓缓前进，沿途的路面上塞满了盟军的各式车辆，它们全都在匆匆赶路，目的地是法国东北部。由于在接下来的穿越塞纳河行动中，舍伍德义勇游骑兵队将被留作预备队，不再担任先头部队，所以我们没有着急赶路，而是停在原地几个小时，等一整支美军兵团完全穿过我们的前进轴线（axis of advance）后才继续前进。就在我们抵达目的地的前一天，也就是 8 月 25 日下午，第 43 师的先锋旅已经进入弗农镇郊外。弗农镇坐落在塞纳河西岸，位于巴黎西北方向 50 英里处，通过一座公路桥及另一座独立的铁路桥与东岸的弗农奈特村（the village of Vernonnet）相连。1944 年，美国空军在诺曼底登陆前夕发动空袭，炸毁了铁路桥。大约在同一时间，为了配合盟军地面部队即将发起的攻势，"法国抵抗运动"（French Resistance）的三名成员挺身而出，将公路桥的一段炸毁，致使任何车辆都无法通行，从而完成了美英两国空军未竟的任务，帮助盟军实现了阻止德军穿过塞纳河的目标。而在英军部队抵达弗农镇前，"法国抵抗运动"再次行动起来，成功将党卫军的卫戍部队逐出了该镇。这样一来，第 43 师在最后攻入弗农镇之前，不必再费力杀出一条血路。但在此之前，他们仍需完成一系列任务：一边搭桥过河，一边歼灭滞留在镇子外围的党卫军卫戍部队；抵达河对岸后，迅速构筑桥头堡，以便后续抵达的英军主力部队能够以桥头堡为起点，继续向弗农镇挺进。

8 月 27 日晚，当我们驱车穿过弗农镇内修剪整齐的林荫大道，长驱直入城镇中心时，第 129 旅已成功穿过塞纳河，并在河对岸建立起了一个小型据点。为此，该旅付出了巨大的代价——在塞纳河东岸，有一座高达 300 英尺、顶部植被繁茂的陡崖，为机枪手与狙击手提供了天然的掩护，德军得以在此居高临下扼守塞纳河两岸。两个营的步兵搭乘折叠式突击舟，冒着敌人的弹雨发起冲锋。但并非所有船只都能成功抵达对岸，许多船只被湍急的水流冲到一起，在河中央动弹不得，船上的人瞬间被铺天盖地的 MG42 子弹撕成碎片。幸存下来的步兵勇敢地爬上树木茂盛的陡坡，冲进弗农奈特村肃清敌人。在此期间，又有很多人倒在了德军的枪口下。与此同时，第 4/7 禁卫龙骑兵团的坦克被装上木筏运到了对岸，以便为冲锋的步兵提供火力支援。尽管如此，第 43 师依旧损失惨重，等到桥头堡建成时，该部队的伤亡人数已达数百人。

就在第 43 师身后，皇家工兵部队顶着炮火，连夜在河面上架起了两座贝雷桥（Bailey bridges）。其中，第一座贝雷桥完工于傍晚时分，它是一座 9 级桁架桥，可允许轻型无装甲车辆通过。另一座贝雷桥为 40 级桁架桥，可以承载坦克的重量，但第二天早上渡河行动开始时它才刚刚修好。之所以出现这种情况，是因为盟军想抢在敌人巩固对岸防御工事之前，给予对手出其不意的打击——这导致强渡塞纳河的行动十分仓促。英国陆军第三十军在行军途中遭遇了严重的交通拥堵，工兵们被堵在原地长达几小时，等待连绵不绝的美军车队穿过他们的前进轴线。工兵们赶到河边后，只能通宵达旦地拼命赶工，并终于赶在第一支过桥部队（第5装甲连）抵达前完成了任务，但他们根本没有时间测试桥梁的稳固性。

强渡塞纳河的行动虽然仓促，但兵贵神速。最终，盟军还是完成了既定目标，给予了敌人出其不意的打击——德军设在东岸山坡丛林中的防线，在第129旅的冲击下，开始逐渐瓦解。但就在这时，敌军将散兵游勇拼凑成第150掷弹兵团（150th Grenadier Regiment），向我军发起猛烈反扑。该团的士兵虽是一群乌合之众，却得到了坦克的炮火支援，而英军的桥头堡刚刚建成，防守力量薄弱，随时有被攻破的危险。形势危急，冯·托马只得急令第43师下辖的第214步兵旅渡河提供支援。但就在该旅与兄弟部队并肩作战之时，第7萨默塞特郡轻步兵团（the 7th Somerset Light Infantry）下辖的A连脱离了大部队，走失在塞纳河对岸的茂密丛林中，且没有对多次无线电呼叫做出应答。冯·托马闻讯后勃然大怒，计划派一支装甲连到对岸寻找走失的A连。最终，这个任务落到了第5装甲连头上。

40级贝雷桥的桥身采用预制钢桁架拼装而成（每根钢桁架长180英尺，可承重40短吨），其上铺有桥面板，其下由多条吃水较浅的敞舱船提供支撑。这种桥是英军军事工程史上的一项重大发明，但这里的40级贝雷桥由于建造时间仓促，加之处在气头上的冯·托马将军催促第5装甲连过河，因此刚刚建成的桥梁受力不均，在湍急水流的冲击之下很容易发生位移进而解体，桥上的车队也有可能葬身河底。流经弗农镇的塞纳河河段宽600英尺，滔滔河水奔流不息。我仔细打量面前这座浮桥，发现桥面中央竟已向下弯曲，浑浊的河水一刻不停地撞击着桥身，眼看着就要吞没整座浮桥。在我看来，这座长达840英尺的钢架桥，随时都有垮塌的风险。

对岸德军的火炮与迫击炮不停开火，炮弹如雨点般落下，有的直接砸到桥面两侧，有的在落入河中炸开后激起几英尺高的水浪。塞纳河水深10多英尺，一旦浮桥坍塌，或者坦克掉入河中，而我们又全都待在坦克内，那么整个车组将全部葬身河底，根本没有任何逃生的机会。考虑到这一点，我当机立断，命令所有车组成员和我一起站到坦克的后甲板上，仅留下驾驶员狄克逊在车厢内操纵坦克。看到只有自己被留在车内，狄克逊明显有些不满，他决定以最快的速度通过桥面，便开着"命中"号冲上了桥头的引道坡。等坦克冲出引道坡，车身刚刚放平时，他又立刻猛踩油门拉着我们快速通过浮桥。这时，炮弹仍在不停落下，桥面板在爆炸冲击波的作用下互相撞击，发出当啷当啷的声响。笨重的坦克压过桥面时，整座桥摇摇晃晃，嘎吱嘎吱响个不停，好像垂死的病人在不断地呻吟。根据我的判断，之所以出现这种情况，是因为高速行驶的"谢尔曼"坦克对桥面产生了巨大的压力，而湍急的水流则在不停地冲击桥身，在两股力量的拉扯之下，浮桥的固定销钉发生断裂。工兵们冲我大喊，让我们放慢速度，我也对着麦克风大声呼喊，命令狄克逊减速。但出于本能的恐惧，狄克逊根本没有听我的话，反而加大了油门，载着我们继续向前冲。每驶过一段路面，桥身都在剧烈地晃动，而我们的坦克也随着桥面的上下起伏而不停颠簸。终于，我们成功抵达塞纳河对岸，每个人都松了一口气，立即跳进车厢，回到了各自的位置。我劈头盖脸将狄克逊训了一顿，其他人也都大骂他是"混蛋"，但他对此一点都不在意，一心沉浸在重回坚实大地的愉悦之中。

在我们身后，其余坦克以更为平稳的速度顺利地通过了浮桥。接下来，我们继续赶路，前去同第7萨默塞特郡轻步兵团的团部会合。我们沿着蜿蜒的林间小路前进，一点点爬上树木茂盛的山坡，驶进树林深处，最终在道路尽头的空地旁找到了步兵团的指挥长。这片区域被茂密的树木覆盖，地面上灌木与蕨类植物丛生，非常适合藏匿肩扛"铁拳"的德军士兵。我面前这位默塞特郡轻步兵团的上校愁容满面，他显然是在为A连的失联而烦恼。A连的指挥官初出茅庐，缺少战斗经验，本不是带头冲锋的最佳人选。但不知出于什么原因，冯·托马没有让上校带队，而是越级命令A连担任先锋。我安慰少校说，自己将会去树林更深处看看，试试能不能找到那个倒霉的少校和他的连队。

参天的树木遮住了头顶的阳光，前方的树林显得阴森恐怖，令人望而却步。此时，我似乎有些理解A连为何会在辙乱旗靡的环境中走失了。但眼前的景象，又让我想起了之前在布里克萨德村的遭遇。就这样，第5装甲连在没有其他部队提供掩护的情况下，单枪匹马闯进了丛林深处，随时准备面对藏身暗处的敌人。我们的车队小心翼翼地向前推进每一个战术距离。行进过程中，加特赛德和马丁将机枪准星对准地面，同时不停地转动机枪，其他人也纷纷将子弹上膛，并且解除了枪支的保险。突然，我听到了豹式坦克炮塔在转动时发出的"嘎吱"声，但环顾左右却没有看见一辆坦克的影子。然而，仅仅几秒之后，一辆灰色的坦克就从我们正前方的树丛中探出头来，装有倾斜式装甲的车头正对着我们，犹如一头饿狼。我还没有反应过来，就看见对面 75 毫米口径主炮的炮口闪过一道火光，接着便是震耳欲聋的爆炸声。炮弹从炮口飞出，从我们的坦克右侧掠过，将几码外的一棵大树树干炸得粉碎。这时，马丁已经做好了射击准备，随着我一声令下，他立即打出了一枚高爆弹。在这之后，我轻轻踢了他一脚，示意他赶紧打出第二发炮弹。但就在这个空隙，对面的豹式坦克突然马力全开，飞速向后倒车，很快就驶出了我们的视线，只留下发动机冒出的一团青烟。这片丛林树木密集，而豹式坦克的主炮太长，很容易受到枝叶的阻挡，无法迅速瞄准我们。相比之下，"谢尔曼"坦克的主炮短了很多，不存在类似的问题。对面的德国坦克手肯定也意识到了这一点，所以才做出了上述举动。果然，我又从左侧树叶间的缝隙中，瞥见另一辆豹式坦克一闪而过，很快消失在了我们的视野中。

直到这时，我才注意到，这些坦克并非在单打独斗，德军的掷弹兵一直在配合它们的行动。不过，这些步兵无意与一个装甲连的"谢尔曼"坦克交火，他们很快就跟在坦克后面一起撤走了。至此，敌军全部撤出了丛林，但那支失踪的连队依旧下落不明。于是，我率队退回出发地，将发现的情况汇报给那位上校，然后便继续前进，行至丛林东缘的一座庄园旁，同停留在那里的 A 中队其余人马会合。后来，我们才得知，那些走失的士兵误入丛林深处，遭到了德军机枪的扫射，在与大部队失去联系的情况下投降被俘。弄清真相后，作为一师之长的冯·托马再次拿出独断专行的做派，亲自下令解除了第 7 萨默塞特郡轻步兵团那名上校的职务，根本不念及此人也曾获得过杰出服役勋章。冯·托马的这种做法虽然值得商榷，但其麾下第 43 萨默塞特郡步兵师的骁勇善战却不容置疑——将士们冒着弹雨渡过塞纳河，攻下了河东岸的丛林高地。紧接着，该师在舍伍德义勇游骑兵队 B 中队与 C 中队的支援下，越过开阔的田地穷追猛打，将德军全部逐出了丛林周围的村庄，最终以损失近 600 人的沉重代价，在弗农镇的另一侧建立起了英军亟须的桥头堡。

渡过塞纳河后，弗农镇以东的地势一下子变得开阔起来。这下，布莱恩·霍罗克斯中将终于可以发挥第三十军的高机动性优势，采用纵深穿插战术追击溃逃的敌军了。为了贯彻霍罗克斯的战略方针，舍伍德义勇游骑兵队被扩编为一个团级战斗群——三支坦克中队将协同作战，而为我们提供支援的，是一个混成步兵连（搭乘由国王皇家步枪团第 12 营提供的布伦机枪运兵车）、一个"司事"自行火炮组（来自埃塞克斯郡团义勇游骑兵队）和两支隶属皇家装甲兵团第 61 侦察团（61st Recce

Regiment）的侦察车中队。这是自北非战役以来，舍伍德义勇游骑兵队首次采用沙漠队形行军。侦察车开在战斗群的最前面，形成了一道屏障，它们的任务是寻路并报告敌军的方位与兵力。在侦察车身后，担任先锋的先遣中队以扇形展开，另外两支中队紧随其后，在两翼列队前进。各炮兵与步兵单位的指挥官被部署在队形正中位置，与舍伍德义勇游骑兵队团部的四辆"谢尔曼"坦克一同前进，以便霍罗克斯中将能够根据需要及时调兵遣将，为三支坦克中队提供支援。这样一来，三支坦克中队再也不用单打独斗，也不会被拆散去支援各个步兵营，相较以往，在战术上有很大的不同。

自从追击战打响以来，战场的形势发生了显著的变化，盟军在树篱田地带的局促一去不复返。塞纳河失守后，德军失去了最后一道屏障，在诺曼底地区已无险可守，只能四散逃窜，而盟军 4 个集团军，共计 37 个师在长达 200 英里的战线上穷追不舍。在这一阶段，敌人已无法组织起大规模抵抗，盟军沿途遇到的，均是被分割包围的小股守军，以及聚集在零星坦克或反坦克炮周围的后卫部队。盟军不费吹灰之力便可以将这些德军歼灭，甚至可以直接从他们旁边绕过。大多数德国士兵一有机会就会投降，只有少数狂热的纳粹拥趸愿意为"元首"战斗至最后一刻。面对后者，我们无须多言，几炮就可以"成全"他们。在新的战场环境中，大多数盟军车辆得以充分发挥机动性强、机械稳定性高及保养要求低的优势，"谢尔曼"坦克便是如此。相比之下，以虎式坦克和豹式坦克为代表的德军坦克体型笨重、故障率高、油耗惊人。我们在追击过程中渐入佳境——既能够快速通过狭窄的道路，也能穿过仓促铺好的 40 级桁架桥，而且只需要简单地保养就能一路畅行无碍。于盟军而言，只要渡过塞纳河，就意味着代号为"大天鹅"（Great Swan）的追击战已经打响，接下来就是与敌人赛跑，赶在对手之前抵达莱茵河河畔了。

根据作战部署，第三十军的前进轴线如下：在亚眠（Amiens）渡过索姆河，向阿拉斯推进，行至里尔（Lille）后穿越比利时边境，最后长驱直入布鲁塞尔。仅行动首日，我们就向前推进了 28 英里，沿途只遇到零星的抵抗，B 中队和国王皇家步枪团下辖的步兵连很快就剿灭了残敌。第二天，也就是 8 月 30 日，我们行进了 50 多英里，在这之后便达到了平均每日 60 英里的最高行军速度。看到一个又一个村庄快速向身后掠去，所有人都无比开心，乘胜追击的喜悦溢于言表。在此期间，我们路过一群俘虏，望见他们排成散乱的队形，个个垂头丧气且神情疲惫，正朝着西边蹒跚而行。几个星期以来，这些人一直在遭受盟军炮兵及空军的轰炸，领教了盟军强大的火力，见识到了浩浩荡荡向东行军、一眼望不到头的坦克、火炮与卡车车队，想必一定在暗自庆幸提早一步地脱离了战争。我们疾驰在广袤的大地上，微风轻拂发梢，阳光照耀在脸庞上，所有人的脸上都洋溢着胜利者的微笑。诺曼底的天气反复无常，气候异常潮湿，但此时此刻，暮夏的太阳高悬在碧空之中，将周围的玉米地染成了金色。眼前这一幕令我们沉醉，每个人的心情也愈发舒畅起来。

对于盟军登陆诺曼底，法国平民此前通常表现得非常冷漠。对此，我们并不感到奇怪，毕竟我们的到来打破了他们原本平静的生活，令许多人流离失所甚至失去了生命（盟军在诺曼底的军事行动共造成了15000名法国平民伤亡）。这些平民清楚，只要我们出现在哪里，就意味着哪里会有危险。所以，每当我们抵达或穿过他们生活的城镇或村庄时，他们都会躲进地窖，或者藏到门后并探出头冷漠地盯着我们。不过，自从我们离开树篱田地带，对敌人展开痛剿穷追后，法国平民的态度便发生了明显的转变。在这一阶段，盟军兵不血刃就解放了沿途的乡野、村庄与城镇，所经之处基本上没有遭受战争的破坏。所以，我们每到一处，当地民众都会自发地走上街头，欢呼雀跃地迎接我们的到来——建筑物楼顶彩旗飘扬，男女老少不停高呼："英国大兵万岁！"（Les soldats anglais!）只要我们一停下来，他们就会上前同我们握手，亲吻我们，还有人会向我们的队伍献上食物与瓶装酒。民众们的盛情令我们非常感动，他们一定是受尽了纳粹的奴役，所以才会为解放而欢欣鼓舞，并发誓一定要让德国人血债血偿。

部分平民女性在解放后被控曾与敌人同衾共枕，因此落得了悲惨的结局——各地获得解放后，她们被当地乱民揪上街头，在撕心裂肺的哭喊声中惨遭剃发，被当众烙上了"通敌的印记"，惹得围观民众哄笑不止。类似的现象在法国各地屡见不鲜，虽然十分下作，为我们所不齿，但毕竟这是法国人民自己的事情，我们也无权干涉。在迫害自己人方面，"马奎斯"游击队（Maquis①）首屈一指，其麾下的"抵抗组织"虽然常为盟军提供支援（例如，在英军部队抵达弗农镇前，他们成功将党卫军的卫戍部队逐出了该镇），但总是帮倒忙。在我看来，他们缺乏

---

① 译者注：第二次世界大战期间，由法国和比利时的抵抗组织组成的乡村游击队，早期成员为年轻工人，他们为逃避"维希法国强制劳工局"的强制劳役，躲进了山区和林区。

正规的军事训练，不知道如何分辨敌我，在战斗中端起枪就是一顿乱射，常常毙敌一千误伤友军八百——万幸的是这群家伙没有反坦克武器。这帮乌合之众真得感谢我们这些军官，因为我们被上级要求保持克制，不然我们在自己的坦克被击中后一定会毫不犹豫地教他们做人。

9月1日，舍伍德义勇游骑兵队抵达亚眠，将按照原定计划，从这里横穿狭长的索姆河河谷。这时，此地河面上的多座桥梁已完全被盟军占领，而河对岸的正是一战期间的一处战场。20多年前，法国正规军和不少英国人在这片土地上浴血奋战，大批将士血洒疆场，最后长眠于此。当我路过英国人的墓碑时，不禁想起了自己的父亲，以及他们那一代人所做的牺牲，而在这些父辈们的墓葬的后方，临时安葬着我们这代人当中的忠烈，他们同样为了保卫家园而献出了生命——两代人的前赴后继令我动容且倍受鼓舞。行军途中也常常有轻松的时刻。虽然约翰·萨姆科恩一直紧紧盯着我们，不想让他手下的军官擅离职守，但哈利·希南、迪基·霍尔曼和我每次经过法国街道时，只要看到周围没有欢呼的人群，便会去找些乐子。比如，清晨从烟草店的广告招牌下驶过时，我们就会开始比赛——用"卢格"手枪击碎瓦斯玻璃灯牌。要是哪天中队指挥官没有登录无线电通信网，我们就会更大胆一些——拿出香烟作为赌注，赌谁射中的灯牌更多。还有些时候，我们会开着"谢尔曼"坦克排成长队，挨个从废弃的汽车身上碾过，把它们压成铁饼。倘若这些孩子气的行为被萨姆科恩发现，他一定会严肃地训斥我们，但是我们都还年轻，都渴望及时行乐，这些恶作剧可以让我们暂时忘却战争的残酷。一路上，我们沿着平坦的道路高歌猛进，穿过地势略有起伏的乡野，沿途没有遇到任何敌人。然而，就在我们对此习以为常的时候，一道巨大的反坦克炮开火声惊醒了我们——这让我们意识到，自己仍然身处随时可能殒命的战场之上。

杜朗镇（Doullens）位于亚眠正北18英里处的欧蒂河（Authie river）河谷内，扼守着25号国道（Route Nationale 25），历来都是兵家必争之地。历史上，受国界变迁等因素影响，该镇屡遭战火波及，成为英、西、法、德军队的进攻目标。撇开地理因素，该镇能成为战略要地，还因为镇子的南面建有一座坚固的巨型要塞。我们抵达该镇的当天，仍有一个连的德国国防军龟缩在要塞内，企图负隅顽抗到底。当时，A中队作为先遣部队，正沿着通往杜朗镇的陡坡缓慢前行，打头阵的是哈利·希南率领的第2装甲连——希南的坦克走在队伍的最前面。希南如果熟知历史，一定知道充当先锋将会面临怎样的危险。果然，就在希南的坦克驶过山丘的顶部时，前方欧蒂河桥桥面上的75毫米口径PAK反坦克炮炮组发现了他，二者相距只有400码。等希南意识到危险降临时，对面的炮组已率先开火了。只见一道火光闪过，迎面飞来的炮弹击中了车长指挥塔的一侧，在其表面撞出一道凹槽，撞击与爆炸产生的高温将凹陷的装甲烧得通红。幸好山高坡陡，对面的射击角度也有偏差，希南才与死神擦身而过。随后，整个A中队立刻停止了前进。

希南立刻做出闪避动作，猛地调整方向，越过丘顶退回至背敌一侧。为了避让希南的坦克，A中队的其他坦克全都首尾相连地挤到了一起。原本行驶在我们正前方的一辆坦克，也突然刹停在原地。狄克逊见状，立即向后猛拉操纵杆，将"命中"号急停在距离这辆坦克仅有一两英尺的地方，害得我的门牙差点被舱口的钢板边缘磕掉。面对这一突发情况，我急忙命令"命中"号驶出拥挤的车队，向前开到中队指挥长的坦克后面停下。然后，我和萨姆科恩同时跳下车，走到他的坦克后面，围在挂在车尾的地图旁讨论当前的战斗形势。在我看来，现在德军的反坦克炮从正面切断了我军的去路，最佳对策是派出一个装甲连紧贴洼地内的要塞（该要塞就在我率领的第5装甲连左前方几百码处）的边缘展开侧翼机动。萨姆科恩同意了我的意见。于是，我返回车内，开始做战斗部署。

我命令"谢尔曼萤火虫"坦克留在原地警戒，其余坦克则跟随我穿过树林，向要塞进发。这座古老的要塞建于17世纪，是一座星形防御工事，其四周环绕着低矮宽厚的城墙，墙头的斜堤上长满了青草。当我们绕着要塞西侧行进时，我可以望见斜堤上的草皮垛顶，于是便利用它们来遮掩我们的行踪。突然，其中一个垛顶上的装置引起了我的注意——那是一架小型飞机。这架飞机的机翼粗短，机身背部还装有一个类似火箭发动机的东西。它被安装在长长的倾斜轨道上，而在金属轨道底座的周围，还有另一个飞机状的奇怪装置，以及一些包装箱。我不清楚那是些什么东西，但断定它们一定是德国人捣鼓出来的名堂。于是，我下令炸毁它们。要是当时我知道那就是内装1870磅重的高爆炸药的V1飞弹，一定不会这么冲动。

考虑到摧毁德军反坦克炮的任务还没有完成，我便带着队伍，沿着一条通往镇外的小路继续前进。正当我们右转进入一条狭长的碎石路时，一名法国妇女突然走到我们车前，一边冲我们大喊，一边比划着手势。我跳下车，走到她跟前。但她明显有些激动，不断地用蹩脚的英语重复着："你们，好人，不开枪，别伤害他们。"

我不太明白她想表达什么意思，只见她指了指路边一个硕大的木制谷仓。于是，我决定走过去一探究竟。梅奥和我掏出"卢格"手枪，小心翼翼地走进谷仓，麦秆腐烂的味道与动物粪便的恶臭瞬间扑鼻而来，眼前的一幕惊呆了我们二人——这里面竟然挤满了德国士兵，他们大约有15—20人，此刻正在整理装备，所以没有一个人手持武器，所有的步枪全都靠着墙壁整齐地排成一排。梅奥和我立刻用手枪指着他们，命令他们举起双手走出谷仓。看着他们的背影，我不禁联想到刚才在要塞旁看到的奇怪景象，是不是和这些德国鬼子有关。我甚至有些怀疑，路边那个法国妇女和这群德国佬到底是什么关系，她会不会因此惨遭乱民的揪斗。

我和梅奥退到谷仓外，命令德国士兵站成一列，然后迅速地挨个搜身，缴获了他们的工资簿和几块手表。我俩既没有携带任何戒具，也没有时间处置俘虏，只好向这群人当中的军官下达命令，让他带着队伍一直朝南走，遇到盟军军队便向其投降。我一边说着蹩脚的德语，一边对着手里的地图连比带划，还不时指一指前进的方向，直到确定他明白了我的意思，才放他带着队伍上路。然而，就在我和梅奥回到坦克里，准备继续朝着杜朗镇赶路时，莱恩通过无线电告诉我，这群德国人正在逃跑。我转过头，朝炮塔后方望去，果然看到这群本应向南走的德国士兵，此时正在向北一路狂奔，眼看就要翻过一座小山丘了。于是，我们立刻操起机枪瞄准他们，将这群人全部击倒。队尾的德国士兵中弹后，跟跄了几下就往后一仰，倒在了山顶上。刚才那个法国妇女肯定也目睹了这一幕，至于她会对此做何感想，我们根本不想浪费时间去了解。

我低头看了一眼地图，确定面前这条路直通欧蒂河桥边的一处路口。沿着这条路一直往前开，我们就能抵达那门反坦克炮的侧翼。然而，当我们来到距离路口不到几百码的地方时，耳边突然传来了坦克开火的声音。等我们赶到预定射击位置，竟发现一切都已结束——75毫米口径PAK反坦克炮已被摧毁，其炮组成员四仰八叉地躺在火炮四周。原来，负责原地警戒的德林中士见我们迟迟没有动静，等得有些不耐烦了，便开着那辆"谢尔曼萤火虫"悄悄上前接近敌人，几炮干掉了反坦克炮炮组。这天夜里，希南跟我打趣说，我没能救他一命，但是对于第5装甲连发现并摧毁德军V1飞弹基地一事，盟军指挥部都赞许有加。反坦克炮被铲除后，A中队畅行无阻，在国王皇家步枪团步兵连的支援下，一路杀进了杜朗镇内。我们沿途又击毁四门反坦克炮，并俘虏了100多名战俘，其中一人还是要塞驻防司令（garrison commander）。此役当中，我方伤亡很少，但在南边 10 英里处，舍伍德义勇游骑兵队的一支侦察队就没有这么幸运了。

在实际作战中，部队能否采用沙漠队形，取决于地形是否开阔，有没有连续的大片空地，以及行军过程中会不会受到林地、树篱或河流阻挡。而在闭塞的地形（譬如索姆河河谷）中，我们只能排成纵队，利用现有的公路网络及乡野小道行军。为了保护侧翼安全，舍伍德义勇游骑兵队通常会派出侦察连队，命其在与主力部队前进路线平行的小路上同时行军。因此，当 A 中队沿着国道带头向杜朗镇挺进，莱斯利·克里本（Leslie Cribbens）中士正领着由三辆"甜心"轻型坦克组成的小队，在主力部队左翼沿着毗邻主干道的小路 [该路贯穿弗莱塞勒村（Flesselles）] 快速前进。这些轻型坦克重 16 吨，其装备的是 37 毫米口径主炮，车组成员共 4 人。与"谢尔曼"坦克相比，"甜心"轻型坦克的重量更轻（只有前者的一半），车组成员更少（少 1 人），装甲和武器也更为孱弱。但由于体型小巧，"甜心"轻型坦克非常适合执行侦察任务，如探察行军路线、预警敌人行踪、向团部回传战场信息等。总的来说，"甜心"轻型坦克想要在战场上保全自己，必须依托两大手段：一是仔细观察战场环境，二是做好隐蔽工作以防被敌人发现。可惜的是克里本中士没能做到这两点，等他发现敌人时，穿甲弹已经穿透了坦克薄薄的装甲，瞬间将他和同车的坦克兵夏普（Sharp）杀死了。

莱斯利·斯金纳在跟随主力部队行军时，听说了克里本和夏普牺牲的消息，但在一天后才得以返回二人的牺牲地搜寻遗体。等他爬过一条小沟，悄悄潜入村子里时，当地民众已经找到了遗体，村长和堂区神父决定将二人葬在村子教堂所辖的墓地内。但击毁这辆"甜心"轻型坦克的德军坦克仍在附近，可以清楚看到堂区墓地内的动静。因此，村民们力劝斯金纳不要亲自参加葬礼。斯金纳只好躲在牧师住的房间内，透过小窗默默地注视着参加葬礼的人群。与此同时，在那辆杀死克里本和夏普的坦克内，德军车组成员也在密切关注着葬礼上人们的一举一动。葬礼结束后，斯金纳又沿着来时的小沟爬出了村子。此事传开后，斯金纳我行我素的作风引起了随军牧师主管部门的不满。按照军队的规定，现役军人不得被安葬在教堂辖地内，否则在正式的战争公墓建成后，迁坟将是一件非常棘手的事情。而斯金纳尊重战士们的宗教信仰，无视部队的教条规定，擅自将克里本和夏普安葬在堂区墓地内的行为，受到了随军牧师主管部门的严厉指责。最后，还是斯坦利·克里斯托弗森出面为斯金纳据理力争，才平息了这场官僚主义风波。

德军大势已去，再也无法做出激烈的抵抗。我们所过之处，敌人纷纷缴械投降，民众欢呼雀跃。当下形势一片大好，极大地增强了我们夺得最后胜利的信心，部队自上而下都充斥着轻松愉悦的气氛。9月7日，英国陆军第2集团军司令视察了舍伍德义勇游骑兵队总部，并向斯坦利·克里斯托弗森透露，英吉利海峡各港口的德军投降在即，等到我们攻入德国时，几乎不会遇到什么阻力。就在这一天早上，第6近卫装甲师攻入布鲁塞尔，兵不血刃地解放了这座城市，抢在众部队之前立下了战功。舍伍德义勇游骑兵队的车队紧随其后，于清晨穿过该城。英军的到来，标志着德国纳粹在此长达四年的残暴统治被彻底推翻，激动的民众沉浸在胜利的喜悦之中，纷纷涌上街头，夹道欢迎我们入城。街道两旁人山人海，将车队围得水泄不通。人群向我们抛来鲜花与美酒，漂亮的姑娘们爬上坦克疯狂地亲吻我们。狄克逊和加特赛德因为分别站在驾驶位与机枪位，所以能够"近水楼台先得月"，尽情地享受了这美好的一刻。

车队缓缓通过欢腾的人群，夕阳在我们身后缓缓落下。最终，我们抵达了布鲁塞尔以北几英里处的一处营地，准备在这里过夜。在接下来的两天里，我们完成了长期以来被忽视的坦克保养工作。"命中"号的里程表显示，自登陆诺曼底以来，车辆的行驶里程已达到了2000英里，而在过去不到两周半的时间里，我们就行驶了250英里！"谢尔曼"坦克虽然皮实，但也禁不住长途高速行军。因此，坦克负重轮上的橡胶圈磨损严重。此问题贯穿行军始终，好在一路上有舍伍德义勇游骑兵队轻型支援分队（Light Aid Detachment）的机械师们及时出手相助，为"谢尔曼"坦克更换负重轮与发动机组件，尽己所能让更多的坦克能够继续赶路。尽管如此，大多数坦克目前已是超负荷运转，亟须大修。

长途急行军，不仅令车辆损耗严重，也给我们的身体带来了巨大的考验。首先，行军途中停歇的时间非常短，我们必须抓紧一切时间小憩一会。就连吃饭，我们也只能在坦克车厢内匆匆解决——食物通常是腌牛肉、饼干或者罐头。无论吃的是肉，还是蔬菜，我们都需要使用勺子——用完餐后，在没有水源的情况下，我们只能用舌头舔干净勺子，然后找个合适的格架把勺子放在里面以便下次使用。但如果找不到自己的勺子，就只能借用车组其他成员的勺子，牙刷也是如此。自从告别了空间狭小的树篱田地区，我们就再也不用每天紧绷着神经了，第5装甲连成员之间的关系自然也就越来越融洽了。当然，我为了维持作为指挥官的威严，还是与下属保持着一定的距离。但总的来说，连队里的气氛比之前轻松了许多，大家一路上说说笑笑，好不快乐。作为一个集体，我们共同走完了一段充满挑战的旅程，尽管一路上险象环生，但我们安危与共，一起面对了艰难坎坷。终于，阴霾散尽，风暖日丽，我们沐浴在灿烂的阳光里，开始动笔给远方的家人写信。趁着天气暖和，我们劈柴烧水，坐浴在用燃料桶改造成的简易浴缸里，把身体从头到脚洗得干干净净的，然后光着身子找个地方直接躺下，让阳光晒干身体表面的水分。我们湿漉漉的皮肤被太阳照得闪闪发亮。那段时间里的一切似乎都很美好，但在我们的北面，德军逐渐从重创中缓过劲来，加强了防御——战斗再次打响了。虽然山毛榉和榆树的叶子还没有褪去夏日的深绿，但空气中却已经有了一丝秋天的气息，而乌云也又重新聚拢在了一起。

堤围泽地

1944 年 9 月初的那几天，胜利的天平似乎正在向我们这边倾斜——德国国防军第 7 集团军被逐出法国，溃不成军，一些滞留在法国境内的散兵游勇仓皇逃窜，涌向第三帝国边境。加拿大陆军第 1 集团军穷追不舍，将德国国防军第 15 集团军驱赶至英吉利海峡沿岸。与此同时，比利时境内的英国陆军第 2 集团军从东面切断了他们的退路，而斯海尔德河（Scheldt）北流入海，这批德军更不可能沿着海岸北上脱险。我们前方的大片乡野已没有敌军驻防，德军两个集团军之间甚至出现了长达 50 英里的防守缺口，仅有一个简编师、荷兰党卫军的一个营和纳粹德国空军的几支分队被临时调来填补空缺，通往莱茵河畔的道路几乎畅通无阻。报纸上登满了盟军已经获得胜利的消息，战友们奔走相告，憧憬着战争将在圣诞节前彻底结束，每个人的喜悦之情都溢于言表。从诺曼底突围后，盟军势如破竹，顺利穿过法国国境进入比利时，向前推进的速度远超预期。这一切看似喜人，但也带来了一些问题。

在我们的南面，美军第 12 集团军群的两个集团军已推进至阿登高地（Ardennes）两侧。其中，第 1 集团军已逼近德国边境，莱茵河与亚琛（Aachen）近在咫尺，而巴顿麾下的第 3 集团军则在摩尔河岸边建立起桥头堡，豪言要东进攻入萨尔州。但是，这两个集团军下面约 40 个师全都急需补给，而英美军队的补给线已被拉长至崩溃边缘。在反攻初期，盟军根据英吉利海峡港口的占领情况，以及法国铁路系统的运载能力，制订了最初的补给方案，计划为 4 个集团军提供补给，但随着美军各师涌入欧洲西北部，该方案的服务范围被迫扩大至 6 个集团军。另外，法国境内大部分港口仍在德国人手中，直到 9 月底才获得解放，并且德国守军在投降之前蓄意破坏了港口设施，盟军需花费数周甚至数月的时间才能将它们修好。以迪耶普（Dieppe）为例，该港口于 9 月 1 日被盟军占领，虽然经过一周的修复便恢复了运转，但其补给能力相对于盟军所需的物资总吨位来说只是杯水车薪。更为雪上加霜的是，在诺曼底登陆开始前及登陆作战期间，盟军对法国的铁路实施了地毯式轰炸，而德军也在撤退时拆除了沿途的铁轨。因此，法国铁路网在当时几乎是处于瘫痪状态的。

9 月 4 日，第 11 装甲师攻占了安特卫普（Antwerp），但城内的港区仍在敌人手中。趁盟军忙于夺取港口设施之际，德国国防军第 15 集团军约 65000 人顺利越过斯海尔德河河口，经由阿尔贝运河（Albert Canal）逃窜至安特卫普东北角。他们在那里重新完成部署并沿斯海尔德河北岸开挖战壕，构筑防御阵地。负隅顽抗的敌人用机枪扫射河口，试图阻止船只驶入安特卫普海港。如果盟军迟迟无法攻下港口，那么占领安特卫普将变得毫无意义。此时，盟军最近的补给站距离前线尚有300英里，而各个集团军每日急需4000—5000吨重的物资。运送物资的车辆排成一眼望不到头的长队，每天将燃料、口粮、弹药和装备源源不断地运送至前线。但因为补给线被拉得太长、法国的铁路网陷入瘫痪状态，以及盟军控制的港口数量严重不足，所以盟军只能依赖公路线保证一个集团军的补给。我们和其他三个集团军一样，正面临燃料即将耗尽的局面。

布鲁塞尔被解放后，前线各集团军接到命令，被要求停止继续向前推进。接下来，在哪支部队应当优先得到补给这一问题上，各集团军统帅产生了分歧。蒙哥马利提出，第2集团军只要得到补给，就能单枪匹马纵穿荷兰北部，将低地国家境内的德军分割开来，进而从北侧绕过齐格菲防线（Siegfried Line），然后飞渡莱茵河，直取德国鲁尔区，斩断纳粹军队与工业腹地的联系，并在冬季到来之前打通进军柏林的路线。他乐观地认为，只要补给充足，自己仍能凭"狭窄战线"战略（narrow-front strategy）在1944年结束战争。此时蒙哥马利已不再担任地面部队的高级指挥官，他以前的下属（如巴顿）仍在为优先得到补给据理力争。与此同时，由于美国人提供了盟军在西北欧的大部分兵力，艾森豪威尔早在9月1日就已掌握了地面部队的直接指挥权。在此之前，他与蒙哥马利的理念相悖，坚持"宽大战线"战略，主张让四个集团军齐头并进，全面出击。但此时此刻，艾森豪威尔必须在各执一词的指挥官之间做出抉择。

自9月8日以来，体型更为硕大的V2导弹如雨点般落入伦敦境内。受此形势所迫，加之考虑到蒙哥马利的"狭窄战线"战略可以使盟军跳出德军V1飞弹和V2导弹的射程，身为盟军最高统帅的艾森豪威尔不得不顾全大局。最终，艾森豪威尔在9月10日召开的会议上，明确表示支持蒙哥马利。但他还是不愿将有限的资源全部拱手相让，因此只允许巴顿接收部分补给。按照此方案，蒙哥马利只能依赖英军的卡车来运送物资，但以此方式输送的补给仅够让其麾下的一个军继续前进。为了开辟前进路线并穿越莱茵河，蒙哥马利计划先将三个空降师和一个空降旅投送至第三十军前方，命令他们夺取几条河流上的桥梁，以确保第三十军能顺利北进。其中，美军第101空降师（101st Airborne Division）负责攻占艾恩德霍芬镇（Eindhoven）境内两条运河上的桥梁，第82空降师（82nd Airborne Division）在更北的赫拉弗（Grave）与奈梅亨（Nijmegen）着陆，夺取莫兹河（Meuse）与瓦尔河（Waal）上的桥梁。在最北的位置，英军第 1 空降师与波兰第 1 独立伞兵旅（1st Independent Parachute Brigade）的任务是空降阿纳姆（Arnhem），夺取下莱茵河（Lower Rhine）上的桥梁。空降单位完成任务后，第三十军将从比利时北部出发，向北继续挺进，在长达 60 英里的战线纵深上依次与各空降师会合，以贯通穿越莱茵河的路线。此次行军将由近卫装甲师担任先锋，第 43 萨默塞特郡步兵师与第 50 诺森伯兰步兵师紧随其后。

这场名为"市场花园"（Market Garden）的行动实属冒险之举。荷兰沿岸以堤围泽地为主，其地势低洼，人工堤坝与灌溉水渠纵横交错，茂密的树林点缀其间，并且只有一条单车道公路依次贯穿艾恩德霍芬镇、奈梅亨与阿纳姆，非常不适合坦克作战。第三十军的 20000 辆战车只能沿着这条狭长的道路排成一字长队前进，根本没有机会展开队形，这导致军团的两翼暴露在外，非常容易遭遇袭击。由此看来，整个"市场花园行动"想要取得成功，必须同时满足以下条件——空降作战时，天气必须得好，必须达成出敌不意的效果；第三十军在沿着极其狭长的前进轴线行军时，务必行动迅速，且在遭遇任何阻拦时速战速决。总而言之，蒙哥马利想要实现预期目标，只能祈祷沿途的敌人不会进行激烈的抵抗，但终究事与愿违——行军途中，在盟军的各集团军停下来讨论并制订下一步行动计划期间，德军有了喘息的机会。

德国人擅长将原本分散的各部队临时整合成以某个指挥官为核心的多兵种战斗集群。因此，盟军停下来开会时，德军见有机可乘，便立刻停止了撤退，将支离破碎的部队东拼西凑到一起，组成了若干个临时战斗群。这些临时战斗集群（德语：Kampfgruppe）通常拥有从几百人到几千人不等的规模，其任务是封堵战线上的缺口。这些临时战斗群刚一成立，便立即沿着阿尔贝运河开挖战壕。不仅如此，他们还得到了六个伞兵团（共计 20000 人）和纳粹德国空军（共计 10000 人）的增援，这30000 人在参与此次行动前，被迅速地整编为第 1 空降集团军（1st Parachute Army）。德国空降兵虽隶属空军且始终处在改组与接受各种训练的状态中，但不失为一支骁勇善战的精英部队，其地位可与党卫军平起平坐——享有最好的兵源、最先进武器装备和最精良的装备，并且要接受最为严格的训练。更重要的是，该部队成员大多是年轻的新兵，他们初上战场，不仅没有老兵的油滑，还个个斗志昂扬。

自东向西流的阿尔贝运河位于比利时与德国交界线以南，连结马斯特里赫特与安特卫普两城，是横亘在盟军北进道路上的一大阻碍，其最窄处仅有 8 英尺宽。9 月 7 日，近卫装甲师奉命继续前进，在贝灵恩市（Beringen）越过阿尔贝运河，为开启"市场花园行动"做好准备。该师用了 4 天时间才穿过纵深仅为 10 英里的敌占区，然后在运河对岸建立起桥头堡。相比之下，此前该部队穿越弗农镇与布鲁塞尔之间长达 250 英里的地带时，也仅仅用了 6 天时间。由此可以看出，敌人已经从重创中缓过劲来，并开始重新收紧防线。而我只是一个小小的中尉，人微言轻，无权参与军中高级指挥官的运筹帷幄。而且，我既不懂得什么宏大战略，也不关心已是强弩之末的敌人将如何困兽犹斗，只知道圣诞节前结束战争的愿望可能要落空了，舍伍德义勇游骑兵队接下来面临的又将是一场恶战。

莫兹 - 斯海尔德运河（Meuse-Escaut Canal）是阿尔贝运河的支流，从主河道最北的分叉点贝灵恩市流出，向东北方向蜿蜒 15 英里，呈半环形状。盟军想要发起"市场花园行动"，就必须沿莫兹 - 斯海尔德运河筑好本次行动的起始线。因此，第 8 装甲旅余部奉命支援近卫装甲师，以肃清主河道与支流之前区域内的所有敌人。与此同时，舍伍德义勇游骑兵队也接到了命令，将为第 50 诺森伯兰步兵师提供支援，协助其在海尔（Gheel）附近夺取新的渡口，为横渡阿尔贝运河做好准备。海尔位于阿尔贝运河以北 2 英里处，距离贝灵恩市 12 英里，有着极其重要的地理位置。因此，海尔自然成了我们攻占的目标。9 月 8 日，舍伍德义勇游骑兵队收到了进攻命令，于是做出如下部署——A 中队作为预备队留在原地，另外两个中队充当本次进攻的先锋。然而，当 B 中队与 C 中队在 9 月 10 日这天横渡运河时，海尔城内的德国伞兵已经做好了准备，正虎视眈眈地等待着他们上门。

9 月 8 日，第 50 诺森伯兰步兵师一路杀到了阿尔贝运河对岸，但河这边的第 151 旅（隶属第 50 师）据点却岌岌可危。在这种情况下，C 中队与达勒姆轻步兵团第 6 营形成配合，继续北上以求尽快攻下海尔，B 中队则被派去支援第 151 旅巩固即将失守的桥头堡。14 点整，火炮对预定目标实施定点打击。C 中队也与步兵旅完成了会师，在弹幕的掩护下徐徐向海尔推进。这时，德军 MG-42 机枪标志性的"噗噗"声再次响起，机枪子弹射进前进中的队伍——一瞬间就有不少士兵中弹倒下。一名排长被一梭子子弹连续击中，整个人几乎被打成了筛子。那些没有中弹的士兵立刻趴到地上开始挖掘散兵坑。他们一边向坦克挥手示意其继续前进，一边用铁镐与铁铲疯狂地敲打地面，拼命地想挖出一个可以躲避子弹的保命坑。"谢尔曼"坦克发出巨大的声响，从步兵们的身旁驶过，根本无惧德军机枪的火力，任由机枪子弹打在车身两侧的装甲上噼啪作响。这些坦克驶入近距离平射射程内后，便开始向狭长散兵壕内倾泻 75 毫米口径高爆弹，将躲藏在里面的敌人炸得粉身碎骨。侥幸活下来的德军士兵在看到这一幕后吓得纷纷举手投降，但遗憾的是我们根本没有时间去俘虏他们，只能将他们留给随后攻进城内的步兵去处理。为了以防万一，我们在穿过城镇时，朝每栋可能藏有德军士兵的房屋都发射了高爆弹，迫使更多的敌人弃甲投戈。等到坦克抵达城镇广场时，敌人的"空降猎兵"也开始后撤。于是，一个个小镇居民从地窖中探出头来，比利时的国旗开始在断壁残垣上飘扬，抵抗组织的战士们也走上了街头。但对于小镇的居民们来说，现在庆祝解放还为时过早。

此时，C 中队身后的桥头堡持续遭遇敌人的反扑，通往桥头的道路也被切断。通过坦克内的无线电台，我们断断续续地听到了 C 中队的一些行动指令，由此判断他们一定遇到了麻烦。天色渐渐暗了下来，德军第 6 空降兵团在一个"猎豹"坦克歼击车连队的支援下，利用夜色作为掩护，向海尔发起了反击。该空降兵团凭借火力强大的 88 毫米口径火炮，迅速击溃了 C 中队的一个装甲连。在海尔城北的火车站旁，当敌人的火炮击中第一辆 C 中队的坦克时，一道炫目的亮光闪过，坦克内的燃料与弹药中弹爆燃，冲天的火焰从炮塔舱口喷涌而出。侥幸活下来的车组成员惊恐万分地跳下坦克，跌跌撞撞地朝最近的隐蔽处走去，将熊熊燃烧的坦克丢在身后。这几个人浑身上下都被浓烟熏得黢黑，被烧焦的头发和衣物还在冒着青烟。亲眼看见第一辆坦克中弹燃烧后，另外两辆坦克内的车组成员赶忙转动炮塔，将炮口对准了刚刚炮弹打过来的方向。刺耳的爆炸声与巨大的金属撞击声几乎同时响起，但遗憾的是，我方的车组成员还是慢了一步，让 88 毫米口径火炮抢占了先机——C 中队又痛失了两辆坦克。仅仅几分钟内，整个装甲连便被击溃，只留下余焰未尽的坦克残骸在墙上投下摇曳的光影，而敌人已经大摇大摆地继续向前反扑。

德军的"猎豹"坦克歼击车与伞兵一路向前推进，并最终来到城镇广场前，撞见了在那里独自守夜的斯图尔特·希尔斯连队，双方爆发激烈交火。在此过程中，德军的一辆"猎豹"坦克歼击车被停在小巷内的一辆"谢尔曼萤火虫"坦克击毁，德军装甲部队随即后撤，由伞兵顶了上来。这些伞兵利用夜色的掩护分头前进，摸进漆黑的小巷与花园，在发现希尔斯的部队后便立刻发射照明弹，为后方处于戒备位置的"猎豹"坦克歼击车标记方位。第二天早晨，天刚蒙蒙亮，广场上就炮声大作，城镇中心的教堂顷刻间化为废墟，爆炸产生的尘土瓦砾将希尔斯连队的坦克淹没。原本负责掩护该装甲连的步兵，竟在一夜之间消失得无影无踪，而德军伞兵正扛着"铁拳"一步步逼近 C 中队的坦克，后者的处境正变得愈发危险。

在仅剩六辆坦克且无步兵支援的情况下，C 中队随时可能丢失阵地。因此，B 中队被派往海尔提供增援。但仅在行军途中，B 中队就损失了六辆"谢尔曼"坦克。战斗消耗了大量的炮弹，而通往后方桥头堡的补给线已被切断，B 中队的弹药即将耗尽。面对这种局面，C 中队的指挥官与中队内幸存的军官紧急召开临时会议，一致同意向上级申请撤退。会议结束后，希尔斯正准备走回自己的坦克，却突然听到一声巨大的爆炸声，只见吉米·麦克威廉姆的坦克瞬间变成一团烈焰——坦克驾驶员被当场炸死，部分车组成员爬了出来，而麦克威廉姆则被烧成重伤。所有人都没有弄清刚才这枚炮弹是从哪边飞来的，但据希尔斯推测，这应该是敌军步兵用"铁拳"干的"好事"。希尔斯自己的坦克停在广场的东南角，紧挨着麦克威廉姆的坦克。这两辆坦克背靠背停着，原本可以互相提供掩护。但此时此刻，希尔斯却亲眼看见近在咫尺的战友遭遇不测。于是，他当机立断，决定立刻转移位置，远离街道两侧，因为敌人的步兵可能就藏在任何一间房子的门后。果然，就在他准备驶离原地的时候，一发炮弹击中了坦克右侧靠前的位置，激起了一团巨大的火焰。

击中希尔斯的坦克的，是一枚空心装药反坦克榴弹，其弹头具备熔穿钢板的能力。伴随着火光四溅，这枚炮弹凿通了履带板并射入坦克座舱，再击穿了变速箱，留下一个边缘平滑的弹孔。不过，希尔斯的坦克仍然能够正常移动，所有车组成员也临危不乱——机枪手朝着炮弹射来的大致方向不停扫射，驾驶员费力地挂上了倒挡。在所有成员的通力配合下，这辆受损的"谢尔曼"坦克一路狂飙，退至相对安全的广场中央。幸运的是，希尔斯及其车组成员均没有受重伤。要知道，如果这枚穿甲弹没有径直穿过车体，而是在击中坦克后直接炸开，那么钨弹头经过内壁的反弹，就会在车厢内部东冲西撞，贯穿任何阻挡它的东西。在这种情况下，车内所有人都将难逃一劫——轻则断手断脚，重则粉身碎骨。不仅如此，达到白炽状态的炮弹尖端还会烧穿弹药箱与燃料管，进而引发大火。幸好这一切都没有发生，与死神擦身而过的车组成员获准后撤，他们开着剩下的坦克，载着伤员离开了海尔，途中再也没有遭遇不测。他们走后，德国人立刻涌入海尔，占领了这座城市。

此时，留守原地的第 50 师已势穷力蹙，无力再战。因此，第 15 步兵师在第二天赶来增援，夺回了海尔。在此期间，C 中队的剩余人马与我们 A 中队并肩作战，为步兵提供支援。与此同时，后方的炮兵也持续朝城内射来雨点般的炮弹，让本就千疮百孔的城市再一次遭受炮火的洗礼。不过，鉴于其他中队在此地遭遇了伏击，我们决定把这里彻底变为焦土，以清除一切潜在的危险——只要看到任何可能窝藏狙击手的建筑，就会毫不犹豫地将高爆弹射入其中；所有疑似"铁拳"反坦克步兵藏身之所的地点，全都被一一拔除。在此过程中，我们只遇到了轻微的抵抗，但恰巧有一枚炮弹击中了迪基·霍尔曼的坦克，致使驾驶员当场牺牲。霍尔曼本人虽躲过一劫，但其双耳的耳膜均被巨大的爆炸声震裂。结合霍尔曼与麦克威廉姆二人死里逃生的经历来看，坐在坦克车身前部的人更容易遭受手持反坦克武器的袭击。这是因为单兵反坦克武器不像坦克主炮或反坦克炮那样装备了光学瞄具，其操纵者只能瞄准坦克上体积最大的部位。斯图尔特·希尔斯的坦克在遭到攻击时，因为当时车身机枪手并没有处在战斗位置，所以敌人退而求其次，将目标转向了炮塔。

在海尔的战斗中，除了迪基·霍尔曼的坦克驾驶员外，我们没有再损失一兵一卒。战斗结束后，比利时的三色国旗再次升起，但城内民众却比上次见到我们时沮丧了很多，想必是因为他们亲眼看见了家园被毁，或是眼睁睁地看着亲人被德军抓了壮丁（城内大部分 16—60 岁的男性公民均被德国人掳走了）。躲过德军围捕的抵抗组织战士重新涌上街头，开着造型独特的汽车在城内四处招摇庆贺。他们坐在车内，头戴老式的法军钢盔，手里挥舞着国旗，胸前挂着司登冲锋枪。不过，被我们逐出城镇的只是敌军主力，仍不时有零星的德军伞兵空降至城内。抵抗组织的战士们见状，立刻带着国旗消失得无影无踪。所幸的是德国人再未组织力量向海尔发起反扑。截至 9 月 13 日，这座城市已完全处在我们的掌控之下。这天晚些时候，舍伍德义勇游骑兵队各中队的士兵已是筋疲力尽，好在伦敦市义勇游骑兵队（City of London Yeomanry）及时赶来。与他们完成交接后，我们向东行军 10 英里，前往利奥波茨堡（Bourg-Léopold），并最终抵达第 8 装甲旅建立的营地，在那里进行了休整。

在夺取海尔的战斗中，担当主力的是 B 中队与 C 中队，A 中队仅发挥了有限的作用。经此一役，舍伍德义勇游骑兵队遭受了自诺曼底登陆以来最为严重的损失——共有 11 辆坦克被击毁，两辆坦克严重受损——远超此前的瓦迪赞姆泽姆干谷战役（the battle of Wadi Zem Zem，在这场战斗中，我们共有七辆坦克被击毁）。另外，舍伍德义勇游骑兵队共有 46 人血洒疆场（其中包括 6 名军官），而坦克指挥官的牺牲数量同样创下了历次战役之最。我们撤出前线时，身后的街道已是横尸遍地，而斯金纳神父还需要留下来完成自己的任务——四处搜寻并安葬战友们的遗体。他从坦克的余烬中扒出车组成员的残肢断臂，将它们拼凑到一起装进灰色的裹尸袋里，然后一边缝合袋口，一边猛抽着烟，试图用烟味来掩盖烧焦的尸体散发出的恶臭。在此期间，曾有两名医疗勤务员前来帮忙，但尸骸的惨状远远超出了他们心理的承受能力。最终，这二人还是选择了放弃，只留下神父一人继续工作。神父将一部分牺牲的士兵葬在教堂附近的万人坑内，同那些在战斗中遇难的比利时平民们埋在一起。然而，城镇还在德军火炮的射程内，炮弹仍不时在神父身边落地炸开，他只能躲进万人坑旁的隐蔽处，在那里为死去的英军士兵主持简单的入土仪式。

在斯金纳神父全神贯注地整理逝者残骸时，随团医务官"希尔达·扬格医生[Dr 'Hilda' Young，他又被称为查尔斯·扬格上尉（Captain Charles Young）]则在为照顾伤员而忙得焦头烂额。此人身材高大，略有些驼背，头发灰白，早在北非战役期间就加入了舍伍德义勇游骑兵队。战争爆发之初，他弃医从戎并谎报了年龄参军。1940年，他随盟军转战法国，因表现出色而被授予军功十字勋章。此后，他又参与了敦刻尔克大撤退。在历次军事行动中，扬格上尉负责管理舍伍德义勇游骑兵队的团属救护站（Regimental Aid Post）。该救护站由两辆轻型半履带车组成，配备了若干名医疗勤务员，其职责是跟随团部作战，在战斗期间接收与分诊伤员，待伤员的伤情稳定后再将他们转送至后方的前沿包扎所。通常情况下，救护站的工作人员只需在原地等待，自会有坦克将伤员送上门来。而且，我们对口支援的步兵也会派担架员运送伤员。然而，扬格上尉总是不顾劝阻，时常亲自前往战斗一线去找寻被击毁的坦克，并照顾受困的伤员。他不仅胆大心细，而且仗义执言，每当看到士兵们被逼得太紧时，便会直接去找指挥长或旅长理论。诺曼底战役期间，得益于他的两次谏言，我们获准撤出前线进行短暂的休整。

舍伍德义勇游骑兵队的伤亡数据表明，在城市巷战中，装甲部队如果得不到步兵的妥善掩护，往往会损失惨重。负责进攻海尔的第50师下辖各营付出了沉重的代价，却未能因此而荣立战功。在我看来，大可不必苛责他们，因为自诺曼底登陆以来，各步兵连的原班人马在泥泞中摸爬滚打，经受了风雨的洗礼，克服了内心的恐惧。他们在经历了抢滩登陆的血雨腥风与树篱田地带的枪林弹雨后，人数持续锐减，最后幸存下来的人用一只手就可以数得过来，而伤亡造成的空缺，则由新兵和病愈的伤员来填补。第50师的步兵数量仅占英国陆军第2集团军总兵力的15%，但在诺曼底战役中，其伤亡人数在第 2 集团军总伤亡人数中的占比竟达到了惊人的 63%，这一比例超过了一战时期的平均伤亡水平。虽然步兵通常会以人数不够为由，拒绝和坦克一同前进，但真正的原因有两点：一是嫉妒他们坦克兵有装甲的保护；二是他们觉得待在坦克周围实在太危险了——用马丁的话说，是因为"坦克容易招蜂引蝶"。步兵们常常摆出两副面孔——遭遇德军机枪的火力压制时，就会求我们冲上去；等我们用高爆弹打掉敌人的火力点后，他们却又嫌弃我们离得太近，担心我们会引来炮弹并波及到他们。

从另一个角度来看，德军士兵强悍的战斗力，也是造成第 50 师高伤亡率的重要原因。"空降猎兵"是一支精锐部队，其成员平均年龄只有 17.5 岁，并且很多人早已做好了"为元首献身"的准备。因此，他们在战场上个个斗志高昂。比如，在广场上包围 C 中队的伞兵就曾在夜幕中高喊："愿为元首流尽最后一滴血。"

和大多数参军的人一样，英军步兵既非职业军人也非自愿服役，而是被征召入伍，迫于无奈担负起保家卫国的使命。他们最大的愿望是活到战争结束并回归平常的生活。与我们交手的德军伞兵虽然同样是被强征入伍的，却在这方面与我们有着云泥之别。首先，我们来自自由民主的国度，人权得到了相对充分的尊重，而他们出生在极权主义国家，自幼就被纳粹军国主义洗脑。其次，他们的武器装备远比我们的精良，前面出现的MG42、MP40和"铁拳"，均优于英军步兵的同类武器。其中，"铁拳"凭借便携性高、用完即抛、杀伤力大等优点，成为备受步兵青睐的轻型一次性反坦克武器。相比之下，英军的步兵用反坦克发射器（Projector Infantry Anti-Tank，缩写为"PIAT"）显得一无是处。这种武器结构繁杂且华而不实，虽然在射程上与"铁拳"相近且可以重复使用，但是极为笨重且操作流程繁琐——射手必须仰面躺在地上，使出浑身气力拉开硕大的金属弹簧，让其在回弹时推出一枚小小的尖头炮弹，同时他还得防止在漫长的装弹过程中被敌人击中。即便如此，PIAT 射出的炮弹还经常被德军坦克的装甲弹开。

通过大规模征兵组建而成的英军步兵，如今已来到战争的第五个年头，即将跨入德意志第三帝国的边境。时至今日，于英国而言，战争的形式已发生逆转——从救亡图存的卫国战争，转变为攻入德国本土迫使德军投降的战略决战。于士兵个人而言，最后的大捷近在咫尺，活到最后就是胜利。反观德军，他们沦落到了必须"保家卫国"（德语：Heimat）的窘迫境地。在高歌猛进攻入比利时的那一刻，我们曾天真地认为战事已基本结束。但海尔一役表明纳粹仍在作困兽之斗，因此憧憬胜利还为时过早，前方还有很多恶仗要打，战争的前景依旧不太明朗。

德军负隅顽抗的情况愈演愈烈，身为第21集团军群总司令的蒙哥马利却没有觉察到手下部队的悲观情绪。"市场花园行动"开始前，他曾在利奥波茨堡的一间大剧场内发表演说，面向第三十军所有军官言之凿凿。演说的具体时间我已记不太清，但他当时的着装、气急败坏的举止、在全场引发的嘘声却都让我印象深刻。以往出席大型活动时，"蒙蒂"① 必定是一身标志性的独特装束——头戴黑色的皇家装甲兵团贝雷帽，上面别着两枚与其身份不符的帽徽，身穿一件羊皮夹克。但那次他却一反常态，只穿了标准的军装，搭配一顶红边尖顶军帽。我猜他是有意为之，因为在那样的场合下，佩戴另一个军团的标志性徽章必然会掀起轩然大波。当时，他大步走上舞台，将帽子摘下，和手杖一起按在身前的桌子上，然后以校长训斥学生的口吻告知我们："演讲马上开始了，在场各位还有一分钟时间清嗓子和打喷嚏。"他话音刚落，台下立刻爆发出一阵嘘声。在场的听众对他的言辞嗤之以鼻，几乎每名年轻军官都在有意地发出怪声。

等到嘘声完全停止后，台上的元帅才开始讲话。当他言之凿凿地宣称，敌人已被击败，"我们"将携手向前时，台下发出了几声冷笑，剧场后排更是有人高喊："胡说八道！"还有人大声质问他有什么资格用"我们"这个词。紧接着，又有许多年轻军官开始起哄，并发出揶揄嘲笑的声音。果然，听众当中有很多人和我们一样，亲眼看见了战场的真实状况，深知德国人远没有被彻底打败。蒙哥马利曾在第8集团军被击败之时，重振了部队的士气，并赢得了军中上下的拥戴，但他这次的演说彻底打破了我一直以来对他的好印象——无论是现阶段的战斗，还是此前征战西北欧期间，蒙哥马利都做出了巨大的贡献，这是不可否认的。但在我们绝大部分人看来，他还绝对算不上亚历山大大帝或凯撒大帝式的人物。演讲现场的局面十分混乱，只有舍伍德义勇游骑兵队的军官们在极力保持着沉默。台上的蒙哥马利不以为然，依旧信誓旦旦地告诉我们，他坚信只要再鼓起勇气发动一次进攻，"我们"就一定能在一周内抵达莱茵河河畔，德军一定会跪地求饶，通往柏林的道路也一定会畅通无阻。他用这样煽动性的结语原本是为了赢得山呼海啸的欢呼，但现场的反应截然相

---

① 译者注："蒙蒂"是盟军士兵对蒙哥马利的爱称，源自其姓氏Montgomery的缩写。

反。最终，蒙哥马利和身边的参谋耳语几句后便悻悻离去。我敢断定，他肯定不是在问这场演讲的反响如何。

9月16日，同样是在这个剧场内，霍罗克斯中将就"市场花园行动"，面向第三十军下辖各部队的全体指挥官，作了简短汇报。与蒙哥马利的演说不一样，这次现场气氛十分凝重，电影《遥远的桥》（*A Bridge Too Far*）中的经典一幕真实地再现了当时的场景。霍罗克斯中将深受蒙哥马利器重，但两人性格截然不同。蒙哥马利和冯·托马的事例表明，将军通常不会得到普通士兵的爱戴，但霍罗克斯中将是个例外。他于诺曼底战役爆发七周后就任第三十军司令时，依旧在士兵当中享有崇高的威望。此人为人热情、精力充沛且极具人格魅力，其行事风格彻底改变了下辖各师的战斗作风。根据霍罗克斯中将的这次简报，以及随后下达的各项命令，舍伍德义勇游骑兵队将在"市场花园行动"中扮演极其重要的角色——接下来，盟军各伞兵师负责占领前方桥梁。与此同时，第8装甲旅其余部队掩护第三十军向桥梁挺进，舍伍德义勇游骑兵队则被从第8装甲旅中独立出来，作为一支单独的作战力量参战。一旦近卫装甲师准备用炮火打开通往阿纳姆的道路，舍伍德义勇游骑兵队就要立刻投入战斗，守卫艾恩德霍芬镇与奈梅亨之间的狭长通道，并在必要时支援美军第82空降师守卫其在奈梅亨建立的桥头堡。

9月17日正午，正当我们在吃饭时，西边的天空中响起了发动机的轰鸣声。轰鸣声越来越大，最后变成了震耳欲聋的咆哮。我们抬头望去，只见由运输机和滑翔机组成的庞大机群从我们头顶掠过——载着34000名由英军与美军伞兵组成的先遣空投部队直奔前线。14点35分，350门火炮齐射，沿着69号公路（Highway 69）降下一道道徐进弹幕。十分钟后，近卫装甲师的先头部队越过进攻起始位置，开始沿着公路向艾恩德霍芬镇前进。然而，在仅仅不到两分钟的时间，爱尔兰近卫团（Irish Guards）的九辆坦克就被躲藏在前方道路两侧战壕内的德军击毁。直到9月20日，我们才沿着这条传说中的"死亡公路"前进。与此同时，近卫装甲师的先头部队正准备越过美军第82空降师的桥头堡，继续向阿纳姆推进。阿纳姆有英军第1空降师的一个独立空降营正在死守桥梁的一侧。近卫装甲师用了三天时间才抵达奈梅亨。而在此之前，桥头的伞兵们被告知，他们只需要坚持两天，最多四天，到时候援军就会赶到。此刻，留给伞兵们的时间已经不多了。

舍伍德义勇游骑兵队花了整整一天的时间，才朝奈梅亨方向推进了72英里。

一路上，兵团的数百辆坦克、火炮、卡车与布伦机枪运兵车排成长队，挤在狭长的单向双车道路上，与第三十军其余数千辆军车争抢车道。由此可见，我军的前进轴线十分狭窄，非常容易被敌人切断。譬如，B中队就遭遇了敌人的反扑，只得猛攻索恩（Son）境内运河上的一条桥梁，试图从那里突围。另外，敌人还在道路两侧埋设了地雷，从而使得超车与维修受损车辆变得异常危险。以上因素迟滞了我们的行军速度，我由此推测前方部队的处境十分凶险，他们每向前推进一码都要付出巨大的代价。我们在离开艾恩德霍芬镇，准备从南侧接近奈梅亨时，正好路过了空降区——那里停满了滑翔机，还有零星的降落伞伞盖挂在周围的灌木或乔木上，白色的尼龙伞绳四散开来，在半空随风摇曳。这场景令我不禁感到好奇——背着这些降落伞跳落到战场中的人到哪里去了，他们最终的命运如何？我们驶入奈梅亨时已是晚上，街道上到处都是双方争夺这座城市时留下的痕迹——有轨电车的电缆被炸断，落到地上扭曲在一起；空袭和炮击引发的大火仍在燃烧，火光照亮了散落满地的玻璃碴。第82空降师在持续的炮火袭击中，最终还是夺取了瓦尔河大桥。遗憾的是，夺桥行动发生在舍伍德义勇游骑兵队抵达奈梅亨前几小时，因此对于战斗的详细经过，我们不得而知。

"市场花园行动"首日，第82空降师夺取了赫拉弗境内的莫兹河大桥，以及另外两条运河上的桥梁。另外，经过一番艰苦的战斗后，该师还攻下了奈梅亨东南方向的赫鲁斯贝克山脊（Groesbeek ridge）——此高地绵延10英里，扼守瓦尔河下游从东侧进入奈梅亨的通道。面对敌人的顽强抵抗，第82空降师504团3营在9月20日这天发动突袭，搭乘26艘折叠帆布艇冲向对岸。面对敌人射来的弹雨，勇士们以枪托为桨，在湍急的河水中奋力划行了400码，在此期间有超过一半的折叠帆布艇被击沉。剩余的士兵在成功抵达河对岸后立刻向大桥的北端发起进攻，又在经过一番激烈的交火后迫使德军撤退，成功在敌人炸毁桥梁前占领了该桥。与美国人会合后，我们接下来需要做的，便是协助美军守住从德国人手中夺回的区域，而第三十军的其余部队则需要继续前进，打通前往阿纳姆的最后9英里道路。然而，此时的局势不容乐观——美军攻占奈梅亨的桥梁时，莱茵河大桥北端仅剩的英国伞兵已是弹尽粮绝，完全被火力强大的党卫军所压制。与此同时，第1空降师剩余的人马被包围在阿纳姆城郊，随时有被消灭的危险。不过，他们仍在苦苦坚持，等待援军到来。

第二天天刚亮，A 中队就驶入了穆克（Mook）附近桥头堡的西南区域，与对口支援的美国伞兵会合。对于我们的到来，美国人十分欢迎，因为他们一看到我们的头衔中有"游骑兵"几个字，就理所当然地把我们当成了装甲突击队。这要感谢迪士尼公司对罗宾汉事迹的渲染，以及"舍伍德"很容易使人联想到"舍伍德森林"（Sherwood Forest①）所蕴含的侠义精神。对于他们的误解，我们也是顺水推舟，没有刻意解释。另外，从物资方面来说，我们的坦克装备的是 75 毫米口径主炮，我们带来的足以支撑数天战斗的干粮，都同样增加了美国伞兵对我们的好感。空降作战十分艰险，伞兵必须带齐所有装备跳入战场中央，在没有战车支援的情况下同敌人作战。然而，德军切断了美军的主要补给线，致使这些伞兵只能依靠空投来获取食物和弹药，但是美军只能优先保障弹药的补给。正因如此，穆克一带与我们交好的美军士兵常常忍饥挨饿。我们来到这里后，把成箱的十人份口粮分给了他们，因此受到了他们的欢迎。反过来看，我们也被美军乐观的态度所感染——他们身穿松松垮垮的野战裤，脚蹬胶底伞兵靴，从头到脚十足的"伞兵风"。在登陆诺曼底前，我们当中的大多数人从来没有离开过英国，因此十分欣赏美国大兵慵懒随和的行事作风，喜欢他们像德州人那样慢条斯理地说话，觉得混杂着纽约与加州方言的口音很有魅力。美国人似乎也对我们的言谈很感兴趣，至于他们能否听懂狄克逊和加特赛德说的话，我至今不敢确定。

令我感到奇怪的是，这些美国兵即使饿着肚子也不会"靠山吃山"。我们就不一样了，当初在诺曼底作战的时候，我们就经常四处找吃的。有一次，我和大卫·奥尔德森发现了一间废弃的荷兰农舍，便决定去里面抓几只鸡。虽然那里早已被德国人洗劫一空，但我们还抱着侥幸的心理，希望能找到"漏网之鱼"。结果，农舍里空空如也，而我们的到来引起了德军观察哨的注意。很快，雨点般的炮弹朝农舍飞来。我和大卫·奥尔德森立刻冲进一间鸡圈寻求掩护。然而，这间鸡圈由薄薄的木板围成，根本挡不住四溅的弹片。因此，奥尔德森对我们躲在这里颇有微词。我跟他打趣说，你要是有更好的建议，不妨自己去外边试试看。炮火声逐渐平息下来，但我俩仍躺在鸡圈的地面上，打算等炮兵前进观测员彻底放松警惕后再伺机撤离。我们

---

① 译者注：罗宾汉劫富济贫的地方。

侧卧在淤泥中，除了干等便无其他事可做。于是，奥尔德森提起了他之前挨我训斥的事，并告诉我，他在那之后难过得几周都没有睡好觉，一直在回想我说的那句"像你这样，新任坦克指挥官在战场上根本活不了几天"。听完他说的话，我心里很不是滋味，后悔当初把话说得有些重。几天之后，奥尔德森的坦克被一枚穿甲弹击穿了炮塔，他本人和两名车组成员也因此而负了伤。

我们虽然不敢恭维美国伞兵的能力，但对他们的骁勇善战印象深刻。这些伞兵个个身强体壮，他们很少躲进壕沟内，也不习惯与装甲部队配合作战，只要看到我们压制住了壕沟内的德军，便会勇猛地发起进攻。另外，他们在军中可是出了名的"不留活口"。倘若哪名倒霉的德军步兵在战斗中侥幸存活，被伞兵们俘虏后送到后方，而且在那里只是挨了几下枪托或屁股被踹了几脚，那可算得上是撞了大运。我们持续为美军巡逻部队和局部攻势提供火力支援。奈梅亨周围的地形易守难攻，伞兵们伤亡惨重。和当初在诺曼底一样，伞兵们已经杀红了眼，怒火在他们心中燃烧。德军士兵如果在阵地被占领的最后一刻才决定投降，那就别指望刚刚亲眼看见战友中弹的美军士兵能够饶他一命。

步兵的进攻已经相当吃力了，然而第82空降师防区的地形对于坦克而言，也没有好到哪里去。荷兰的地形以堤围泽地为主，地表沟壑和堤坝纵横，树林与果园散布其间，笔直的公路只能建在隆起的堤坝上，让人一眼望不到头。受到地形的限制，我们的车辆只能在公路上慢吞吞地行驶，既无法充分发挥自身的机动性优势，也无法向两侧展开队形。所有"谢尔曼"坦克都只能被夹在狭长的路面上，挤成一条长龙。这时候，如果有任何88毫米口径火炮潜伏在附近的丛林里，或者有任何德军士兵扛着"铁拳"蹲在灌溉水渠里守株待兔，那我们毫无疑问就只能是活靶子而已。另外，我们的行军区域完全处于敌人居高临下的监视之下，赫鲁斯贝克山脊东侧的一举一动，或者穆克与贝克之间山麓地带的任何风吹草动，全部都会暴露在敌人的眼里。受制于这样的地形，原本计划全速开进阿纳姆的装甲部队，如今只能以龟速前进。因此，到了9月25日这天，第三十军未能如期与被包围在莱茵河北岸的英国伞兵会师。9天前通过伞降或搭乘滑翔机进入阿纳姆的10600名士兵，当晚只能被迫撤回南岸。整个撤离行动持续到了第二天清晨，只有2000多名英军士兵安全抵达我方防线。闹剧般的"市场花园行动"至此宣告结束，而其他留在北岸的伞兵恐怕凶多吉少了，但我们爱莫能助，因为我自己的部队也自身难保。

当将军们开始计算阿纳姆地区跨河作战的损失时，A 中队正在奈梅亨附近桥头堡的贝克防区执行任务，那里是第 82 空降师防区的东北方向边缘与德国边境的接壤处。该防区向南延伸数英里，直抵德国边境，然后直插进黑黢黢的芮斯华森林（Reichswald Forest）内。躲藏在森林内的德军持续发动进攻，试图切断通往桥头的道路。因此，我们在 9 月 25 日这天接到的任务是，协助美军第 508 空降步兵团（508th Parachute Infantry Regiment）巩固阵地，并击退任何来犯之敌。那次行动的具体作战区域，我已记不太清了，但美国伞兵营防御阵地的布局却令我印象深刻——打头的各连队沿着高堤公路的转弯处掘壕固守。这个转弯处后面的公路十分笔直，而就在转弯处前方 300 码处，便是德军沿着林线部署的防线。敌人的阵型同样牢牢地镌刻在我的记忆中，特别是躲在树林右侧的"追猎者"（Hetzer Jagdpanzer）坦克歼击车，它那典型的倾斜式装甲十分引人注目。"追猎者"坦克歼击车一边将 75 毫米口径火炮的炮口对准我们，一边沿着坝顶公路向下移动。透过手里的双筒望远镜，我还辨认出了一些煤斗状的德军头盔，这说明敌军步兵正沿着林线蹲伏在装甲战车两侧的战壕内。此时此刻，想必敌人也将美军的阵型尽收眼底，并且已经觉察到了我们的到来，只是没有做出任何明显的举动。

我找到了这个伞兵营的指挥长，结果发现他并不像第 82 空降师下面的其他部队的长官那样斗志昂扬。当我询问他具体战况与战术时，他竟回答说，他认为敌我之间现在形成了一种默契，且认为双方都期待相安无事。既然对面近在咫尺的德军没有招惹他们，他自然也不愿主动打响第一枪。我反驳到，敌人的进攻意图已如此明显，我们不能坐视不管，两支部队必须联合起来发动进攻。对此，指挥长面露不悦，因为该伞兵营刚刚参加过空降作战，他现在的手下都是经历过数天残酷战斗后侥幸活下来的残兵，我的建议显然是"站着说话不腰疼"。他告诫我说，如果我执意发起进攻，他的弟兄们肯定不会跟我一起上，但如果我也愿意当"缩头乌龟"，便会被他们视为座上宾。话说到这个份上，我便放弃了同这名上校一同攻打德军阵地的想法。因为我有自己的立场，更何况我十分清楚，面对德军就在几百码外严阵以待的情况，约翰·萨姆科恩也绝不会容忍我对此坐视不管。

我又端起双筒望远镜，继续观察前方地形。高堤公路的右侧可能是一片松软泥泞的沼泽，不太有利于坦克行进，而公路左侧的地基看上去要坚实一些，并且地表植被茂盛，似乎可以为我们的行军提供掩护。于是，我当机立断做出如下部署：首先，用一发穿甲弹干掉"追猎者"。因为它的体型比我们迄今为止遇到的所有"猎豹"坦克歼击车都要小，所以根据我的推测，它的装甲也更薄，只需一枚穿甲弹就可以轻松搞定；接下来，"命中"号与"神箭"号将沿着公路快速向前猛冲，然后在行至半程时冲下堤坝，驶入左侧的空地，以免滞留在坝顶成为敌人的靶子；最后，我们这几辆坦克将利用堤坝的掩护，并排前进，同时用高爆弹和机枪将龟缩在战壕里的德军步兵炸出藏身处。与此同时，"射手"号与"谢尔曼萤火虫"坦克留在美军防线的前沿，负责为我们提供火力掩护。讲完这些安排后，我询问手下是否还有疑问。亚瑟·哈里森中士表示没有问题，愿意服从安排。于是，我们对了下表，便爬回各自的坦克内。我通过对讲机向车组成员简单地介绍了战况，但犹豫了一下后才告诉他们，美国伞兵不会和我们一起冲锋。

可以说，这辆"追猎者"是我在二战期间击毁的唯一一辆坦克歼击车。这场一对一的较量优势在我方，因为我们趁敌不备率先开火，打破了双方"默认"的停火局面。马丁仅用第一发炮弹就命中了"追猎者"，对面的歼击车顿时被巨大的火球包围，车身喷出滚滚黑烟。但让我感到奇怪的是，既然这辆歼击车有人驾驶，但为什么车辆中弹后，却没有人跳车呢？还没容我细想，我们的坦克便已开动。狄克逊迅速地挂上前进挡，随后沿着公路向前猛冲，我们身后扬起了阵阵沙尘。大约前进了 150 码后，我对着对讲机大喊："路程过半，立刻转弯！"狄克逊立刻刹住坦克，猛地拉下左边的操纵杆，我们的坦克"吭"的一声摔下堤坝。在巨大的惯性作用下，舱口盖板握环狠狠地撞到了我的肋骨。紧接着，坦克的左侧履带死死咬住地面，车身开始转动。这时，我感觉到自己的右侧方向有些动静，这说明我们已经惊动了敌人。但出乎我意料的是，德军炮兵指挥官预判了我们的机动，早已将隐藏在树丛中的 88 毫米口径火炮部署到位。火炮的准线贴着堤坝左侧，直勾勾地对准我们——敌我之间没有任何障碍。

这时，对面的敌人突然开火，数磅重的钨钢弹头以超过音速的速度朝我们飞来，从我的头顶呼啸而过，重重地砸在我们的坦克上。在车身中弹的一瞬间，我感受到了巨大的撞击力。几乎就在同时，我方坦克开始了反击，巨大的爆炸声震耳欲聋。这时我意识到了刚才的目视侦察存在疏漏，自己既没有发现固定在地面上的 88 毫米口径火炮，也没有意识到我们闯入的开阔地带同样是一片非常泥泞的沼泽。在左侧没有任何掩体的情况下，逃出这片杀伤区的唯一办法是重新驶上堤坝。于是，我对着麦克风歇斯底里地大喊，狄克逊则使出浑身气力驾驶坦克改变方向，试图将坦克重新开上堤坝的陡坡。发动机在低挡位高速运转，发出刺耳的长鸣声。然而，沼泽地面泥泞湿软，坦克履带陷入泥土之中，不停搅起泥浆，却始终无法获得抓地力。狄克逊没有灰心，还在尽最大努力发动引擎，但最终事与愿违——我们只顾着逃离杀伤区，无法调整至正确的还击姿态，结果被困在原地动弹不得，眼睁睁看着自己成了敌人的靶子。敌人抓住机会再次开火，第二发炮弹拖着长长的啸叫声迎面飞来，径直扎进我们坦克旁边的地面，划出一道长沟还溅了我一身湿泥。德军炮组见炮弹打偏，立刻调整射击角度。此时此刻，我们坦克的侧面暴露在敌人的炮口之下，这是坦克指挥官最害怕遇到的情况。我赶忙下令让车组成员跳车。话音刚落，第三发炮弹就飞了过来，我的眼前顿时一片漆黑。

我浑身瘫软，一下子从舱口滑落到坦克车厢内，同时用双手捂着眼睛。面部剧烈的灼烧感痛得我大喊："我看不见了！"此刻的我无比绝望，断定我们的坦克和我这名指挥官一样，都被炸成了睁眼瞎。其他车组成员也都被眼前这一幕吓呆了，马丁与加特赛德冲狄克逊大喊："带我们离开这鬼地方！"狄克逊大声骂了回去："老子正在尽力，你俩给我闭嘴！"这一切都发生在一瞬间，却让人感觉经历了一场漫长的末日浩劫。这时，肯·梅奥将手伸过来，掰开了我的十指，擦掉了糊住我双眼的淤泥，然后冲我大声说："好了，你一点事儿都没有！"果然，除了眼前还有一点水雾外，我逐渐恢复了视力。我这才放下心来。但一想到眼下的困境还没有解除，我又立刻紧张起来。坦克被死死地困在堤坝的一侧，我们毫无他法，只能坐以待毙，而敌人还在调整射击距离。我重新爬出舱口，绝望地望着远方，静静地等着下一发炮弹袭来，夺走全车人的性命。幸运的是，德军炮组的动作慢了一些，被第2装甲连的指挥官抢先一步。这时，一个熟悉的声音从我耳机里的杂音中传出。

"哈喽，5连指挥官，我猜你刚才肯定觉得自己要没命了。"这是哈利·希南的声音。

原来，希南的装甲连一直在我们左侧活动，与我们仅相隔几块土地。只不过他们被一排枝叶茂密的白杨树挡住了，我没有看见。希南发现了那门反坦克炮，也亲眼看见了它同我们交火。但是，考虑到隔着树林发射高爆弹存在很大风险，希南没有贸然开火，而是跳下坦克，步行引导坦克驶入射击位置，以便坦克的 75 毫米口径主炮能够瞄准目标。紧接着，坦克炮手快速地接连射出三发高爆弹。德军反坦克炮的装甲防盾根本抵挡不住坦克炮弹的威力，炮身瞬间被炸得粉碎，炮组成员倒地身亡，炮轮的碎片散落在尸体旁。感谢希南及时出手相助，我才得以绝境逢生。我感到无比庆幸，这种感觉就像两车即将迎面相撞时有人帮我猛打了一把方向盘。当然，与开车避开意外相比，在炮口下捡回一条命则更为惊险，因为对面的敌人是有意拼尽全力要杀死我们。我用无线电回应了哈利，声音里充满了感激。哈利听后，先扯了些别的事情，然后轻描淡写地说了一句"你欠我一杯啤酒"，便中断了通话。

在莱恩下士的"谢尔曼"坦克把我们的坦克拖上坝顶时，我依旧惊魂未定。刚才那枚穿甲弹紧贴着我的耳边飞过，差一点就要把我的脑袋撞飞，而且爆炸产生的冲击波威力极大，导致我的头到现在还在隐隐作痛。等我们重新驶上路面后，莱恩下士冲我们翻了个白眼，但嘴上说的却是："看到你们安然无恙，我就放心了。"原来，刚才他也试图瞄准那门88毫米口径反坦克炮，但被"命中"号挡住了射击线。其实，他也不是唯一一个认为我们必死无疑的人。至于那些美国佬怎么看我们，我既不清楚，也不想知道。夜幕逐渐降临，我很高兴全车人能够整整齐齐地撤出前线，这一天实在是太刺激了。等我们一抵达营地，我便急忙去找哈利，想拍拍他的后背，拨弄一下他那金黄色的头发，当面感谢他的救命之恩。可是我怎么都找不到他，只好走到他的坦克前，询问车组的人哈利到哪里去了，却发现他们看我的眼神有些异样，神色也有些黯然。这时，约翰·萨姆科恩轻轻地把我拉到一边，告诉我哈利已经牺牲了。我惊呆了，根本不敢相信这是真的。

萨姆科恩向我还原了哈利牺牲的经过。当时，哈利干掉了那门88毫米口径反坦克炮，救了我们一命，就激动地爬回坦克与我通话。不料，他刚挂断电话，手里的司登冲锋枪就滑落到地上，枪托撞击到地面并引发枪支走火，子弹击穿了他的大腿和腹部。鲜血瞬间喷涌而出，染红了车内所有战友的衣服。仅仅几分钟后，哈利便因失血过多身亡。在这场旷日持久的大战中，成千上万的盟军士兵付出了生命的代价，变成了冰冷的伤亡数字，哈利终究也未能幸免。经历了四个月的漫长战斗，我亲眼看见许许多多的人死去，他们当中有人与我只是点头之交，有人与我志趣相投，还有人深得我的尊敬。但在战场上，死亡如影随形，我们早已麻木，根本没有时间悲伤。战斗还在继续，我们必须将每一场生死离别抛在脑后，专心做好手头的事情。但是哈利完全不一样，他是我在舍伍德义勇游骑兵队里最好的朋友，他的逝去令我崩溃。我难以接受这样的事实——一个刚刚还在无线电里同你开玩笑的人，怎么在一分钟后就与你天人永隔了？就在几天前，我们还一边用"卢格"手枪射击烟草店的广告招牌,一边互相调侃对方的枪法差。一天的战斗结束后,哈利总会出现在我现在站着的位置上,与大家一起喝啤酒,说说笑笑。我沉浸在悲伤中无法自拔,萨姆科恩给我倒了些朗姆酒,说了些安慰的话,但我根本没有听清他了什么。此时此刻,我多么希望哈利能带着他那孩子气的笑容,突然出现在某辆"谢尔曼"坦克旁,拿刚才干掉88毫米口径反坦克炮的事来挖苦我,或者向我显摆他击中了我没能打碎的烟草招牌。

放在以前,战争虽然残酷,但由于有友谊的力量支撑着我,苦中作乐的日子似乎也没有那么难熬。可是现在,哈利已不在人世,我不得不独自面对从未经历过的情绪起伏。哈利在A中队中很有威望,并受到全队上下的爱戴。他这一死,其所领导的第2装甲连一下子失去了主心骨。像这样人心团结的小股部队,年轻军官的牺牲,往往会触发更为悲伤的情绪。当然,最痛苦的人是我,因为我是他最亲密的朋友。萨姆科恩在北非战场上失去了许多好友,对我此刻的悲痛感同身受。A中队的其他人也是如此,因为他们知道我平日里和哈利的关系。我至今仍清楚地记得,所有人都向我表现出最大的善意与同情,特别是我的车组成员,他们没有等我多说一句话,就已经默默地收拾好坦克,准备迎接第二天的战斗。等我走回"命中"号时,车组成员已经准备好了食物和啤酒。然而,越是有人陪在我身旁,我就越难以控制自己的情绪。此时此刻,我只想独自面对悲伤。于是我只身一人走出营舍,在黑夜中停留了好几个小时。失去挚友的痛楚包围着我,我不停地抽泣,眼里噙满了泪水。时至今日,每当回首往事,哈利之死带来的痛苦依然刻骨铭心。

经历了一天的激烈战斗与好友的死亡,我心有余悸,开始思考一个微妙的问题——在战争中能活多久,要看个人的"命数",而"命数"不分高低贵贱,"劫数"亦会随时降临。我被困在堤坝的一侧,坦克的侧面暴露在敌人的炮口之下,却能大难不死;哈利救了我一命,却死在自己的枪口下,而死因竟是工艺简陋的武器触地走火。哈利殁年21岁,而我在几天前刚刚过完20岁生日。英国伞兵被围困在阿纳姆一事,宣告我们在圣诞节前结束战争的幻想化为了泡影,而伴随着哈利的去世,我最后的青春时光同样画上了句号,心底仅剩的一丝纯真也烟消云散。此时此刻,秋色正浓,层林尽染,满目金黄与赤褐,仿佛在向夏天的离去和乐观情绪的消逝致以悲哀的敬礼。冬天即将来临,战争仍将继续。我失去了最好的朋友,往后的战斗只会愈发艰难。

艰难跋涉

"市场花园"行动是英军在 1944 年对德发起的最后一次大规模进攻。英军虽未能攻占阿纳姆大桥，但留下了一条狭长的突出部。该区域长 6 英里，直插进德军在荷兰境内的阵地，被蒙哥马利称为"直指德国心脏的匕首"。可是时间又过去了将近 6 个月，英军正在经历 30 年来最寒冷的冬天，可我们战线依旧在这片血染的土地上徘徊不前，并没有明显东移。与此同时，英国想尽各种办法来突破德军的"齐格菲防线"。"齐格菲防线"又名"西墙"，它贯穿第三帝国西部边境，是希特勒在战前下令修筑而成的。该防线沿线设有混凝土碉堡、反坦克障碍物与带刺铁丝网，将德国的西部防线硬生生延长了 350 英里——这段延展出来的防线北起瑞士，南抵克莱沃（Cleves，附近的莱茵河与荷兰边境相接）。然而，直到 11 月底，通往安特卫普的道路才被打通，加之补给问题迟迟没有得到解决，艾森豪威尔遂将战略重点放到了其他地方。在我们身后，加拿大军队正在不遗余力地肃清斯海尔德河河口，位于我们南侧的美国人则在奋力向前推进，因为盟军最高统帅的意图是要让美军部队集结在德国边境。

　　当美军第 1 集团军、第 3 集团军与第 7 集团军朝着德国边境缓缓推进，准备向英军第 2 集团军的右翼靠拢时，舍伍德义勇游骑兵队仍停留在奈梅亨一带。虽然我们再未采取任何重大行动，但也没有闲着。各中队在穆克与贝克之间的地带轮番同敌人交火，以支援第 82 空降师。每当第 82 空降师组织武装巡逻，或者发起小规模进攻以击退当地德军对桥头堡的反扑时，我们就会猛轰德军的阵地，为他们提供火力掩护。但我们进行的并不是运动战，评价战斗胜负的是一道林线或一块土地的得失。不过，在大多数情况下，敌我双方都会按兵不动。由于双方离得很近，德军的无线电信号总会传我们的频段里来。每当这种情况发生，德军就会挑衅地称我们为"汤米士兵"，还扬言要冲过来抓我们。我有一次没忍住，回应道："要来就赶紧过来，我们准备好热茶等你们。"这番话逗得车组成员哈哈大笑，想必哈利的在天之灵也会看到这有趣的一幕吧！

　　奈梅亨大桥采用大型钢架结构，十分稳固。敌人为了摧毁这座桥梁，想尽了各种办法。他们除了多次实施轰炸外，还动用了漂浮炸弹和微型潜艇，甚至有一次还派出蛙人使用炸药对桥梁造成了严重破坏。尽管敌我双方都没有发动大规模的地面攻势，但小规模的坦克交火时有发生。

　　9 月底，C 中队在贝克附近粉碎了德军发起的一次进攻。当时，他们发现，若干辆豹式坦克与"猎豹"坦克歼击车出现在贝克东南方向的开阔地带，周围还有负责提供火力支援的步兵紧紧相随。于是，C 中队的坦克隐蔽了起来，等到黎明时分才发起进攻并打了一场漂亮的伏击战——击毁了至少四辆敌军坦克。当时，我们中队仍在贝克以南的穆克一带作战，而等我们第二天赶往贝克接替 C 中队时，依然可以看到几辆德军坦克的残骸被遗弃在堤坝与果园之间，其外壳被烈焰烧得黢黑。那辆体形硕大的"猎豹"坦克歼击车就停在我们阵地附近，它的 88 毫米口径主炮已经没有了往日的气势，垂头丧气地耷拉在装甲板前。这辆坦克歼击车似乎不是被匆忙遗弃的，因为它周围的地面上没有车组成员在跳车时仓皇丢下的武器装备。在好奇心的驱使下，我忍不住想要钻进车内一探究竟。其实，我还有一点私心，那就是想再得到一把德军的手枪，特别是德制瓦尔特 P-38 手枪——它的性能比我之前得到的"卢格"手枪还要优越许多。

和"谢尔曼"坦克相比，"猎豹"坦克歼击车俨然是一头庞然大物，并且它的车身外部安装有大量的装甲储物箱，可为车组人员的装备提供安全的存放空间。反观我们的"谢尔曼"坦克，车组成员的装备只能放在防水帆布下面，总是被泡得稀烂。"猎豹"坦克歼击车的储物箱通常是寻找战利品的好地方，但我从中只找出一件有意思的物品——一面巨大的纳粹红白旗，正中间绣着黑色的"卐"标记。我有些不甘心，于是爬到战车顶部撬开了沉重的舱门。在舱门被打开的一瞬间，腐臭味和人肉被烤熟的气味扑鼻而来。我捂住口鼻，往车厢内望去，里面已经变成了一间停尸房——车组成员被车辆中弹瞬间产生的烈焰烧焦成黑色的尸块，与座位融为一体。看到这番可怕的景象，我吓得向后趔趄了几步，赶忙抓起纳粹旗跳下了车，胃里翻江倒海。所谓好奇心害死猫，我发誓以后再也不会往被击毁的坦克里看了。

一周后，舍伍德义勇游骑兵队奉命撤出前线。经过了三天的休整，我们又被派去支援步兵部队，那时他们正在控制奈梅亨大桥北侧的一块区域。该区域被称为"岛"，是夹在奈梅亨与阿纳姆之间的一块扁平沙嘴。莱茵河流经此地时被一分为二，其北面的支流被叫作下莱茵河，其南面的支流被称为瓦尔河。在之前的"市场花园"行动中，第三十军向北最远推进到"岛"这里，而他们未能夺取的桥头近在咫尺，就位于下莱茵河北岸。接下来，第 8 装甲连下辖的三个装甲团将轮流执行 10—12 天的任务，为"岛"上的两个步兵师提供支援（每次支援其中的一个师）。其中，美国陆军第 101 空降师绰号"呼啸群鹰"（Screaming Eagles），是一支与第 82 空降师齐名的伞兵部队，但我们此前从未与其协同作战过。等到第二次轮岗时，我们对口支援的是第 43 萨默塞特郡步兵师。此时，"岛"上依旧一片宁静，除了断断续续的炮击、狙击、巡逻和零星的小规模冲突外，并没有重大的军事行动，想必冯·托马的手下们都因此松了一口气——他们并不知道的是，其实天气才是最大的敌人。

到了 10 月末，树上所有的叶子都掉光了，"岛"上本就单调、沉闷、灰暗的景象显得更加凄凉。此时气温骤降了许多，雨也一直下个不停。部队给我们配发了坦克服，这是一种一体式浅石色上衣——它的布料结实，中央有一道拉锁，两侧缝制有多个口袋。该坦克服虽然采用了防雪设计，并搭配了可以御寒的羊绒衬里，但依旧无法完全阻挡湿气。大型风扇给坦克引擎降温时，大量彻骨的冷空气会裹着冰冷的雨滴被吸进炮塔舱口，灌进我上衣的每一道缝隙，然后顺着我的裤裆一直往下流，再滴落在装填手和炮手的后背上，最后沿着他们的脊背流淌到地板上。从这一点上来看，待在炮塔里的日子确实十分凄惨，但相比之下，最惨的还是步兵。我们可以在天黑的时候撤回营地，偶尔还能在当地居民家中借宿一晚，利用休息的时间烤干身子，在有重火力警戒的情况下做一顿晚饭。步兵可没有这样的待遇，他们只能留在前线，躲在被雨水淹没的狭长散兵壕里，裹着湿透的大衣和带破洞的毯子取暖。在肚子被饿得咕咕叫的时候，他们还得跋山涉水去后方将食物取回战壕。他们将防毒斗篷撑开并罩在战壕的防空洞口，试图以此来遮风挡雨，但收效甚微。在如此艰苦的环境下，步兵们再次患上一战时期流行的"战壕脚病"（trench foot），便也不足为奇了。

除了可以借宿外，"岛"上平静的局势还给我带来了其他福利。每次间隔五六天的轮岗时间，足够我们离"岛"去比利时休假。10 月中旬，第 8 装甲旅在比利时首都以东 15 英里的勒芬镇（Leuven）建立了一处休闲营地。从奈梅亨到勒芬镇，我们在冰冷的军用卡车后面坐了六个小时。但忍过了这段漫长的路程，接下来就是两天花天酒地的时光。布鲁塞尔刚刚获得解放，物资的供给仍然采用严格的配给制，大多数居民仍然食不果腹，但成千上万盟军士兵的涌入，助长了黑市的繁荣。士兵们为了追求享乐，随时都会在黑市交易军需品、战利品和香烟。军官也不例外，只不过我们的欲望没有那么强烈。因为我们的需求在下榻的奢华酒店里就能得到满足，比如布鲁塞尔广场酒店（位于著名的布鲁塞尔大广场附近），我们把每月大部分工资都花在了那里，尽情地享受着精美的食物，随时都可以泡个热水浴，再躺在洁净干燥的白床单上接连睡几个好觉。在一次长达 48 小时的休假期间，我遇到了自己的哥哥。当时，布鲁塞尔所有为军官预留的旅店都已客满，我们被安排在了广场街8号（8 Rue de la Place）的一家旅店，入住的房间里有一张宽大的双人床，床正上方的天花板上挂着一面镜子。从这样的布置来看，这里显然不是什么正经旅馆。哥哥杰弗里显然比我见过的世面多，他告诉我，我们应该正住在妓院里。果然，敲门声突然响起，老鸨的"问候"印证了他的判断。哥哥礼貌地拒绝了老鸨，表示既不需要她亲自服务，也对她手下的"姑娘们"没有兴趣。

北面暂无战事，这给了我们偶尔离开前线去逍遥快活的机会。但这样的好日子并没有持续太久。11月8日，舍伍德义勇游骑兵队便接到命令，被要求去支援美军在南部的军事行动。早在本月月初，第30军已将奈梅亨防区移交给加拿大军队，并在马斯特里赫特（Maastricht，靠近荷德边境）附近英军防线的南端攻下了新的阵地。这样一来，第三十军的防区正好与美军第9集团军防区的北部边界相连。

11月9日下午，我们将"谢尔曼"坦克装上坦克运输车，开始长途跋涉，连夜赶往距马斯特里赫特10英里的斯欣嫩（Schinnen）小镇。第9集团军是一支新组建的美军部队，近期才刚刚抵达欧洲，而在他们南边不远处，是久经沙场的第1集团军。自10月以来，第1集团军一直奋战在德国边境，意图夺取亚琛。美国人的强大攻势虽然重创了"齐格菲防线"，并迫使德军将防线向后收缩，但迟迟未能彻底攻破"西墙"，甚至还让德军乘虚而入制造出一个宽约25英里的突出部。为了重整防线并持续对德军施压，同时为继续向莱茵河推进创造条件，第1集团军和第9集团军接到命令，将发起"快船行动"（Operation Clipper），以击退德军的突出部。其中第9集团军的主要目标是打掉"齐格菲防线"在德国盖伦基兴镇（Geilenkirchen）附近一个相对薄弱的突出部。由于第9集团军刚刚被扩编进美军战斗序列，缺少实战经验。所以，上级同意将第三十军交由第9集团军指挥，以协助第9集团军攻占盖伦基兴镇。本次进攻共需要出动两个师，霍罗克斯手下可用的只有第8装甲旅和冯·托马的第43萨默塞特郡步兵师，而第43萨默塞特郡步兵师又是唯一一个可以调动的英军步兵师。在这种捉襟见肘的情况下，第8装甲旅得到了美军第84步兵师的补充，凑了一个师的兵力。在此基础上，根据霍罗克斯的命令，舍伍德义勇游骑兵队被单独抽出来，用于支援由他指挥的美军步兵师。至于第8装甲旅下辖其余各团，则负责支援第43萨默塞特郡步兵师下辖的各英军步兵营。

美军第84师绰号"劈木做栅者"（Railsplitters），因为其徽标是"一把将铁轨劈开的斧头"。该师是一支独立的机械化合成部队，编制为 14000 人，由步兵、炮兵和特种单位混编而成，具备多兵种协同作战能力。和第 82 空降师一样，第 84 师的士兵同样身穿美军标志性的橄榄绿野战短外套，手持加兰德 M1 式 7.62 毫米口径半自动步枪，头戴经典美式步兵（American Doughboy）头盔。但与伞兵不同的是，他们头戴的钢盔上没有伞兵专用的迷彩网罩，并且其下身打的是绑腿，而不是将战术裤的裤脚直接掖进战靴的靴管。与身经百战的伞兵弟兄们相比，第 84 师的士兵全都是初出茅庐的战场新兵，缺少实战经验。考虑到这一点，霍罗克斯才派出了第 8 装甲旅中作战经验最为丰富的装甲团——舍伍德义勇游骑兵队——命令其支援美军第 84 师。这次临危受命，让我们倍感荣幸，但这同样意味着在接下来的 6 天时间里，舍伍德义勇游骑兵队将被卷入一场激烈的对决，在极为恶劣的环境下对抗严阵以待的德军——我们所有人都将面临一场极限考验。

德军于 1940 年在东线取得节节胜利后，西线的"齐格菲防线"便受到了冷落，防线上的大部分火炮都被拆卸下来。然而，随着德军失守诺曼底，30 余万平民被征调至西线加强防御工事。自 8 月下旬以来，他们加班加点修筑了新的掩体，挖掘了新的战壕，拓展了布雷区，并且搭建了新的带刺铁丝网。总而言之，德国人利用盟军在秋季的行动间隙，进一步加强了防御工事，使其更加完备且更具杀伤力。而我们与美国人此次并肩作战的起点，就设在前方一英里处，位于荒凉矿城帕伦贝格（Palenberg）的身后。

早已被炮火炸成了废墟的帕伦贝格，四周被狰狞的矿渣堆包围。我们在城内的断壁残垣间，以及坍塌的地窖里挨过了六天的凄冷时光。这期间，我们一直等待着天空放晴之时，我方轰炸机能飞过我们头顶。11 月 16 日，雨终于停了，而且停了很长时间。2500 架英军飞机与美军飞机乘此良机腾空而起，向敌人的阵地投下了 9400 吨重的高爆炸弹。紧接着，我方火炮又发射了数百吨重的炮弹。一切就绪后，美军第 2 装甲师才开始向右翼推进。两天后，我们和美军第 84 步兵师的联合进攻正式打响，此时美军第 2 装甲师已经到达指定位置，第 43 萨默塞特郡步兵师也开始向我们右翼移动。夺取盖伦基兴镇及其周围高地的任务，最终落到了我们舍伍德义勇游骑兵队和美军第 84 步兵师身上。

盖伦基兴镇坐落在武尔姆河（Wurm River）北岸，原本只是一个毫不起眼、单调乏味的德国小镇，其主要作用是作为一个小型的铁路与公路枢纽连接周围矿区。

但到了 1944 年，这座小镇的重要性日益凸显——它成了一座前沿要塞，因为其恰好位于"齐格菲防线"直插进盟军防线的突出部上。德军意识到盖伦基兴镇的战略地位后，便充分利用周围地形来加强小镇的防御。首先，河流南岸的路堤及铁路的路堑，均被改造成坚固的反坦克障碍，它们构成了小镇的第一道防线；其次，防线上每一处可能成为突破点的地方，都得到了针对性的加强——大量地雷被埋设在地下，地面上的混凝土机枪碉堡与火炮掩体组成了密集的交叉火力网。为了能够抵挡火炮与反坦克炮的火力，每一座混凝土工事都被精心加固过。各地堡经由战壕相连，德军士兵可畅通无阻地穿行其间，不用担心被发现。另外，德军还彻底清空了要塞前方的射界，以确保机枪与反坦克武器能够最大程度地释放其杀伤力。负责守卫盖伦基兴镇的只有国民掷弹兵师（Volksgrenadier Division），但在小镇的后方，更多的防御阵地沿战略纵深展开，同时向两侧延展数英里并将沿途的村庄裹在其中。在这些防御阵地的最后方，党卫军第 9 装甲师和第 10 装甲师的坦克正在原地待命，随时准备冲上前线发起反击。

11 月 18 日，当我们与美军第 84 师第 33 团的步兵会合时，天色已经漆黑。这时，我方的火炮开始猛烈炮击前方的地面。在持续炮击的 90 分钟时间里，我们一直在大雨中等待，所有人都被冰冷的雨水打湿。等我们接到前进命令时，周围还是黑茫茫一片。一排探照灯齐刷刷地将明亮的光束射向天空，光线经过云层的反射照亮了整片夜空，犹如朦胧的月光将我们周围的世界晕染成了单一的蓝黑色。因此，盟军士兵亲切地将探照灯的灯光称为"蒙蒂的月光"。借着"蒙蒂的月光"，我们隐约辨认出特种装甲车的轮廓——它们正在驶向第一道反坦克障碍，领头的是"谢尔曼"扫雷坦克，它们的作用是在雷区中开辟出一条安全通道。紧随其后的是"丘吉尔"工兵坦克，这种坦克装备了短粗的 290 毫米口径爆破迫击炮，可将障碍带炸出缺口，同时摧毁敌军掩体。另外，我们还得到了"鳄鱼"喷火坦克[①]的支援，这种坦克牵引着一辆双轮燃料拖车，它在攻击目标时会从车体前部喷射出烈焰。它们宛如神话中长满了鳞甲的恶龙，一边向前移动，一边用火舌封堵混凝土掩体的枪眼——将点燃的燃油射入地堡，制造出炼狱般的景象。地堡内的士兵会在一

---

① 译者注："鳄鱼"喷火坦克的喷射方式有两种，一种是把点燃的燃料直接喷向目标，英国人称其为"湿喷"；另一种是先把未点燃的燃料喷向目标区，然后用短促的射击去引燃那些燃料，这就是所谓的"干喷"。

瞬间就被烈焰包围，浑身是火并哀号着逃出掩体，随即便会被我方支援坦克或步兵击倒。现在一切准备就绪，就只欠我们这股东风了。

A 中队紧跟在约翰·萨姆科恩的"谢尔曼"坦克后面，列队穿过了第一道雷区，而为他们打头阵的是一辆扫雷坦克。与此同时，美军步兵也开始行动，紧贴着我们的右翼前进。扫雷坦克车体前部巨大的金属辊轮不停转动，带动固定在其上的粗壮钢链不停鞭打渗出泥浆的地面，利用钢链末端的金属铁球引爆深埋在泥潭之下的泰勒地雷。但它这样做，也将地下的湿土与积水翻了上来。随着这辆扫雷坦克驶过雷区，伴随着金属辊轮的轰鸣声与四溅的泥土，最前面的地雷纷纷被引爆，爆炸产生的碎片笼罩着整片雷区。然而，随着泥沼越来越深，扫雷坦克的行进速度变得越来越慢，其动作也愈发吃力。雷区宽 300 码，扫雷坦克行至三分之二处时，由于淤泥没过了履带而完全停了下来，这导致其身后的舍伍德义勇游骑兵队排成长队驻足不前。此时，整个坦克车队已被德军炮火包围，步兵也急需我们的支援。在这危急时刻，约翰·萨姆科恩当机立断，决定撇下扫雷坦克，驾驶自己的"谢尔曼"坦克带队前进。他费力地从被困住的扫雷坦克旁挤过，在泥海中奋力前行。一段时间后，坦克离雷区边缘还有 50 码的距离，但坦克已在泥潭中越陷越深，其发动机吃力地运转着以维持前进的动力。一路上，不时有地雷被履带碾爆，而萨姆科恩和车组成员则目视前方，紧张地屏住呼吸，在煎熬中一点点向雷区边缘挪动。眼看他们就要成功的时候，一连串巨大的爆炸声突然响起，冲击波将整辆坦克掀到了空中。

四枚泰勒地雷爆炸产生的威力非同小可，它们直接将坦克负重轮与履带上的传动齿轮炸了出来。坦克"砰"的一声重重摔至地面，然后仰翻在泥潭里。幸运的是，车组成员均没有受重伤，只是坦克变成了一堆废铁。随后，A 中队其余的坦克从这辆报废的坦克旁驶过——我们几人毫发无伤地越过雷区，与步兵一同继续朝着敌人的阵地冲锋。此时，这片区域依然处在炮火的覆盖之下。于是，萨姆科恩命令各车组分头行动，各自沿着自己的路线向前推进。在他的指挥下，我们继续前进——一边向其他特种装甲车辆靠拢，一边掩护其铲除碉堡与剩余的障碍物。在敌人的防线终于被我们撕开了多个缺口后，我们和美国步兵开始从缺口处蜂拥而入。几乎就在同时，对面纵深排列的掩体射击口里吐出多道火舌，隐藏在掩体内的 MG42 机枪开始朝着我们猛烈开火，没有坦克保护的美国士兵纷纷中弹倒地。

"谢尔曼"坦克无惧德军的机枪，后者射出的子弹打在坦克的钢板上便会被立刻弹开。但反过来，"谢尔曼"坦克羸弱的 75 毫米口径主炮或 17 磅炮同样无法击穿混凝土碉堡厚达 5—6 英尺的外壳。不过，我们还是摸索出了一套行之有效的进攻方法——先发射高爆弹压制碉堡的火力，掩护在炮击中活下来的步兵爬出泥潭，然后步兵慢慢靠近碉堡，并伺机将手雷扔进射孔内。为了阻挡高爆弹的破片及美国士兵的手雷，德军通常会关闭射孔，但这样一来，他们就无法看到外面的情况了。这给了美国步兵可乘之机，他们会绕到碉堡后方，用炸药包炸开碉堡的钢制后门，然后端起自动步枪朝内一顿扫射，顺便丢很多手雷进去，直至碉堡内的敌人全部毙命。当初在路易斯安那州的训练场上，他们就学会了这一套攻破堡垒的方法。虽然这帮美国步兵缺乏实战经验，但初上战场的他们面对如此凶险的战斗环境，其作战技能也迅速得到了提高和完善。只不过，这样的学习需要付出生命的代价——不计其数的人扑倒在泥潭里，再没有一丝生机。每一轮重机枪扫射或迫击炮"轰炸"停止后，遍地都是歇斯底里地的哀号声，"医疗兵！救命！"之声不绝于耳。

肃清每道防线上的碉堡是一项极其费时的工作。我们越过路堤后方的每一道德军防线时，都要依次重复火力压制、爆破钢门、清剿残敌这几步。其实，在朝着盖伦基兴镇艰苦跋涉的过程中，泥泞的沼泽路面对我们造成的阻碍完全不亚于途中遇到的雷区、反坦克炮与掩体。不过，随着小镇前方的防御阵地被攻破，城内的守军便只进行了轻微的抵抗。我们紧跟步兵后面，他们再次将在训练场上学到的东西付诸实践，同敌人展开逐屋争夺，直至彻底控制城内各条街道。和我们在诺曼底路过的许多城镇与村庄一样，盖伦基兴镇同样遭遇了盟军飞机与火炮的攻击，现在已是一片废墟。而且，德国与法国不同，前者早在战斗开始前就疏散了大部分德国平民。因此，刚刚才经历了一番激烈战斗的盖伦基兴镇内瓦砾遍地，一片死寂，雨水将路面浸湿，街道上到处都是被遗弃的装备和敌人的尸体。虽然守城的德军看上去是一支二流部队，但这里毕竟是敌人的地盘，我们依旧不能掉以轻心，仍然全神贯注地掩护士兵穿过一条条街道。只要发现一点风吹草动，我们就会立刻用 75 毫米口径主炮进行抵近射击。很快，一列列的俘虏从地堡和地窖里钻出并朝我们走来，一些人挥舞着白旗，一些人则高举着手臂。

夺下盖伦基兴镇后，我们继续向该镇东南方向推进，去支援美军第 333 团与第 334 团下辖的其他连队，他们正在向镇郊村庄内的敌军阵地发起进攻。这些村庄沿着武尔姆河的一段长约 5 英里的河谷一字排开。其中，坐落在武尔姆河南岸，位于盖伦基兴镇以东一英里处的普鲁门村（Prummern）成了A中队的下一个进攻目标。我们离开盖伦基兴镇，闯入了"齐格菲防线"的纵深防御阵地。在这片区域，德军的抵抗愈发激烈，我们与步兵一同逐个攻破碉堡，一点点向前艰难推进，再一次陷入了"压制火力→爆破钢门→清剿残敌"的重复工作之中。在我们右翼推进的B中队同样进展缓慢，糟糕的路况导致几辆坦克深陷泥潭，车组成员想尽各种办法也无济于事，最终只能选择弃车。当我们挺进至敌人防区深处，抵达普鲁门村外围时，遭遇了隐藏在村舍之间的德军坦克，一场坦克对决随即爆发。与我们交火的是半个连的豹式坦克，敌我双方猛烈地互射炮弹。起初，我们占据了上风，击毁了一辆德军坦克。但很快局势反转，一枚穿甲弹击中了我们的一辆"谢尔曼"坦克，其弹头穿透坦克的顶部，杀死了指挥官和一名炮手。乔治·德林中士故伎重演，再次使出屡试不爽的"下车"战术——他跳下坦克，打算潜行找到剩余的德军坦克，然后步行引导装备17磅主炮的"谢尔曼萤火虫"坦克进入有利射击位置。但这一次，德林中士的好运用光了。当他走近一辆他以为已被摧毁的豹式坦克时，这辆坦克突然发动起来，并使用主炮朝他开火。炮弹就在他身边落下，炸断了他的三根手指。如果这枚75毫米口径的炮弹直接命中了他，肯定会将他炸得粉身碎骨。虽然德林中士捡回了一条命，但他潜行狩猎坦克的日子从此一去不复返了。

当我们被C中队换下，准备撤回帕伦贝格休整时，普鲁门村东侧仍在敌人手中。虽然舍伍德义勇游骑兵队对外宣称自己是第一支突破了"齐格菲防线"的英军部队，但事实并非如此。我们花费了整整一天的时间才向前推进了3英里，而德军的纵深防御阵地依旧完好无损。A中队在人数与坦克数量方面均有损失，但普鲁门村外围的伤亡不只限于德林中士受伤和车组成员牺牲，约翰·萨姆科恩也赫然出现在"战斗失踪人员名单"上。当时，他的坦克在雷区内被炸毁，车组其余人员都返回到了我们的战线中。因此，所有人都理所当然地认为萨姆科恩一定换到了另一辆坦克上继续指挥战斗。然而，在那之后，我们再也没有在无线电网络上听到萨姆科恩的呼号——他被列为了失踪人员。神父得知此事后便立即动身前往前方交战区，寻找萨姆科恩。

莱斯利·斯金纳最终还是在一座被我军攻占的小碉堡内找到了萨姆科恩。当时，萨姆科恩正在读诗。他患上了我们常所说的"弹震症"（bomb happy）——这是一种通俗的说法，指人在战斗中受惊过度或罹患战斗疲劳症——似乎有些神志不清。此时，碉堡外依旧炮火连天，斯金纳坐到萨姆科恩身旁，陪他一起念诗，直到萨姆科恩稍稍平静下来，同意随神父一起返回舍伍德义勇游骑兵队的团部。当萨姆科恩向指挥长汇报情况时，还是有些精神恍惚。按照伍德义勇游骑兵队的规定，萨姆科恩被停职24小时。这是一个再正常不过的处分，因为任何坦克被击毁后，活下来的指挥官都会被这样问责，但其折射出的现象却值得品味——就连平日里我们眼中的硬汉，也在承受着越来越大的压力。第二天，A中队一直留在帕伦贝格内休整，想必此事也与萨姆科恩有关。第三天，我们重新投入战斗，去支援第333团下辖的步枪连——他们向帕伦贝格城外2.5英里处、位于武尔姆河西岸的科根布劳希村（Kogenbroich）发起了进攻。

我们和美军步兵一起在起始线上等待战斗打响。当时天还没亮，四周一片漆黑，雨依旧下得很大。后方的火炮开始朝敌军阵地开火，美军步兵则躲在道路一侧的壕沟内。早上吃饭前，他们和我们一起喝了配给的朗姆酒，所以现在浑身热乎乎的，根本无惧阴冷的天气——这大概就是接受英国人指挥的好处吧！炮弹从我们头顶呼啸而过，我们坐在坦克内，倒数着距离"H时"的时间，只要时间一到，一场恶战又将准时打响。然而相比战斗的残酷，最可怕的还是怠战的情绪。此时车组成员个个情绪低落，沉默不语。每个人心里都在打鼓：这样的战斗，我们之前已经经历过很多次，这一次我们还会继续走运吗？当我们穿过固若金汤的敌军防线时，等待我们的又将会是怎样的命运？大家彼此心照不宣，在心里默默把接下来殒命战场的场景预演了一遍——要么压上地雷瞬间毙命，要么深陷泥沼动弹不得，成为穿甲弹的活靶子。时间一分一秒地过去，手表的夜光指针不停地嘀嗒作响。进攻时刻已到，我们升起主炮，开始前进。

与此同时，美军步兵也开始动身，走在我们车队的两侧，小心翼翼地穿过低平的涝渍地。这些土地在炮火的翻搅后已覆满了齐腰深的淤泥，根本不适合坦克通行。于是，我们只能沿着通往村庄的唯一一条单车道公路前进。但这正中了敌人的下怀——他们在这条坦克的必经之路上布满了地雷。为了避免触雷，我们不停用机枪扫射前方的路面。美国步兵在没有掩护的情况下向前穿过开拓地带。他们蜷缩着身子，提前摆出交火姿势，一点点逼近前方第一批敌占建筑。但没有走几步，对面的德军机枪便开始朝他们开火，雨点般的子弹在面前激起层层水花。步兵们立刻翻滚进灌满水的弹坑，或躲进低洼的沟壑，只为在弹雨中寻得一丝庇护，因为他们如果一直待在原地，便随时会有被炸成碎片的危险。想到这一点，我赶忙跳下"命中"号，跑到一队在泥浆中匍匐前进的美国士兵前试图给他们提点建议。我的突然出现，让他们感到有些惊讶。不仅如此，我当时头戴的是贝雷帽，而不是头盔，身上整洁的坦克服也显得与战场环境格格不入，因为步兵已经同敌人激战了整整三天，浑身上下满是污泥。现在回想起来，在当时那种环境下，我向他们提出干掉前面恼人的MG42机枪的建议，似乎有些"站着说话不腰疼"的意思。不过，他们还是听从了我的建议，立即起身跟在我们坦克的后面。随后，我们朝着第一排房屋射出三发炮弹。很快，20多名德军士兵举着双手从屋里走了出来。他们心里清楚，美国步兵刚被他们用高爆弹炮轰过，个个憋着一股怒火，如果不乖乖投降，步兵们冲进屋后便一定不会放过他们。还没等我们松口气，敌人又开始对我们实施猛烈的炮击。密集的炮弹在我们四周炸开。几名德国俘虏受到惊吓，惊慌地逃走，但没跑多远便被美国步兵击倒。

等到敌人的炮击有所减弱之后，我们又接连穿过了几片开阔地。接下来这排碉堡隐藏在泥土中，与周围荒凉的环境融为了一体。不过，接连闪烁的枪口火光还是暴露了这些地堡的位置。我方步兵同样处境危险——他们只要一动就会在泥潭中掀起水花，从而引起敌人注意并招来机枪子弹的"问候"。在这种情况下，步兵们只能再次在泥潭中寻找掩体，我们则冲上前去，用炮火压制每一个闪着火光的碉堡。紧接着，美国人会爬出灌满湿泥的掩体，采用匍匐姿态冲向前去并绕至碉堡后方，在炸开后门后攻下碉堡。战斗就这样继续着，我们肃清了一片又一片区域，遇到了一道又一道德军防线，不断重复着攻占碉堡的步骤，如此循环往复直至天黑，在此期间不时有人中弹倒下。村庄仍在敌人手中，但夜幕已经降临，我们的处境愈发危险，无法再为步兵提供火力掩护，而且只能后撤。美国人有些不快，但他们知道我们如果一直留在原地便只会徒增暴露的风险，所以只能撤至后方"加油"（美国人将坦克部队的休整称为"加油"）。对于撤下他们，我深感内疚，但也只能眼睁睁地看着他们钻进灌满泥浆的洞里，准备在里面瑟瑟发抖地度过寒冷的雨夜。我们在盖伦基兴镇后方探照灯的指引下，朝着城镇驶去。一路上夜色漆黑，但只要条件允许，我们就会停下来将受伤和死亡的美国士兵抬到坦克甲板上。

我们抵达营地时已是深夜，雨仍然没有停。尽管所有人都已筋疲力尽，不仅浑身湿透还又冷又饿，但还是得打起精神，例行坦克的保养工序，并依次完成加油、补充口粮与饮用水、加装弹药等工作。我们需要在刺骨的冻雨中，用冻僵的手指撕开弹药箱的纸壳，轻轻揭掉贴在引信上的保护膜，再将高爆弹、穿甲弹、烟雾弹挨个装进"命中"号内部的弹药架里。即使有探照灯的照明，这些工作做起来也并不轻松。另外，我们还必须仔细检查机枪的弹链，以确保弹链上的每一发子弹都已装填到位。狄克逊和肯·梅奥更加辛苦，前者需要扒开凝结在履带上的厚厚泥浆，去完成基础的保养工序，后者则需要蜷缩在不停滴水的逼仄炮塔内，一边更换无线电通话装置的管线，一边检查收音机是否能正常工作。等我们完成所有工序，接收完作战命令，再吃点东西，最后精疲力竭地瘫倒在营舍内时，已是凌晨时分。而在第二天天亮之前，我们就得起身离开营地，去重复前一天所做的事情，再次沿着盖伦基兴另一端的狭长河谷，踩着泥泞软烂的地面，步履艰难地前进。如此痛苦的过程重复了三天，长期疲劳作战开始让我们付出代价。

在本轮进攻的第 6 天，也就是最后一天，我竟然犯下了大错——错过了进攻时刻。如果非要为这事找个借口，那就是我因为实在太累了而睡过了头。当我被营舍外的坦克发动机轰鸣声吵醒时，整个中队的坦克已经排好了队形，正准备驶出营地。见此情形，我一把扯过坦克服，套在睡衣外面，然后飞快地跑下营舍的楼梯并冲出大门，一个箭步跨上"命中"号，钻进炮塔内。此时，我发现其余车组成员早已在车内坐好。于是，我们拼命地追赶 A 中队的其他成员。等我们追上大部队时，他们早已越过了进攻的起始线。这时，我的耳机里响起了约翰·萨姆科恩的洪亮嗓音，他骂骂咧咧地问我刚才到底去哪儿了，然后命令我继续前进，去支援正被敌人的地堡压制的美军步兵排。当我们沿着单行公路朝科根布劳希村赶去时，太阳已经爬上了远处的地平线。我有些着急，催促狄克逊再开快些。在匆匆驶过几栋被炮火摧毁的农舍后，我终于望见一队步兵正趴在田地中央。在他们对面几百码外的地方，一座地堡的射击口吐着机枪的火舌，压制得步兵们抬不起头来。子弹不停打在周围的地面上，激起的尘土翻涌着，就像一朵朵喷吐浪花的泉眼。我们本可以直接停在原地朝前方的路面射击，但看到步兵们被困在开阔地中央，又想到中队指挥官气急败坏的语气，我们不免有些急火攻心，遂以最快的速度向前驶入射击位置。事实证明，仓促行事乃兵家大忌——当我们几乎与美军小队齐平，正准备开火时，只见一道炫目的黄光闪过，紧接着便是一声震天动地的巨响，我们的坦克在剧烈的摇晃与震颤中猛地停了下来。一团刺眼的火光瞬间照亮了坦克内部，车厢内顿时被浓烈的呛鼻黑烟所填满。

显然，我们的坦克轧上了泰勒地雷。遇到这种情况，如果地雷只是炸断了坦克的履带，或者只是将传动齿轮炸碎，那么车组成员尚且能保住性命。但如果地雷炸穿了底盘装甲，那么位于车体前部的驾驶员和车身机枪手就很可能当场丧命。我吓得赶紧钻进炮塔，侧身从梅奥身旁挤过，想要赶紧弄清车组成员的伤亡情况。此时，我的鼻腔和口腔里都充斥着刺鼻的火药味。我逐个喊出车组成员的姓名，他们一边猛烈地咳嗽一边应答，嘴里还在大骂德军缺德。但当我点到狄克逊时，他没有任何回应，这让我的心一下子揪了起来。最终，我弄清了状况——地雷被右侧履带轧中后爆炸，爆炸产生的威力炸歪了负重轮，穿透了坦克地板最薄弱的位置，继而掀开了车身机枪手身后逃生舱门的厚钢板。厚钢板被顶开后，竟奇迹般地与机枪手加特赛德擦身而过，重重地砸在了狄克逊的背上，狄克逊当场便没了呼吸。我心情沉重地爬回舱口，正好看到一群德国人在地堡旁边推着一门反坦克炮。形势十分危急，但我方坦克已经损毁，根本无力还击，现在只能"走为上策"了。于是，我命令车组成员弃车。

　　我抓起无线电密码本和那把"施迈瑟"冲锋枪，冲马丁和梅奥大喊："听清楚!务必从坦克的后甲板下车，然后躲到坦克的车辙上!"

　　我们蹲着身子，猫着腰沿着车辙往回一路小跑，生怕再踩到地雷，但敌人没想放过我们。机枪子弹一刻不停地飞来，有的打在刚刚被脚踩过的地面上，还有的贴着我们头皮飞过。德国人见我们跑得太快，甚至动用了迫击炮。迫击炮的炮弹落在坦克四周，发出震耳欲聋的爆炸声。由于剧烈的奔跑，加之精神高度紧张导致肾上腺素在体内奔涌，我的心"怦怦"地跳个不停。这时，我们看见路边的堑壕里躲着一名受伤的美国士兵。于是，我们立刻停下来，一把抓住他的胳膊把他拽到我们身边，拖着他一起朝前赶路，而他那条伤腿在泥地被拖曳了一路。带着伤兵赶路，我们必须就近找个地方隐蔽起来。于是，我们朝着来时路过的那排农舍走去。

　　当我们这几个被炸得满身黢黑的坦克兵拖着一名美国伤兵闯进其中一间农舍时，斯坦利·克里斯托弗森正和第8装甲旅的指挥官坐在里面，他被眼前的一幕惊呆了。而当我急赤白脸地告诉他我的坦克被炸毁并需要一辆新的坦克，让他赶紧给我解决时，我的这位顶头上司更是惊得说不出话来。显然，我当时情绪十分激动，还没有从刚才坦克被炸一事中缓过神来。我注意到桌上有一瓶葡萄酒之后，竟然脱口而出："我也能喝一杯吗?"但我毕竟是一名训练有素的军官，在克里斯托弗森回答我之前，理智重新占据了我的大脑——我立刻立正敬礼，然后迅速转身并蹑手蹑脚地朝门口走去。一走出农舍，我就尴尬得直跺脚，等情绪稍稍平复后，我便去寻找下士乔尼·拉纳。找到他后，我将他赶出坦克并重新投入到战斗中。

直到现在，我也不知道克里斯托弗森对我当时的失礼是持何种态度，只是希望他大人不记小人过。斯坦利·克里斯托弗森也是装甲连指挥官出身，后来他被提拔为中队指挥官，最后更是掌管了整个舍伍德义勇游骑兵队。在北非作战期间，他麾下共有5辆坦克被击毁，因此他深知在最前沿作战的疾苦，理解一线官兵所面临的危险与背负的压力。但反过来，我作为一名小小的中尉，却根本意识不到他这个级别的指挥长也面临着重重压力——他不得不和"冯·托马"这类混账打交道，忍痛一次次将自己的手下派去作战，即使在最艰险的环境下，也要想方设法维持部队的战斗力。克里斯托弗森并非科班出身的军官，却能在战斗中保持沉着冷静。我始终认为，当其他部队鼓馁旗靡的时候，是他给予了我们奋战到底的底气。也正是得益于他的英明领导，我们部队的损失远远低于兄弟部队的损失。他为人低调且关心体恤下属，总是一副平易近人的模样，深受官兵爱戴。我还记得在诺曼底刚加入舍伍德义勇游骑兵队时，克里斯托弗森就站在我的坦克旁，完全暴露在敌人的视野中。当时子弹和炮弹像雨点般落在我们周围，他却根本不在意这些，反而关切地问我："初来乍到感觉如何？"在我们眼中，没有任何事情能让克里斯托弗森犯愁，他总能笑得出来。但实际上，舍伍德义勇游骑兵队的任何损失都会让他深感自责以致无法自拔，而我们当时全然不知。

克里斯托弗森的责任心极强。盖伦基兴镇一带的战斗结束后，沉重的伤亡数字一定压得他喘不过气来。11月23日晚些时候，舍伍德义勇游骑兵队撤出前线，我们一行人则被移交给一个美军坦克营。此时，攻占武尔姆河河谷的战斗仍在继续，但主角已不是我们。在六天近乎不眠不休的战斗中，我们在雨水与泥浆中摸爬滚打，共有63名战友离我们而去（有15人当场牺牲，其中就有可怜的乔·狄克逊）。另外，我们又损失了9辆"谢尔曼"坦克，有5辆坦克损毁严重，还有5辆坦克深陷在武尔姆河河谷的泥潭里。就连自登陆诺曼底滩头以来一路与我们朝夕相伴的"命中"号，此刻也变成了一堆废铜烂铁，凄凉地躺在覆满烂泥的路面上。美国步兵同样损失惨重：美军第84步兵师共有169人牺牲，有1000人在战斗中负伤。虽然狄克逊只是众多伤亡人员中的一位，但他却是我们五人车组的重要成员，他的牺牲令我们难以释怀。在视野狭窄的封闭环境中，驾驶坦克并不是一项美差，驾驶员与外界的联系，仅限于从耳机里听到指挥官下达指示，以及在车外从事坦克保养这类脏活累活。但是这位来自诺丁汉郡的年轻小伙却任劳任怨，凭借娴熟的驾驶技术开着"命中"号一路将我们从法国送到了德国边境。因此，我们会时常想念他。但是，斯人已逝，我们也在战场上见惯了死亡，在某种程度上早已变得麻木不仁了。战斗还要继续，一个司机死了，我们会再换一个司机；一辆坦克没了，我们会再得到一辆坦克。可是对狄克逊的至亲来说，当来自陆军部的电报遗憾地告知他们，他们深爱的乔·狄克逊已在战斗中牺牲时，他们的整个世界一定都会在那一刻彻底崩塌。

整个 A 中队都觉察到了队长约翰·萨姆科恩的异常。在战争中，每个人的精力都是有限的，而约翰·萨姆科恩却在一直过度消耗精力。在当时的我看来，他和克里斯托弗森一样，似乎从来没有什么压力。战争期间，我们尚且能睡上几个小时，但作为一队之长的萨姆科恩常常会熬到深夜——伏在案前研究地图，斟酌第二天作战的命令。他会反复检查自己的计划是否存在漏洞，然后扪心自问："我做过的决策是否正确？我为下属所做的准备工作是否充分？我的抉择在第二天会不会草菅人命？"他所有的好友，那些在他担任装甲连指挥官时给予他莫大帮助与支持的人，全都在沙漠战役期间牺牲了。其中一位好友，原本与他并肩坐在炮塔内，就坐在他的右手边。那辆坦克在战斗中被敌人击中，他的好友被炮弹炸得粉身碎骨，尸体的碎块溅了萨姆科恩一身。这就是为什么只要有人爬上萨姆科恩的坦克，并坐到他旁边时，他就会变得极其敏感。另外，在盖伦基兴镇损失的那辆"谢尔曼"坦克，是他麾下被炸毁的第三辆坦克。萨姆科恩本有机会在舍伍德义勇游骑兵队的团部任职（这样他就可以远离危险的前线），但是他执意要继续留在前线指挥 A 中队。正是这一决定最终让他身心俱疲。他所受到的伤，并不是身体的创伤，而是一路上经历了太多生死，目睹了太多惨景，特别在盖伦基兴战役之后，长期持续作战带来的心理压力已经超过了常人的忍耐极限。

放在今天，萨姆科恩的症状被称为创伤后应激障碍（PTSD），但在当时，这却被叫作"战斗疲劳"。萨姆科恩病得很重，以至于他无法继续留在舍伍德义勇游骑兵队作战，需要被调回英国接受康复训练。不过，萨姆科恩没有立即离开，而是留下来参加了 11 月 30 日的授勋仪式。当时，陆军元帅伯纳德·蒙哥马利亲自将军

功十字勋章 [美军方面也授予了约翰·萨姆科恩一枚银星勋章（Sliver Star），以表彰其在盖伦基兴镇的行动中所表现出来的卓越领导才能与英勇无畏的精神] 别在了萨姆科恩的胸口，作为对其一直以来英勇作战的充分肯定，也为他最后留在舍伍德义勇游骑兵队的这段日子画上了一个圆满的句号。萨姆科恩是我们的主心骨，我们以战友间特有的方式爱戴他、尊敬他。他离开时，战斗还在继续，我们甚至还没来得及说上一声"再见"。可无论他以何种方式离开，我们心里都很清楚——在以后的日子里，特别是在接下来几周和几个月的时间里，面对准备顽抗到底的德军，没有了萨姆科恩的坐镇，我们的前景似乎不再明朗。

向莱茵河进军

德军在阿登发起反扑（又称"阿登反击战"）的消息传来时，我正在布鲁塞尔附近的第8装甲旅休整营地内担任舍伍德义勇游骑兵队的军需官。盖伦基兴战役后，舍伍德义勇游骑兵队随第三十军余部一同被调离前线，为接下来全面向莱茵河进军做准备。截至11月底，斯海尔德河河口的敌人已被肃清，安特卫普的港口也已开放，盟军得以运入充足的补给。在此基础上，盟军将重新集结力量以恢复在前线的大规模攻势。等到酷寒的冬天来临使泥泞的路面被冻硬，有利于坦克通行时，盟军就会立刻发起进攻。在等待大动作开始期间，勒芬镇的休闲营地再次开放，我也被调到那里为士兵们发放津贴，以便士兵们在比利时首都找乐子的时候可以尽情地挥霍。然而，希特勒抢先一步借助了天时。11月16日，党卫军第5装甲集团军、第6装甲集团军和第7装甲集团军（共计20万兵力）冲破了盟军防守薄弱的阿登森林，向盟军发起突然袭击，意图切断美军与英军的联系并攻占安特卫普，重新上演在1940年5月奇袭英法联军的戏码。然而，德军发起突围的消息经过两天时间才传到我们耳中。等我们得知此事时，德军先头部队已经突入美军战线20英里。

　　一时间，休假营地内流言四起，有传闻说盟军的前线很快就会被攻破，有传闻说穿着美军制服的党卫军士兵与德军伞兵正在我们后方活动，甚至还有骇人听闻的消息说布鲁塞尔即将沦陷。此时此刻，人心惶惶，但我们没有接到任何明确的指令。我很快冷静下来，意识到当务之急是尽快返回舍伍德义勇游骑兵队的驻地。可是，现在既没有上级的命令，也没有任何可以依赖的舍伍德义勇游骑兵队军官。我只好擅自做主，征用了一辆载重15英担的卡车，将我在营地内能找到的正在休假的舍伍德义勇游骑兵队成员全都装上了车，然后拉着他们快马加鞭地朝斯欣嫩（Schinnen）镇赶去。舍伍德义勇游骑兵队就驻扎在这座荷兰小镇里，它位于布鲁塞尔正东，二者相距仅有150英里。因此，只要我开足马力，便能在8小时内赶回该镇。事实上，我们在路上只用了不到7个小时的时间。其间，卡车由于车速过快，在经过一段结冰的拱形路面时翻倒在地。所幸的是车上成员无一人受重伤，卡车也并无大碍。到达目的地后，我们便跳下卡车冲入营中报到。

　　不过，最初的恐慌情绪很快便消散了。担任"突出部之役"主力的是美军，舍伍德义勇游骑兵队接到的通知是留在原地充当机动预备队，但直到最后我们也没派上用场。等到12月最后一周开始时，希特勒最后的孤注一掷已被瓦解，我们可以放心地在斯欣嫩庆祝圣诞了。小镇内处处洋溢着浓郁的节日气氛——地面上铺满了一层厚厚的积雪，坦克拉着雪橇在雪地里驰骋，我们从口粮里翻出糖果，将它们分发给当地的孩子。部队为全体官兵准备了丰盛的晚宴，宴席上的罐装火鸡与瓶装啤酒都让人垂涎欲滴。虽然在那几天里，荷兰儿童欢天喜地，传统节日庆典也进行得如火如荼，但我们最关心的还是何时能重新投入战斗。

"突出部之役"期间，斯欣嫩是整条战线上相对安静的一块区域。大多数的战斗都发生在该镇以南冰天雪地的阿登森林里，美军部队试图在那里抹平德军突入美军阵线时所形成的突出部。然而，主阵地的大捷未能拦住敌人向我们发起的局部进攻。一直以来，配给我们的步兵兵力捉襟见肘，因此德军才有了可乘之机。12月28日这天，德国国防军的两个连队利用夜色的掩护潜入了文特伦村（Vintelen）和基维尔贝格村（Kievelberg），并用"铁拳"击伤了一辆"谢尔曼"坦克。最后，我率领第5装甲连夺回了基维尔贝格村，击毙了20名德军士兵，同时抓获了30多名俘虏——类似这样发生在斯欣嫩附近的小规模战斗还有很多。当时的天气十分恶劣，堪称有史以来最寒冷的冬天，大雪漫天飞舞的同时，气温也降到了冰点以下，因此保暖成了头等大事。按照规定，第8装甲旅各团都需在前沿阵地轮番驻守。轮到我们时，坦克的发动机的换气扇将炮塔方圆两英尺内的每一片雪花都吸进了车内。坦克裸露在外的钢铁表面冰冷刺骨，我们如果没戴手套就触碰它们，一定会被黏掉一层皮。不在前线驻守时，我们会躲进营舍内生起篝火，并挤在火堆旁烘干湿透的坦克服，让热量一点点渗透进冻僵的躯体里。

我们在前线度过了跨年夜，1945年第一天的清晨异常寒冷。由于战事主要集中在阿登森林，我们这片区域几乎没有什么动静，双方偶尔会爆发零星的炮战，有时也会互射宣传弹——炮弹内装着的传单内容大同小异，无非是恫吓对方，或者是标明用于逃跑投降的安全路线。这些传单的大小约等同于笔记本的内页，它们散落在前线各处，经常被双方士兵捡来当作备用厕纸。我们这一侧的地形非常平坦，以至于我常常感到纳闷，德国人为什么不从我们这里发起更为猛烈的进攻，非要选择树木茂密的阿登森林呢？伫立在开阔的战线上朝远处眺望，我们偶尔能够望见远处成队的敌军卡车与坦克正向南驶去，它们的目的地应该就是德军与美军激烈交火的地方。等到1月的第1周结束，"突出部之役"的局势得到了控制，美军不仅将德军赶回了起始线，而且让他们为自己的胆大妄为付出了惨痛的代价。

夺回基维尔贝格村后，短暂的兴奋很快烟消云散，周围的一切又归于死寂。突然，一个形似德国牧羊犬的生物朝我们阵地这边跑来。

我们重新回到了战线上，周围的寒风裹着雨夹雪倒灌进炮塔，我站在舱口内被冻得瑟瑟发抖，眼看着这只四肢颀长的生物穿过风雪，连蹦带跳地向我们飞奔而来。它以"Z"字形的路线折返前进，看得我捏了一把汗，生怕它会踩到地雷。加特赛德一边大喊"危险"，一边将机枪对准了这条狗。按照他的判断，这是"一种从对面跑过来的德国杂种狗"。我告诉他别犯傻，也别开枪。最后这条狗在我们坦克几码外的地方停了下来，把脑袋歪向一边，一脸疑惑地望着我。我爬下炮塔，试图唤它过来。它低下头，摇着尾巴朝我走来。我把手伸进口袋，掏出了一块发霉的饼干。它凑上前来，看着它可爱的样子，我一下子就喜欢上了这个小家伙，而它对我也颇有好感。于是我决定在撤离前线时将它带回营地。这只小狗毫不费力地跳上了坦克，跟着我钻进了炮塔，踩着炮膛上缘跳进了乘员舱。它先舔了舔梅奥和马丁，然后在炮塔座圈下方一侧的侧舷炮架里舒舒服服地躺了下来。此后，那里便成了它在接下来两个月里的家。我们给这只狗取名为"弗朗茨"（德国人的常用名），一是与当时的作战氛围相吻合，二是为了嘲讽加特赛德——他总怀疑这条狗是敌人的卧底。有趣的是，在所有车组成员中，"弗朗茨"只冲加特赛德吠叫，而且当初我们在坦克里养鸡的时候，那些鸡也同样看他不顺眼。后来我发现，加特赛德的判断是正确的，"弗朗茨"的确是一只德国"探雷犬"，在经过专门的训练后被用于在雷区中探路。不过，它似乎更喜欢和我们待在一起。

"弗朗茨"受到了车组所有成员的欢迎，因为它将我们从寒冬的桎梏与身不由己的无奈中暂时解脱了出来。种种迹象表明，盟军即将恢复大规模的军事行动——所有前往布鲁塞尔的休假均被取消，我们还接到了将坦克喷涂成白色的命令。果然，1月18日，舍伍德义勇游骑兵队被派去完成此前在盖伦基兴镇未竟的任务，也就是将德国人赶回鲁尔河（Roer River）对岸。这意味着，我们要继续穿过"齐格菲防线"沿线的多个德军防御阵地，需要再一次越过泥泞的沼泽。不过，这次的任务远比上次顺利，舍伍德义勇游骑兵队的伤亡数字也小了许多。我们仅用一周左右的时间就达成了攻占海因斯贝格（Heinsberg，德国边境小镇，距离德国国境线仅10英里）的目标。但是经过了连续数月的持续作战后，物资匮乏、士兵心理压力过大、士气低下等问题开始显现。对于普通士兵而言，随着作战时间越来越长，战斗意志就会越来越低沉。我自己心里也非常清楚，我能一直在战争中活到现在，完全是走了狗屎运。所以，我早就坦然接受了自己随时会战死疆场的宿命。但随着时间一天天过去，我每次爬进坦克投入战斗时，还是更加拼命，只为了能靠实力再多活一天。

作为一队之长，斯坦利·克里斯托弗森十分清楚，A 中队士兵以及各装甲连指挥官承受着巨大的心理压力。他曾亲眼看见了约翰·萨姆科恩的遭遇，深知经过几个月没日没夜的战斗后，全队上下此刻都处在精神崩溃的边缘，快要支撑不住了。因此，他想到了一个变通的办法——每轮进攻期间，他会定期分配给下属一个相对轻松与安全的任务，比如留守团部或去给后勤梯队打下手，以借此机会让他们休息一下。他从未和我们正式讨论过这一做法，但我猜他一定是听取了随团医务官"希尔达"·扬格医生的建议。夺取海因斯贝格的行动结束后，可能克里斯托弗森认为我也该休息一下，于是任命我为下一轮攻势的联络官，派我驱车前往莱茵河河畔，为向德国进军打好前哨。

受德军突袭阿登森林的影响，原定的"真实行动"（Operation Veritable）被顺延六周，并入所谓的"莱茵兰战役"（Battle of the Rhineland）。根据作战部署，加拿大陆军第 1 集团军与英军第三十军将以奈梅亨为起点，配合英军 2 集团军由北向南发起钳形攻势。与此同时，美军第 9 集团军从盖伦基兴北郊出发，由南向北打过鲁尔河。届时，受蒙哥马利指挥的两个集团军（即加拿大陆军第 1 集团军和英军第 2 集团军，需要特别指出的是，舍伍德义勇游骑兵队隶属第三十军，后者接受加拿大陆军第 1 集团军的指挥）的目标是突破荷兰边境的"齐格菲防线"北端，消灭莱茵河西岸的所有德军，为接下来穿越莱茵河的行动创造条件。为实现此战略意图，这两个集团军需要先肃清芮斯华森林内残余的德军，然后攻下克莱沃与戈赫（Goch）这两大要塞，最后与美国军队会师。在此期间，这两个集团军既要在隆冬时节越过被洪水浸没的圩田（德军炸毁鲁尔水坝，导致洪水泛滥，淹没圩田），也要穿越树木茂密的芮斯华森林。倘若我当时了解了这一宏大战略，一定会庆幸没有亲自领导装甲连作战。而我也知道，克里斯托弗森是出于好心才让我从"真实行动"中抽身出来，没有亲临一线指挥战斗，但他这一决定却差点害死了我。

2 月 8 日，进攻正式开始，1000 门火炮率先对敌阵地实施炮击，各装甲旅的坦克也加入其中。我们只需将"谢尔曼"坦克的75毫米口径主炮调至最大仰角，便能将炮弹抛射至几千码外。虽然我们看不见目标，但当时舍伍德义勇游骑兵队的所有坦克都排成了一排，按照炮手提供的坐标以每轮300发的数量发射高爆弹。这场坦克与火炮齐射的行动被称为"胡椒罐行动"（Operation Pepper Pot），我方共发射了数百吨重的炮弹，让前方已知的德军阵地无一幸免。炮击声震天动地，阵线上的所有炮组和坦克车组都在不遗余力地倾泻弹药，炮弹不时地呼啸着从我们头顶飞过。梅奥与马丁一边咬牙切齿地嘟囔着，一边汗流浃背地开火。炮闩在二人之间来回后坐与复进，吐出打空的黄铜弹壳，然后又被填入下一枚炮弹，按照炮手给定的精准时刻再次开火。所有炮击目标都被炮手用彩色铅笔在地图上标明，每辆坦克以每分钟两发炮弹的速度接力射击，整场炮击持续了大约45分钟。我的任务是协调某辆坦克在什么时间开火。根据我的估算，炮击结束时我的装甲连一共发射了九吨重的高爆弹。有趣的是，弗朗茨似乎一点也不介意外边巨大的声响，在整个炮击过程中一直安安静静地蜷缩在侧舷炮架里。

我在"胡椒罐行动"结束后的第二天才离开装甲连，前去执行克里斯托弗森临时交给我的联络官任务。我刚刚抵达舍伍德义勇游骑兵队团部，就分到一辆戴姆勒"野狗"侦察车，并被告知我的任务是紧随指挥长的坦克，在随时准备为其跑腿的同时还要与配合我们作战的旅保持联络。"野狗"外观紧凑且车身低矮，是一种小巧灵便的四轮装甲侦察车，其最高时速可达55英里。但即使这样，我也只是刚好能追上舍伍德义勇游骑兵队的60多辆坦克——那天晚上，舍伍德义勇游骑兵队与另外1000辆战车组成了声势浩大的车队，正浩浩荡荡向克莱沃进发。在舍伍德义勇游骑兵队的右翼，加拿大第1军与英国第三十军下辖的四个师一同参与"真实行动"。此时第三十军已扩编至20万人。第53威尔士步兵师和第51低地步兵师已经开始攻入芮斯华森林，而第15苏格兰步兵师的任务是突破德军设在森林东北方向的防线。舍伍德游骑兵所支援的第43萨默塞特郡步兵师将紧随其后，准备接替他们攻占克莱沃。

进攻打响时，天气开始变得缓和起来，大雪天气也变成了雨夹雪。在"真实行动"刚刚开始的几个小时里，先遣师的装甲部队就出师不利，被困在洪水浸没的泥沼内。原来，德军为了迟滞我方攻势开闸放了水，洪水将地势低洼的地方全部淹没。我军也因此丧失了越野能力，只能沿着一条狭长的公路前进，行军速度也大大减慢。"野狗"越野车是一辆敞篷车,我干坐在司机旁边,浑身上下都被雨水浇透了。这辆车以龟速跟在克里斯托弗森的"谢尔曼"坦克后面,而在我的身后的其余战车则首尾相连,排成了长龙。第43步兵师的士兵们正坐在舍伍德义勇游骑兵队各坦克的炮台顶盖上——这样虽然可以歇歇脚,但也很容易被颠下车去。不过,"谢尔曼"坦克上几乎没有适合坐着的地方——后甲板下面是发动机,钢板导热性强,吸收发动机的热量后会变得非常烫;炮塔两侧又太滑,坐在上面很容易滑落到地上,然后被坦克碾死。我们在夜色中一点点向前挪动,这时,黑夜中响起了隆隆的炮火声。后来不知什么时候雨停了,头顶的乌云散开,月亮露出头来,将皎洁的月光洒在道路两侧被洪水没过的田地里,黑漆漆的水面上闪动着点点亮光。在我们的右侧,芮斯华森林的轮廓若隐若现。想到正在里面奋战的威尔士与苏格兰步兵,我的心头泛起一丝同情。和他们相比,坐在我们坦克顶上淋雨的西南郡兵团的小伙子们要幸福得多。

庞大的车队挤在狭长的前进道路上,造成了可怕的拥堵,但好在敌人最初的抵抗并不激烈。2月10日凌晨,第15苏格兰步兵师抵达克莱沃城郊,肃清了进城道路上的所有守军。然而,当我们准备穿过该师的后卫旅时,却引发了极为严重的交通拥堵,所有卡车与装甲车都被困在路上无法动弹。冯·托马试图带着第43步兵师穿过车流绕到最前方,却未能如愿,气得暴脾气再次发作。就这样,这两个师的指挥官爆发了激烈的争吵。一旁看热闹的我在心里暗自发笑,原来粗言秽语并不是加特赛德与马丁这类普通士兵的专属,上级领导急眼了也会骂人。若不是第15苏格兰步兵师的指挥官与冯·托马平级,恐怕早就被他革职了。B中队穿过拥堵地带后,终于驶入了克莱沃。这里也是亨利八世第四任妻子安娜的出生地。亨利八世绰号"杀妻狂魔",他的前几位妻子均被他砍头处死了,而安娜因面容丑陋被亨利八世赶出皇宫而逃过了一劫。不过,英国皇家空军并没有对安娜的老家手下留情,他们在2月7日晚发起了大规模空袭,炸毁了克莱沃城内90%的建筑,直接省去了我们地面部队的炮轰环节。等我们入城时,街上已经瓦砾遍地。但此时依旧危机四伏,因为狙击手的枪声已经响起,德国伞兵也钻出了地窖。

战斗爆发时,我们的车辆正排成一列,沿着一条通往市中心的道路前进。我依然跟在克里斯托弗森的移动指挥部后面,它逐渐赶上了第43师129旅的指挥部。整个晚上,我们一直在不停地转移位置。指挥长的副官有些疲倦,于是派我下车去寻找一处适合躲避子弹的废墟，好坐在里面小酌一杯。然而，当敌人的迫击炮开始发起攻击后，我立刻打消了喝酒的念头，赶紧回到了相对安全的侦察车上。此时此刻，在我们的前方的 B 中队遇到了敌人设置的路障。弹药箱、街边坍塌房屋的残砖断瓦和被炸烂的家具，通通都被敌人用来封堵道路。与此同时，第 4 威尔特郡步兵团与德国"空降猎兵"爆发了激烈巷战，据说对方出动了自行火炮。我们阵地的周围也响起了轻武器开火的声音。我眼睁睁地看着 A 中队和自己的第 5 装甲连从身旁驶过却什么也做不了，只能坐在"野狗"内等待指挥长下令。这时，德军伞兵试图绕过装甲车队直接向第 129 旅的指挥部发起进攻，但他们最终还是被击退了。在此期间，旅部的多名参谋不得不掏出左轮手枪自卫——一名参谋中枪身亡，还有一人负伤。与此同时，在四周建筑物楼上的窗户后面，敌军的狙击手持续向我们开火。只要有步兵暴露在空旷地带，或者有坦克兵将头伸出炮塔，他们就有被击中的风险。看着眼前的一切，我无助地坐在"野狗"内。虽然我的工作就是在原地等待命令，虽然我只要一直低着头，车辆的装甲就能替我挡住子弹，但在责任心的驱使下，我还是焦急万分。

我无法判断敌人的确切位置，只听到周围此起彼伏的坦克开火声、"铁拳"的爆炸声，以及机枪子弹发出的"噗噗"声。在车队的尽头，团部的"谢尔曼"坦克正准备向一辆"猎豹"坦克歼击车开火。这辆坦克歼击车十分狡猾，它以废墟的外墙和断墙之间的间隙作掩护，不停地变换开火位置——打出一两枚炮弹后便立刻消失，然后出现在另一处并再次开火。这个重达 45 吨的怪物就在我身后的废墟上打一炮换一个地方。我甚至可以清楚地听到它那 12 缸迈巴赫发动机发出的轰鸣声，以及履带抓地时发出的刺耳摩擦声。于是，我将头探出"野狗"的装甲挡板，眯着眼睛盯着旁边两座房屋废墟间的空隙，试图发现一些蛛丝马迹。果然，这辆"猎豹"坦克歼击车在前方不到 20 码的地方再次现身，黑洞洞的 88 毫米口径主炮"张着血盆大口"，直勾勾地对着我们。此时，敌我之间只隔着一块薄薄的 12 毫米厚的装甲挡板。如果敌人开火，我连跳车的机会都没有。

敌人果然开火了。那一刻就像电影里的慢动作镜头，"猎豹"坦克歼击车射出的穿甲弹从我头顶不到一英尺的地方飞过，刺眼的尾焰照亮了整个车厢，炙烤着我的皮肤，吓得我脱口而出了一句脏话。在这一幕闪过之后，震耳欲聋的开火声才传入我耳中。"野狗"的座舱高 4 英寸 11 英尺，明显低于坦克炮塔的平均高度——在设计之初就考虑到了车辆的隐蔽性。得益于此，我和司机才没有被这枚钨弹头击中。不过，考虑到交火的距离，我怀疑这辆"猎豹"坦克歼击车无法将炮管压低到足以击中我们的位置。幸运的是，它没有给我验证猜想的机会——既没有绕到别的地方再次向我们开火，也没有停在原地切换成高爆弹来了结我们的性命——它被我方的火炮干掉了。

直到晚上时，我们才肃清城内的敌人，但仍有大量敌军伞兵在后方高地上继续坚守了一天时间。另外，为了报复我们夺取克莱沃，德国人炸毁了莱茵河沿岸的部分堤坝，致使洪水水位继续暴涨。通往后方奈梅亨（本轮进攻的起点）的唯一一条道路一度被几英尺深的洪水所淹没，后方只能使用水陆两栖运输车（DUKW）向我们运送补给。由于城内的建筑所剩无几，我们只能躲进地窖内休整。此时，大多数德国平民已经撤离克莱沃，我们得以使用他们留下的物资。出乎意料的是，在我们进驻的大部分地窖里，果干、食糖与煤炭的储备都相当充足。看来德国平民并没有饱受物资短缺之苦。只要是德国士兵待过的防空洞、车辆和营房，里面都弥漫着德国士兵独有的体味，那是一种汗臭味、皮革气味、黑烟草的呛鼻味道与石炭酸皂的怪味混合在一起形成的气味，让我说不出来具体是什么味道。对此，我们时不时就会吐槽一番。

"真实行动"又持续了一个月时间。在此期间，第三十军每日都在恶劣的环境中同敌人苦战，他们被倾盆大雨和遍地烂泥拖住了步伐，朝莱茵河河畔推进的速度十分缓慢。加之他们沿途还遭遇了德军残部（约20个师）的疯狂阻挠，所以其平均每天只能向莱茵河河畔推进1英里。舍伍德义勇游骑兵队仍以克莱沃为根据地，耗费一周的时间才肃清了克莱沃周边各村庄与树林。自约翰·萨姆科恩离我们而去，罗尼·赫顿上尉在数次向克里斯托弗森申请A中队的指挥权后获得了批准，被任命为A中队的临时指挥官。在攻占克莱沃的第三天，A中队又占领了路易森多夫村（Louisendorf），这座村子里有一所精神病院。罗尼通过无线电汇报说，他已"扣押3名医生、30名女护士和1300名精神病人，请问如何处置"。克里斯托弗森一如既往地用幽默的口吻回复道："你们把医生和病人留下，把女护士送回团部。""真实行动"虽已接近尾声，但舍伍德义勇游骑兵队的处境依旧不容乐观——共有14辆坦克被毁，31人伤亡。

我们在逐渐逼近莱茵河河畔期间，不时会遭遇殊死抵抗的德军。守卫莱茵河的德军后卫部队大多由多支伞兵小队拼凑而成，他们当中大多数人还没来得及完成伞兵训练，就已被彻底灌输了"甘愿为国捐躯"的思想，成为亡命之徒并发誓要为元首战斗到死。B中队就在韦勒村（Weele）附近遭遇了一股年轻的"空降猎兵"。这些伞兵死守着莱茵河西岸的一块田地，面对坦克射出的高爆弹和步兵打出的迫击炮弹也拒不投降，甚至端起步枪和"铁拳"，排成一排发起了最后的冲锋，口中还高喊着："为希特勒而死。"在我方强大的火力面前，此举虽然壮烈，但无异于飞蛾扑火。B中队成全了他们，送他们通通去死了。除了小股残兵外，德军的大部队同样遭受了沉重的打击。以德军装甲教导师为例，这支希特勒引以为豪的精锐部队，在诺曼底战役中近乎被全歼，虽在"突出部之役"中得以重建，并在"莱茵兰战役"中重整装备投入战斗，但已名存实亡。该师被逼退至莱茵河河畔时，在空旷地带被英国皇家空军的"台风"机群发现，其仅剩的坦克都被火箭弹摧毁了。

"真实行动"结束后，我得以重新执掌第5装甲连，但此时A中队已有些物是人非了。在欧洲战事即将结束之际，英军颁布了一项名为"蟒蛇计划"（Python）的休假方案。根据此方案，凡服役满五年的士兵，如果在英国本土服役的时间未满6个月，均可申请调往驻守英国本土的部队，或者在英国本土休假一周后重返原部队。舍伍德义勇游骑兵队中有100多人符合此条件，但大多数人都担心被调至本土部队后，会被派去对日作战，所以宁愿选择只回国休假一周，亚瑟·哈里森中士便是其中之一。在他休假的这段时间里，代行其职的是丹尼斯·韦伯（Dennis Webb）中士，此人身材中等且性格随和，与哈里森完全不是一类人。他在"胡椒罐行动"开始前不久就加入了我们，对我言听计从且任劳任怨。我不在连队的这段时间里，他尽心尽力地打理着A中队的各项事务，甚至主动承担起了原本属于连队高级士官的职责，让我能够放心地专注于克里斯托弗森交代给我的临时任务。韦伯来到这里后，我感觉第5装甲连终于步入了正轨，但A中队的整体情况还是不容乐观。

此时，A中队面临的最大问题在于新任队长自视甚高。上级对罗尼·赫顿的任命只是权宜之计，是为了临时填补萨姆科恩离队造成的空缺。而在2月18日这天，此前尚未登陆诺曼底海岸就已在登陆艇上负伤的比尔·恩德比又重新加入了舍伍德义勇游骑兵队。按照官方的规定，军官的手臂负伤后，其军衔会因受伤休养而被降级，但恩德比在1945年1月说服了随军医疗委员会，经鉴定符合"伤愈重返现役"的标准。此人是科班出身的骑兵军官，他早在战争爆发前就奉命指挥禁卫龙骑兵团（实际并未到任），后又于1943年加入舍伍德义勇游骑兵队，但当时北非战事已基本结束。恩德比若想在职业军官的道路上节节高升，就得像其前任梅金斯那样混得一份指挥团级部队下辖战斗单位作战的履历。他担心错过机会后，就再也无法满足这项要求，所以才拼命想在对德作战结束前重新加入舍伍德义勇游骑兵队。但他没有考虑到两个现实问题：一是此时已接近战争的尾声，他已错失了在诺曼底短时高效积累作战经验的机会；二是他加入的部队是一支由久经沙场的老兵组成的中队，各成员之间同生共死，早已情同手足，容不下陌生人的插足。更何况此前领导和训练这些士兵的队长，是他根本无法企及的铁腕人物。考虑到他的处境，我本是有些同情的。可我刚一回到A中队，这位新任队长做出的一项决定，就让我与他再也"尿不到一个壶里"。

能重回第5装甲连本来是件值得高兴的事情，因为担任联络官期间，我无比怀念和车组成员一起插科打诨的时光，常常思念这个小小的集体带给我的温暖。更重要的是，坐在敞篷的越野车里的我根本找不到只有坦克才能带给我的那种安全感——当别人瞄准你时，你可以瞅准时机狠狠地打回去。当我重新出现在车组成员的身旁时，"弗朗茨"高兴得直冲我摇尾巴，其他人的开心之情也溢于言表。然而，这种重逢的喜悦很快就烟消云散了，因为此前被击毁的"命中"号，竟然被一辆使用汽油发动机的"谢尔曼"改型坦克替换了！我有些不解，结果被车组成员告知，这是新任中队长做的决定，而且他们也一致认为这个决定"属实很欠妥"。这辆"谢尔曼"M4A4型坦克采用了克莱斯勒多排式发动机系统，该系统由四台普通汽车发动机组合而成。这种设计是因柴油发动机供不应求而做出的妥协，但汽油发动机存在一些明显的缺陷。首先，汽油易燃易爆，装满140加仑汽油的"谢尔曼"M4A4型坦克犹如一个火药桶，在中弹时更容易起火爆炸；其次，汽油发动机产生的动力不足；最后，坦克内的两台发动机采用了倒置的安装方式，因此其很容易因重力作用而熄火。而如果汽油发动机熄火，未燃烧的燃料容易聚集在底部气缸中，从而影响发动机再次打火。综合速度、动力和稳定性来看（在战场上，坦克的速度、动力和稳定性对于指挥官来说至关重要），汽油型坦克在这三个方面均难以胜任。丹尼斯·韦伯中士也同意我的观点。于是，我决定去找恩德比理论。

我和新任中队长的会面，是在克莱沃城内一座被炸毁的房屋的地下室内，双方最终不欢而散。我当时虽然只有 20 岁，但在 9 个月的出生入死期间积累了宝贵的实战经验（我甚至差一点被 88 毫米火炮炸得粉身碎骨）。我因没能控制住自己的情绪而表现得非常激动，回想起这一路走来的种种经历，我真的十分想念约翰·萨姆科恩，遂忍不住同恩德比争吵起来。结果，恩德比根本不肯放下姿态倾听我的想法。事已至此，我心底仅存的对所谓高级军官的那点儿尊重也荡然无存了。想当初，我们从未质疑过萨姆科恩的命令，但他总是愿意听取一线指挥官的意见，特别是那些逻辑清晰、具有实战意义的想法。我也理解，恩德比之所以这样做，是因为他作为一名"空降"的军官，需要建立起自己的威信。在他看来，被下级当面责难是一件很没有面子的事情。所以，他板着脸告诉我说现在柴油型坦克短缺，他既不会在中队内部重新分配坦克，也不接受我对他的质疑，让我自己想办法克服困难。说完，他便打发我离开了。就这样，我怒气冲冲地穿过瓦砾遍地的街道回到了连队营地，完全不顾自己的军官身份，像普通的坦克兵一样骂个不停。而当我将恩德比的最终决定转给车组成员时，他们也开始指天骂地。

天气依旧寒冷刺骨，大雪还在不停地下，不过胜利的曙光已经浮现——截至 3 月 10 日，莱茵河西南的德军部队已被全部肃清。英军第 21 集团军群已逼近预先设定在雷斯（Rees）与维塞尔（Wesel）两镇对面的渡河点，达成了与北进的美军会师的目标。德军溃不成军，有一些人束手就擒成为盟军的战俘，仅剩的残兵败卒则撤至莱茵河对岸，炸毁了莱茵河上的多座桥梁——在逃窜期间又有 40000 人伤亡。与此同时，美军第 12 集团军群也沿着其守卫的阵线移动，并最终逼近莱茵河。时间回到三天前，美军在雷马根（Remagen）夺取了德军未来得及炸毁的一座桥梁，并迅速在莱茵河东岸建立了由四个师组成的桥头堡守卫部队。剩下的任务便是肃清通往莱茵河的各条道路。此过程虽然艰苦而漫长，但标志着我们已经抵达传统意义上的德国边界。一旦盟军主力渡河，所剩无几的敌人就再也无力组织全面的抵抗。此时此刻，我们即将跨过保护第三帝国的最后一道屏障，只要渡过了莱茵河，就意味着直通纳粹德国心脏的大门将会洞开。

读者朋友们，你们一定会理所当然地认为，70 年前 ①，已胜利在望的我们，内

---

① 译者注：本书原著成书于2015年，这里的"70年前"指的是1945年。

心一定欣喜若狂。不过，事实并非如此。当时的形势虽然已经明朗，但我们深知这样的战果来之不易——第三十军向莱茵河挺进期间，共有 15634 名将士失去了生命，其中还不包括第 21 集团军群其他部队的损失，而且在南线作战的美国部队的伤亡也没有被计算在内。德军虽然清楚战败已成定局，但其没有表现出任何放弃抵抗的迹象，依旧在垂死挣扎。我们渡过莱茵河后，每向前推进一码的距离都可能会付出巨大的代价。我依旧悲观地认同战场的平均存活概率，认为自己接下来仍有可能命丧敌人枪口之下。受种种不利因素影响，加之持续数月的激烈战斗，让所有人都悲观地认为自己很可能成为这场战争中最后一个战死的人。因此，大家的心情更加低落了。就我而言，不顺心之事有二——一是因坦克被换，殒命战场的风险大大增加；二是新任的队长既缺乏经验，也不愿体恤下属，无法给出建设性意见。我甚至有些理解哈里森为何会在即将享受胜利果实之际选择临时离开了。但即便如此，我也打算恪尽职守，不给别人留下话柄。

最后一战

3月23日晚，英军第21集团军群发起"战利品行动"（Operation Plunder），开始强渡莱茵河，兵锋直至莱茵河对岸。在21时00分到来前不久，"水牛"履带式两栖运兵车载着第51高地师所辖的四个步兵营，与斯塔福德郡义勇游骑兵队的"谢尔曼DD坦克"一同驶入平稳的水流，开始横渡600码宽的河面，朝着莱茵河对岸驶去。在本轮进攻开始前，盟军已实施了为期三天的轰炸，向德军阵地倾泻了29000吨重的高爆弹药，炮兵部队的1000门火炮也在"H时"前不久炮击了敌军阵地。在密集炮火的掩护下，首批渡河的部队几乎没有遇到任何抵抗，顺利在雷斯镇附近的莱茵河东岸建立起一座桥头堡。当天，盟军在第21集团军群的防区内共发起三场渡河行动：第三十军负责渡河攻占雷斯镇，另一个军在上游渡河进攻维塞尔，美军第9集团军在防区南部渡河。

"战利品行动"是蒙哥马利精心策划的另一场大规模军事行动，他为实施该行动集结了大量的兵力、装备与物资。自3月12日以来，舍伍德义勇游骑兵队一直驻扎在莱茵河西岸的戈赫（此地距同在莱茵河河畔的雷斯镇只有几英里远）。我们抵达此地后不久，便开始了渡河的准备工作，所有坦克驾驶员都被送回奈梅亨，在那里观看车辆如何搭乘木筏渡过瓦尔河。军队高层本想借此提振士兵们对下一步行动的信心，但收效甚微。因为所有泅渡的木筏刚被投下水，就沉入了河底。其实所有人都能觉察到一场强渡莱茵河的突击行动正在如火如荼地进行，但实际上只有中队指挥官才有权知晓本次行动的具体细节，而我并不在其中——直到行动开始的前一天我才被告知详细的作战内容。我们虽然负责支援第51高地师（51st Highland Division），但扮演角色却是装甲预备队。因此，我们一直留在原地等待。隆隆的炮火声不时从河对岸传来，我们直到战斗打响的第3天才接到前往河对岸的命令。

行动首日的清晨，天朗气清，数百架运兵飞机与滑翔机从我们头顶飞过，载着10000名英军第6空降师伞兵直扑莱茵河对岸，计划在地面先头突击部队前方投下这些伞兵。飞行编队浩浩荡荡，表明盟军在武力上已对德军形成压倒性优势。但没过多久，远方空投区上方的蓝天中，突然布满了防空炮弹爆炸产生的浓密黑云——看来德军还在拼尽最后一丝气力反抗。我亲眼看见一架"哈米尔卡"（Hamilcar）重型滑翔机被88毫米口径防空炮弹劈成了两半，里面的一辆轻型坦克和其车组成员直接被甩了出来，从几百英尺的高空重重摔至地面。就在一瞬间，数以千计的伞盖在飞机机腹下方展开，蓝蓝的空中开满了白色的伞花，偶尔会有一两个黑点突然加速坠向地面——那是因为他们的降落伞出现了故障，或者是其降落伞不幸被敌人的防空炮击碎了。看着眼前这一幕壮观的景象，我不禁摘下帽子，向这些敢于跳入敌军阵地或乘坐轻木滑翔机闯入战场的勇士们致敬，他们与在奈梅亨配合我们作战的美国空降兵一样，都是登锋履刃的精锐。然而，由于德军在莱茵河东岸负隅顽抗，空降部队在建立桥头堡的战斗中伤亡惨重。

3月25日，舍伍德义勇游骑兵队接到命令，将前往对岸参与战斗。车组成员此前在奈梅亨目睹了车辆渡河时的状况，所以当他们得知将要搭乘木筏进行漕渡时，都表现出一副忿忿不平的模样。"旱鸭子"锡德·马丁的反应尤为激烈，他像往常一样破口大骂上级处事不公，质疑凭什么其他部队就可以使用工兵搭设好的浮桥过河。他一直处于极度焦虑的状态中，在集结区内抱怨个不停，直到第二天清晨我们开始搭乘坦克渡河时都还没消停。我不敢想象，如果搭乘"谢尔曼 DD坦克"泅渡的任务落在我们而不是斯塔福德郡义勇游骑兵队身上，他会是什么样子。每个木筏可运载一辆"谢尔曼"坦克，在粗钢缆的牵引下渡河。当我们驶向渡口时，太阳已经升起，空气中弥漫着浓浓的春意。渡河期间，虽然不时有炮弹落在木筏四周，掀起一个又一个水柱，但我们最终还是在晴朗的天气中顺利渡过了莱茵河。我们即将靠岸时，弗朗茨绕着坦克跑来跑去，冲着涌向木筏的水浪狂吠，就连马丁看见这场景也变得开心起来。

等到舍伍德义勇游骑兵队在莱茵河东岸展开行动时，雷斯镇四周的桥头堡已沿着长约30英里的东岸河堤扩展至20英里的纵深。此时，德军依旧在拼死抵抗。舍伍德义勇游骑兵队奉命支援第51高地师所辖各营，我们必须在敌军防线上撕开一个缺口，以便近卫装甲师能够向东北方向的北德平原（North German Plain）推进。在蒙哥马利看来，一旦我们驶入地势更为开阔的威斯特法利亚，那么通往易北河的道路将畅通无阻，而攻占柏林也指日可待。直到目前，蒙哥马利依旧认为德国首都将会成为盟军的囊中之物。但同盟国内部的关系错综复杂，东线的苏联军队距离柏林更近，种种迹象都表明苏联红军最终会"近水楼台先得月"，先我们一步攻入柏林。对我们而言，前往易北河之路道阻且长，但堂堂大元帅可不这么认为，他认为前方的敌人不堪一击。但实际上，在桥头堡一带同我们对峙的敌人主要来自德国第1空降集团军（1st Parachute Army），他们虽然伤亡惨重，但战斗力丝毫不减。

第二天，我们继续投入战斗，负责支援第 1 戈登高地步兵团（1st Gordons）和锡福斯高地步兵团第 2 营（the 2nd Battalion of Seaforths），此次行动是为更大的战略目标服务——丁克斯佩洛镇（Dinxperlo）位于雷斯镇以北 10 英里处，荷兰国境线经此地向德国方向弯折，第 51 高地师意图在该镇附近打开德军防线的缺口。为了达成此目标，我们首先需要攻占位于丁克斯佩洛镇以南几英里处的中型城镇伊瑟尔堡（Isselburg）。我们朝着此地进发，但没过多久便遭遇了敌人的猛烈阻击——炮弹与狙击枪子弹劈头盖脸地朝我们袭来。德国伞兵还将城镇前方一条未完工的高速公路的路基改造成了防御工事，并利用 MG42 机枪构成的密集火力网压制我方步兵。不仅如此，前往阵地的各条道路上还埋有大量的泰勒地雷。当我们准备上前为步兵们提供掩护时，迪基·霍尔曼的坦克被地雷炸毁了，其驾驶员也不幸负伤。霍尔曼见状，竟然英勇地爬出坦克，拆除了道路上剩余的地雷，为其连队其余坦克顺利通过此路段并干掉德军机枪阵地扫清了障碍。凭借此壮举，霍尔曼在日后获得了军功十字勋章。然而，等到第二天我们继续向伊瑟尔堡推进时，德军的地雷还是给我们带来了更大的伤亡。这天天刚亮我们就继续出发，军士长哈钦森步行引导他的坦克前进。结果这辆坦克轧爆了一枚地雷，致使哈钦森当场牺牲，内维尔·费恩的头部受伤。这两人分别是 A 中队的高级士官和作战队长，也是我在诺曼底加入 A 中队时就认识的老战友。随着他们的离开，A 中队中的老面孔越来越少了。

一天后，即 3 月 29 日，舍伍德义勇游骑兵队负责掩护锡福斯高地步兵团下辖的另一个营夺取丁克斯佩洛镇。虽有情报显示德国人正准备撤出该镇，但我方步兵依旧在正式发起进攻前使用重炮轰击了该镇。事后有人指出，如此大动干戈炮轰一座没有重兵把守的荷兰城镇毫无必要，正如有人反对在攻击平民区前对其实施轰炸一样。但这次我站在步兵这边，原因很简单——既然使用高爆弹药就可以解决问题，何必让不受任何保护的步兵去做无谓的牺牲呢？在 A 小队进入丁克斯佩洛镇时，城内已是一片狼藉，建筑物和道路均被炮弹炸毁了。我们与步兵一起清理房屋，从中赶出了大批战俘。倘若我们不事先用大炮轰击他们，他们当中的一些人可能就会用狙击步枪或"铁拳"来对付我们。从被俘的人数还可以看出，越来越多的德军士兵一有机会就会投降，敌人的抵抗正在逐渐减弱，德国意图遏制盟军桥头堡的防线也显露出松垮的迹象。

在丁克斯佩洛镇获得解放后，近卫装甲师绕过我们，准备长驱直入德国东北。4月1日，完成了"战利品行动"首个作战任务的第8装甲旅重新调整队形，奉命向北挺进并越过荷兰边境去支援第43萨默塞特郡步兵师，以解放莱茵河东岸仍被德军占领的荷兰地区。与此同时，随着德军设在桥头堡一带的阵地被盟军攻占，舍伍德义勇游骑兵队再一次被扩编为战斗群，以开启接下来的追击作战任务。这一次，埃塞克斯郡团义勇游骑兵队为我们提供了自行火炮炮组，国王皇家步枪团第12营派布伦机枪运兵车运载了一个连的步兵，甚至还有一支"袋鼠"装甲运兵车中队听从调遣，负责输送第4威尔特郡团下辖的一个步兵连。需要说明的是，"袋鼠"装甲运兵车由皇家装甲兵团统一调配，是加拿大产的"谢尔曼"坦克的改进型号，它拆除了"谢尔曼"坦克原有的炮塔，可运送10人组成的步兵分队。我们第一次看到"袋鼠"装甲运兵车，是在"真实行动"期间。步兵有了这种运兵车之后，终于可以在获得装甲防护的同时提升自身机动性了——他们可以轻松跟上装甲部队，再也不用坐在我们的坦克顶部执行高度危险的作战任务了。

在过去五个半月的漫长时间里，我们一路艰难跋涉，驶过了被洪水淹没的堤围泽地，越过了厚厚的沼泽，跨过了大大小小的河流，在付出损兵折将的代价后冲破了敌人的重重封锁。如今我们终于可以加快步伐，痛剿穷追兵败如山倒的敌人了。仅在展开追击的第一天，舍伍德义勇游骑兵队就向前推进了20多英里。在进攻德军设在吕洛村（Ruurlo）北侧的关卡时，"袋鼠"装甲运兵车的作用立竿见影，它们在我方坦克的炮火支援下，载着步兵直扑德军阵地，使步兵拥有了此前在法国和低地国家作战时所缺失的突击能力。虽然我们的多兵种协同作战能力得到了提升，但我们还需清醒地认识到如下问题：第一，我们目前只有一个搭乘"袋鼠"装甲运兵车的步兵连；第二，本次冲破第三帝国边境长驱直入德国本土，与去年夏天的追击战有着本质上的不同。这一次，我们是在进攻敌人的本土。敌人可以公然打着"保家卫国"的旗号来扩充兵员，以抵御我们的"入侵"。针对以上两点，新任中队长有些不以为然，所以我和他再次当众发生了争执。

在攻占吕洛村的行动结束后，A中队再次接到继续向北前进5英里，赶往洛赫姆（Lochem）的命令。洛赫姆早在中世纪就获得了城市自治权，是一座繁荣的荷兰市镇，其水路交通便利——北靠运河与铁路干线，东临斯林基河（Slinge），三面树林环绕。该地易守难攻，历来是兵家必争之地，我们此行的目的就是要夺取城北运河的渡口。但该镇的地形于我军不利——运河从城市北端川流而过，便于德国人采取惯用的沿河掘壕固守战术，树木繁茂的林地又为肩扛"铁拳"的步兵提供了绝佳的掩护，他们在此设置了大量的火力点，时刻准备伏击我们。在此情况下，我们需要谨慎行事，但部队高层却想让我们以最快速度向前推进。比尔·恩德比作为一队之长，承受着上级施加的压力，自然将迎合领导的意图放在首位。他下令让各装甲连分头行动，从东北方向开展大规模扫荡，直至最终夺取该镇。我对此不敢苟同，因为失去了步兵的火力掩护，A中队会陷入孤立无援的境地。我认为此方案是在照搬皇家装甲兵团的作战理论，极具教条主义色彩，完全无视此前在树篱田地带和堤围泽地作战的教训。因此，我坚持认为四个装甲连必须同时行动，先实施火力覆盖扫清前路，再利用交替掩护步步为营。可恩德比完全不顾我的反对，坚决让我执行命令。就这样，我俩在命令组当众爆发多次争吵。在我们合上地图，准备爬上各自的坦克前，彼得·梅洛（Peter Mellowes，他在哈利·希南牺牲后接管了第2装甲连）好言劝慰我说，和恩德比打交道要先调整好自己的心态。

当我向手下各坦克指挥官简单地传达恩德比的计划时，他们也纷纷认同我的观点。韦伯中士甚至吐了口唾沫，然后主动提出要打头阵。我拒绝了他，因为我觉得自己作为装甲连的连长理应身先士卒。分配完任务后，我们各自登车，四个装甲连开始分头行动。不过，在自己的车组成员面前，我闭口不言刚才的顾虑，但事实印证了我的预判——从四个连队分道扬镳的那一刻起，一切都在朝着错误的方向发展。考虑到任何树丛中都可能蹲伏着肩扛"铁拳"的德军步兵，我们费力地绕过一大片树林，尽力让自己处在"铁拳"的射程之外。但我担心的事终究还是发生了——第2装甲连打头阵的坦克超出了我们的视野，不幸被"铁拳"击中。当时，中队的无线电通信网里只传出了一声"火箭筒"（这是我们对"铁拳"的俗称）。我根据声音判断，遭遇伏击的很可能是彼得·梅洛的坦克，发出这声喊叫的人应该是彼得·梅洛手下的奥普莱中士。狡猾的德军伞兵就藏在我们身后，他们故意放奥普莱的坦克从身旁经过，等坦克稍稍驶出一段距离后，便立刻开火射击。"铁拳"发射的空心装药反坦克榴弹击穿了坦克炮塔的中央，致使车组多名成员身负重伤，无法在坦克起火的瞬间弃车逃生。只有驾驶员在浑身严重烧伤的情况下成功地爬出了坦克。他紧握"卢格"手枪，疯狂地向"铁拳"开火的地点冲去并打死了两名敌人，吓得其他几名敌人仓皇逃走。与此同时，第2装甲连的其他坦克也集中火力向灌木丛开火，将藏在里面的"空降猎兵"炸了出来——他们的人数竟有半个连之多。

失去了一辆坦克后，我们变得愈发紧张起来。但由于目的地洛赫姆还在前方，我们只能继续前进，并穿过一片更为开阔的地带。这片区域内没有任何掩体，致使连队的右翼完全暴露且正对着右侧的河堤。我甚至能感觉到，沿岸的敌人正注视着我们的一举一动。更糟糕的是，经过一夜的雨水冲刷，前方的地面也变得泥泞湿滑。我内心万分着急，想尽快穿过开阔地，以缩短暴露在敌人视野中的时间。我命令驾驶员加快速度，但奈何汽油发动机马力不足，纵使吃力地运转，也无法带动车辆往前挪动半步。我们只能任由坦克的履带打滑，并一点点陷入泥沼之中。突然，这台发动机似乎达到了极限，发出噼里啪啦的异响，然后就熄火了，整辆坦克也随即瘫在了原地。而此时，相对安全的城郊就在前方几百码处。我看着这辆趴窝的坦克心急如焚，遂下令立即重启发动机。只听到起动电机发出一阵诡异啸叫，声音尖锐刺耳。但未燃尽的燃料全部聚集在底部气缸里，即使起动电机拼命挣扎也无法点着发动机。此时此刻，所有人都意识到，我们遇到了大麻烦。我的大脑飞速运转，我迅速扫了一眼周围的地形，试图发现可能隐藏在暗处的反坦克炮，但这么做显然于事无补。在直觉与求生本能的驱使下，我对着麦克风大喊，命令车组成员立刻跳车。

还没等我喊第二遍，车身前部的两个舱门就猛地被推开，马丁、梅奥和弗朗茨跟着我逃出了车长指挥塔。我又对着车组成员大喊，让他们赶紧远离坦克，逃进左前方300码外的树丛中寻求掩蔽。我根本顾不上回头看，但我心里清楚，从河岸方向断断续续射来的机枪子弹非常想要我们的命。我们拼命地摆动双臂，不顾一切地朝树丛狂奔。求生的本能再次驱使我冲同伴们大喊："散开！别聚在一起！"更糟糕的是，当我们跑完大约一半的路程时，我的耳边突然响起了炮弹的呼啸声，这意味着我们即将被炮火包围。果然，在不到一秒钟的时间后，105毫米口径炮弹就落在了我们周围，发出一连串震天动地的爆炸声。有的炮弹落在了被遗弃的坦克四周，炸得泥土飞扬，那场景宛如末日降临。此时的我们还没有跑得太远，差点被爆炸产生的冲击波掀翻在地，五脏六腑也仿佛就要炸裂。这个时候，救命稻草一样的树丛还在50码以外，但下一波炮弹即将蜂拥而至。我甚至能感觉到，金属弹头飞速移动的声音仿佛要把头顶的空气撕裂。突然，前方的松树林被炮火夷为平地，碎木残枝散落一地。还有一枚炮弹直接命中了我们的坦克，车长指挥塔与炮塔舱门被冲击波顶起，重达 100 磅的圆形炮塔变成了一个金属飞盘，在空中疯狂打转。等我们抵达树丛边缘时，炮塔已变得像镰刀一样了——炮管朝下直挺挺地插在地上。

眼前的松树林被炸得只剩下一片树桩。我们慌忙从树桩旁爬过，想赶紧钻进丛林深处寻求掩护。经过林中的一片空地时，所有人都停下来将手搭在膝盖上喘息，我们都紧张得上气不接下气。空气好像凝固了一般，大家还没有从刚才的惊魂一幕中缓过劲来，全都沉默不语。不知是谁带头骂了一句什么，午后的空气里立刻充满了骂骂咧咧的污言秽语。由于我们刚才匆忙跳车，几乎所有装备都落在了坦克内，我只带了"卢格"手枪和地图。很快，劫后余生的轻松感就被复仇的怒火取代了。我清楚地认识到，接下来还有恶仗要打。于是我命令全员返回阵线，去寻找装甲连的其余人马。这次我们算得上是死里逃生，所有人都安然无恙。但弗朗茨离我们而去了——它跟着我们一起跑，刚跑到林地边缘就一头钻进树林，彻底消失在了我的视野里。与我们失散后，它再也没有回来。

这天快结束的时候，我已由面露愠色变为怒不可遏，因为恩德比扬言要把我送上军事法庭。他的理由是我为了不再指挥汽油型"谢尔曼"坦克作战，故意丢下坦克。这个理由属实可笑，好在罗尼·赫顿一直留在队里担任二把手。他亲自出面在我俩之间担任和事佬，以爱尔兰人特有的人格魅力缓和了原本剑拔弩张的气氛。随后，他把恩德比拉到一边，向他介绍了装甲战的一些基本常识。这天傍晚，我们确定恩德比不会再来找麻烦后，便折回被遗弃的坦克，试图找回一些有用的东西。这辆坦克已成为一堆废铁，静静地瘫在原地。车厢内部一片狼藉，座椅被炸成了碎片，线缆也耷拉了下来，在我们眼前晃来晃去。看到这一幕，我们不免有些后怕——当时如果我们在车里多待一分钟，就一定会被当场炸死。取回车内的剩余物品后，我走进了树丛里，嘴里不停地呼喊着弗朗茨的名字。后来车组其他成员加入了我的行列，就连当初有些排斥弗朗茨的加特赛德也表现得十分焦急难过。然而，夜色越来越深，我们不得不放弃搜寻。

在洛赫姆遇袭后，A 中队与舍伍德义勇游骑兵队其他人马一起撤回至德荷国境线的一侧，准备从东面进攻占地面积更大的荷兰城镇亨厄洛（Hengelo）。我们从德国这边出发，与 B 中队形成了钳形，为第 43 师下辖的三个步兵营提供火力支援，打了城内德国守军一个措手不及。最后，我们在几乎没有遇到抵抗的情况下进入了城内。随着德军开始撤退，我们本想乘胜追击，却被热情欢迎我们入城的当地居民挡住了去路。被纳粹奴役了五年后，他们终于迎来了解放，兴奋之情溢于言表。欢呼雀跃的人们将我们的坦克团团围住，疯狂地朝我们抛撒礼物，还有人爬上坦克亲吻我们的面颊。这一幕简直就是布鲁塞尔入城时的情景再现，只不过规模略小一些。坐在车身机枪手位置的加特赛德再一次"近水楼台先得月"，尽情地享受着荷兰女人的拥吻，我也跟着沾了些光。肯·梅奥削尖了脑袋从我身旁将头伸出舱口，倒也蹭到了金发女郎们的香吻。只有马丁被困在坦克里，愤愤不平地抱怨个不停。我们在亨厄洛停留了不到一周的时间，其间尽情地享受着当地居民的盛情款待。自行动开始至今，九天的时间过去了，我们第一次能够在遮风挡雨的屋檐下扎营。

对于舍伍德义勇游骑兵队来说，停留在亨厄洛的六天只不过是行动间隙一段轻松而惬意的插曲。我们十分清楚战争远没有结束，我们还需要再次穿越国境线继续向德国本土进军。英国本土报纸对我军行动的报道虽然稍稍滞后了几天，但放出的论调是第三帝国崩溃在即，就连报道更为及时的英国广播电台简报也在暗示听众，欧洲战事即将结束。但事实上，从近期的战斗和情报来看，敌人依旧在负隅顽抗，我们还有很多仗要打。厌战的情绪在舍伍德义勇游骑兵队当中持续蔓延，每一个人都想知道这场仗到底还要打多久。远方留守家中的女人们同样在焦急地等待，她们一遍遍阅读报纸、观看新闻简讯、收听广播播报，每当听到新闻播音员字正腔圆地用寥寥数语播报战事的最新进展，如"爆发激烈战斗""造成了一定的伤亡"，就会为自家男人的安危感到担忧，并在心底暗自祈祷死伤的不是自己的爱人。女人们除了静静地等待，别无他法。唯一能让她们稍感慰藉的，就是丈夫从前线寄来信件，并在信中告诉她们自己一切安好。当然，她们也害怕等来的不是家信，而是阵亡通知书。

4 月 9 日，舍伍德义勇游骑兵队接到了开拔的命令，此行的最终目标是攻下不来梅（Bremen）及其后方所有地区。这个目标很远大，但前提是我们得赶到那里。这座港口城市横跨威悉河（Weser）两岸，位于威悉河入海口（威悉河从这里流入北海）以南 30 英里处。想要兵临不来梅城下，我们需要穿过纵深为 150 英里的敌占区。在荷兰城镇亨厄洛，我们受到了热烈的欢迎，而一旦我们进入德国人的城镇与村庄，也一定会受到盛情的"款待"。只不过等待我们的，不再是鲜花与亲吻，而是猛烈的炮火。一切就绪后，我们启动发动机准备出发，坦克及支援车辆排成纵队，哐当哐当地驶上贯穿亨厄洛城中心的道路。此时周围的树枝已经吐出了新芽，有的树上甚至开满了花朵——此时已是冬末，但周围的空气依旧寒冷刺骨。

舍伍德义勇游骑兵队保持着队形一路平稳地向前推进，仅在行军的头两天就前进了 40 英里。起初，我们几乎没有遇到任何抵抗，但随着车队逐渐深入德国领土，危险开始再次逼近——路面看似平整，但其实是因为弹坑刚被工兵匆匆填平，清晰可见的弹坑边缘，整齐地堆放着被工兵挖出来的地雷。德国士兵的残尸败蜕散落在反坦克炮的残骸与被炸毁的英军坦克之间。种种迹象表明，这条路沿线刚刚爆发过激烈的战斗。舍伍德义勇游骑兵队行至半程时，遇到了第一道路障。这类路障被称为"鹿砦"，是将砍下的树干绑在一起筑成的三角形防御墙，其周围通常埋有地雷，而被呼叫来排障的工兵无一例外都处在敌人的火力监视之下。所以，我们每遇到一道路障就会在距其几百码以外的地方停下，等待领头坦克的指挥官用双筒望远镜侦察前方的敌情。只要我们在敌人开火前发现了他们，就会先呼叫炮火打击，再派出步兵发起快速进攻，直到敌人被彻底肃清才会继续前进。

如果我们发现德军躲藏在树林里或者农舍里，并且判定他们不会对主路构成威胁，就会直接绕过他们，将其留给后面的部队。通常情况下，如果领队的坦克被"铁拳"击中，或者轧到了地雷，就说明敌人就在附近，且已下定决心拼死拦住我们的去路。所以，就像之前在法国北部行军时那样，没有任何装甲连指挥官愿意乘坐领队的坦克。当初，只要轮到 A 中队走在舍伍德义勇游骑兵队最前面，约翰·萨姆科恩就会制订一份明晰的轮值表，让手下各装甲连指挥官严格按照表格上的时间轮流担任先锋，并且给予他们明确的指示。如今，比尔·恩德比领导的命令组在这一问题上态度暧昧，导致各装甲连指挥官常常围绕谁的部队将在何时何地打头阵而吵得面红耳赤，但最终还是辩不出个所以然来。毕竟经过了 10 个月的战斗，将士们愈发感到疲倦，谁都不想在战争即将结束之际遭遇不测，所以没人自愿走在最前面，这时候就需要一队之长坚定地摆明态度。

4 月 11 日这天，当舍伍德义勇游骑兵队在勒宁根（Löningen）遇到路障时，打头阵的并不是 A 中队，而是 B 中队。他们不幸被躲藏在村庄里的德军用"铁拳"

击中，损失了两辆坦克，并且领头的装甲连共有 10 人遇袭身亡。战争结束后，我通过阅读书报才知道，在诺曼底地区，被手持反坦克武器摧毁的英军坦克数量仅占英军坦克战损总数的 6%，而在德国本土，这一比例竟然飙升至 34%。这是因为到了战争后期，德军损失了大量的坦克与自行火炮，且无力填补战损。与此同时，纳粹德国为了应对兵力的迅速枯竭，将越来越多的老人与儿童征召进所谓的"人民冲锋队"（Volkssturm，相当于英国的"地方志愿军"）。此时廉价易造、操纵简便的"铁拳"便成了德国人的首选武器，非常适合大量配发给老人与儿童。操作"铁拳"的射手只有两种必死的结局——要么因为没有击中目标而被坦克反杀，要么击中了坦克却被负责提供火力掩护的其他坦克炸死。放在以前，用单兵对抗坦克，是一种极不明智的做法。但到了德军垂死挣扎的最后阶段，这种"一命换一辆盟军坦克"的自杀战术变得极具"性价比"。另外，埋设地雷也是德军阻挠我们前进的有效手段。一旦我们发现地雷，便会冒着极大的风险并耗费大量的时间清理雷区。狡猾的德军通常会埋设诡雷，并将多枚地雷捆绑在一起以增加爆炸威力。路面上密密麻麻的弹坑旁，到处是英军士兵被炸掉的残肢断臂。由此可见，地雷的威力非同小可。

我已经记不清轮到 A 中队带队前往下一个村庄时，到底是哪一个装甲连走在最前面，但肯定不是我们第 5 装甲连。此前有消息称，拉斯特鲁普（Lastrup）附近的敌人已被肃清，所以走在最前面的坦克放松了警惕，结果刚一进村就遭遇了突如其来的打击——敌人的机枪、"铁拳"与狙击步枪从四面八方同时开火，编织出密集的火力网。但令人称奇的是，这辆"谢尔曼"竟然毫发无损地穿过了村庄主路，然后以迅雷不及掩耳之势猛地向右转弯，经由岔路驶出村庄，兜了一圈后又加入了 A 中队的大部队，并随 C 中队及支援步兵一起仓促地向敌人发起攻击。此时的地形已于我方有利——北德平原（North German Plain）地势平坦，土质干燥且没有树篱的遮挡，十分有利于坦克作战。我们遂迅速地驶离主路，展开队形，迅速对村内的德军火力点发起侧翼攻击，在炸毁所有村舍后便扬长而去，在身后留下被熊熊烈焰吞噬的断壁残垣。我在车上回首望去，村庄内的滚滚浓烟直冲天际，我方被击毁的"谢尔曼"坦克也不时地喷出黑烟，模糊了远处的天际线。肃清小村庄里临时拼凑而成的小股敌人，相对来说比较容易，只不过需要付出些许代价。但如果在穿过沟深垒高的城郊时遭遇敌人的抵抗，那就是另外一回事了。

克洛彭堡（Cloppenburg）位于不来梅东南 30 英里处，索斯特河（Soeste River）从城镇中心川流而过。当舍伍德义勇游骑兵队在此遭遇德军伞兵时，负责打头阵的又是我们 A 中队。我们刚刚抵近城郊，就听到一阵剧烈的爆炸声。据此判断，敌人一定炸毁了索斯特河上的多座桥梁。与此同时，敌人仅存的两辆自行火炮还向我们开火，炸毁了领头的"谢尔曼"坦克，所幸车组成员成功跳车逃生并迅速找到掩体隐蔽了起来。我们奋起还击，迫使德军的自行火炮后撤至城镇更深处。接下来，第 43 师所辖第 7 汉普郡团奉命与 B 中队一同发起进攻，我们 A 中队则继续向城镇前沿堑壕内的敌人开火。清除了第一道障碍后，我们沿着城镇的主路杀进城内。这时，德军的装甲部队再次出现并袭扰我方先遣连队和 B 中队。他们炸断了城内的桥梁，致使先遣连队和 B 中队被分隔在索斯特河两岸。好在还有一座桥梁尚未被敌人摧毁。于是，我方部队决定抓住有利时机强渡索斯特河。但当车队行至桥头时，领头的坦克不幸被"铁拳"击中，致使指挥官与一名车组成员当场身亡，而赶来营救被困在车内其他成员的 B 中队两名成员，也被敌人用机枪打死。最终，我方成功建立了渡河点，A 中队为了保护这座仅存的桥梁，向城镇更深处挺进，进入了街道狭窄密集的街区，在房屋废墟间同敌人爆发了激烈的巷战。战斗一直持续至深夜。

我们花了两天时间才肃清了克洛彭堡内的所有敌人，这座城镇也基本上被我们彻底摧毁。但当我们穿过其他小镇和村庄时，当地居民全都不战而降，纷纷在临街的窗户上挂起了白床单。虽然少数地区被彻底摧毁，但仍有许多地区表面上几乎没有受到战火的影响。只有当你走进这些地区的教堂时，才会发现长达五年的残酷战争留下了怎样的印记。我们曾在一个村庄扎营过夜，它的名字我已记不太清，但我仍能清楚地回想起这个村庄的教堂坐落在排列整齐的红砖民房中央，教堂中殿的墙壁因被粉刷成白色而显得庄严肃穆，村庄周围是村民精心打理的农田。我们到达那里时，村里竟然没有任何敌人。据我猜测，可能是当地人为保护家园不受战火的摧残，成功说服了驻扎在这里的德军，让他们相信德国大势已去，负隅顽抗已经没有任何意义。当时天很快就要黑了，我决定抓紧时间走进教堂中殿一探究竟。透过渐浓的暮色，我依稀看见祭坛上方有二十多个月桂花圈，每一个花圈代表着一名在战争中牺牲的男性村民。至此我终于明白为什么村里的壮丁那么少了，原来他们早就被征召至北非沙漠和东线草原等蛮荒之地，然后殒命疆场，为德军庞大的伤亡数字增添了微不足道的几笔。斯金纳神父常说，"散兵坑里没有无神论者"①，我走进教堂原本也是为了寻求心灵上的慰藉。但看到一个小小的教堂里，居然摆放着如此多的阵亡者花圈，再联想到敌我双方都宣称是为正义而战，我不免觉得可笑，甚至开始质疑自己的信仰——这世上真有上帝吗？如果有，那么他到底站在哪一边？

对于我们的到来，德国平民的态度各不相同。在我们遇到的德国人当中，很少有人会把敌意挂在脸上。大多数人会在心里默默地记恨我们，将家园被毁归罪于我们，但其表面上还是会表现得十分高兴。毕竟对于他们来说，战争已经结束并且他们侥幸活了下来。总的说来，德国人对我们俯首帖耳，似乎这个民族本身就是一个习惯于服从权威和听从命令的民族。为了防止我们与德国平民交往过密，部队下达了严格的命令，以指导我们正确处理同德国平民的关系。除了执行任务所必需的沟通外，我们被禁止同德国平民交谈、微笑、握手、同住一屋，不允许分给平民香烟或食物，甚至给孩子们糖果都是明令禁止的行为。

对于抢劫德国人的财物，部队也做出了规定，但其实很难界定到底何种行为是抢劫。一直以来，舍伍德义勇游骑兵队都有一项不成文的规定，默许我们征用可以改善生活的东西（比如被褥、衣服），以及我们认为德国人不需要的东西（比如鸡蛋和酒）。在我们攻入德国本土的最后阶段，我常常向战友炫耀腿上的德式过膝长靴，这是我从一名德国国防军军官那里搜刮来的。虽然这双靴子穿脱起来很不方便，但它总是会让我想起在荷兰的沼泽里艰难跋涉的日子——当初如果有这双靴子，我一定能少遭很多罪。在这一阶段，我们还会抓些鸡放进坦克里，就像当初在法国时那样，中队偶尔也会强征并宰杀平民的猪给我们打牙祭。但和在法国不一样的是，我们不再需要用自己的东西去换取物资，甚至连德国人的房屋都可以直接征用为临时营地——我们只需给住在里面的人几分钟时间收拾衣物和个人物品，然后挥手示意他们走到街上即可，根本不用废话也不用考虑他们的感受。在没有遭遇战火破坏的情况下，被征用的房屋通常都是热水、电、抽水马桶齐备，可供我们尽情享用。另外，大多数德国家庭都备有充足的食物与酒水，而

---

① 译者注：这是一句英语谚语，意思是人在极端恐惧时，例如面临战争等极端灾难时，都会本能地期望世上有超自然能力，希望神灵保佑自己渡过难关。

据我所知，当时的英国人民尚处于物资短缺的状态，只能严格遵守配给制。二者相比，简直是天壤之别。

我们继续向不来梅挺进时，沿途就很少遇到物资储备充足且未被战火破坏的房屋了。在通往不来梅城郊的路上，遍地都是德军士兵与战马的尸骸，以及被台风刮落一地的战车残骸。即使我们有意回避，也很难不注意到铺满路面的残肢断臂。偶尔会有几列德军战俘从我们的坦克旁路过，他们灰头土脸，垂头丧气，拖着沉重而疲惫的步伐朝后方的战俘营走去，只有走在最前头的军官会强装出几分镇静。与战俘们一起挤在道路上的，还有散乱的难民，他们有的手握行李箱，有的推着婴儿车，还有的拉着装着物资的小车，争先恐后地逃离战火纷飞的家园。在这群战争难民中，最引人瞩目的当数"流离失所者"（displaced persons①）。他们来自刚刚获得解放的荷兰、法国、苏联与波兰等国，原本被关押在劳动营内充当奴隶劳工，在当地纳粹政权崩溃后获释。这些人攥着仅有的一点财产，步履艰难地朝着自己祖国的方向赶路，有人朝东前行，也有人一路向西，还有一些人蹲在路边拣拾德国人丢弃的口粮，或者啃食死马身上的腐肉。当我们风尘仆仆地朝着不来梅驶去时，我望着沿途与我们擦肩而过的行人，不禁陷入了沉思——每一个憔悴而可怜的路人背后，究竟隐藏着怎样的辛酸往事与凄惨经历。

4月18日，舍伍德义勇游骑兵队在第3步兵师的指挥下，攻入了威悉河西岸的城市南郊。第3步兵师是诺曼底登陆首日的先遣部队之一，也是英国陆军第2集团军中唯一一支从未与我们合作过的部队。在重新攻入德国境内的一周里，舍伍德义勇游骑兵队向零散孤立的德国后卫阵地发起了快攻。在我们推进至不来梅城郊时，该区域内的敌人重新集结起来，摆出了死战到底的姿态，并动用了大量的火炮与迫击炮，就连停泊在港口内的炮艇也在朝我们发射炮弹。面对敌人的激烈抵抗，我们不得不放缓了进攻的速度。不过，负隅顽抗的好战分子毕竟是少数，大多数德军更愿意主动投降，只要我们靠近他们并冲他们喊话，他们就会乖乖地放下武器。进攻期间，皇家阿尔斯特斯来复枪团（Royal Ulsters）的一位排长发现，敌人在路堤上部署了一门88毫米口径反坦克炮。这门火炮的射程覆盖了路堤下方

---

① 译者注：指因战争、冲突、迫害、自然灾害等原因而被迫离开家园或失去住所的人。

的十字路口，炮台周围还有机枪与迫击炮提供火力支援。如果我军从正面进攻炮台，将会遭受重大的伤亡。于是，排长命令彼得·梅洛干掉这门反坦克炮。好在火炮并没有处在最佳的防御位置，梅洛找到防守漏洞后，率领连队悄悄地绕到了德国人身后，射出密集的高爆弹与机枪子弹，全歼了炮台上的敌人。但是他在爬出坦克检查战场时，却发现死者竟然都是十几岁的男孩，心中顿时升腾起对德军的厌恶。这些稚嫩的娃娃兵被强征上战场，因缺少实战经验才没有找好防御位置。如果他们像成年士兵那样接受过正规的训练，大概率会给我们带来不小的伤亡。

　　其实，进攻途中最大的危险来自地雷。装甲部队进城后，只能排成长队沿着一条道路前进，所以守城的敌军在道路下方埋设了原本用于炸毁大型舰船的水雷，并将它们设置为被几辆战车轧过后就会自动爆炸。其中一枚水雷炸毁了走在克里斯托弗森的坦克前面的一辆"袋鼠"装甲运兵车。这枚水雷含有大约1000磅重的烈性炸药，它将20吨重的装甲运兵车和车内10名步兵炸得粉身碎骨，甚至没有留下任何遗骸。我们谁都没有去细想，我们的坦克之所以躲过一劫，是不是因为正好赶在水雷爆炸前开了过去。B中队就没有这么幸运了，他们的一辆坦克被藏在暗处的88毫米口径反坦克炮击中。穿甲弹击穿了炮塔，装甲连指挥官丹尼斯·埃尔莫尔中尉（Lieutenant Denis Elmore）当场牺牲，炮手与装填手身负重伤。丹尼斯·埃尔莫尔曾在诺曼底战役中负伤，后于今年年初在斯欣嫩重新加入舍伍德义勇游骑兵队，是舍伍德义勇游骑兵队中最后一个阵亡的军官——他在大战行将结束之际殒命沙场，实在令人扼腕。

　　四天后，我们被重新划归第43萨默塞特郡步兵师指挥，奉命穿过威悉河，加入针对不来梅城中心的总攻。没有任何部队愿意承担进攻现代化城市要塞的任务，因为这类城市拥有庞大的建筑群和错综复杂的道路网络，会将任何一支来犯的军队拖入逐屋逐街道争夺的巷战之中。霍罗克斯中将也有同样的顾虑，因为他不想在大战基本结束之际再让部队遭受无谓的伤亡。但我们心里清楚，德国人已下定决心要在此地同我们决一死战。甚至有传言称，不来梅市市长不忍看到居民遭受战火蹂躏，遂宣布不来梅为不设防城市，结果他却被党卫军射杀了。4月22日，我军的宣传弹在不来梅上空炸开并抛撒下4000份传单，敦促城内守军投降，但德军指挥官弗朗茨·贝克尔（Fritz Becker）不为所动。于是当晚稍晚的时候，英国皇家空军再次派出战机，对该城实施致命打击。轰炸机抵近城市上空时，城内防空警报骤然响起。在我们的注视之下，轰炸机以低空飞行姿态，直冲目标飞去。突然，探照灯的光束与高射炮的炮弹直冲云霄，与战机相遇。随后，英国皇家空军轰炸机司令部（Bomber Command）又派出了更多架次的飞机。两天之后，当我们的坦克隆隆作响地开到进攻起始位置与步兵会合时，不来梅上空仍笼罩着一层黑烟。至此，英军在长达四年多的时间里，共对不来梅实施了数千次空袭。

在三个步兵师与第 8 装甲旅的配合下，第三十军向不来梅发起了总攻。根据部署，舍伍德义勇游骑兵队与第 43 萨默塞特郡步兵师从东南方向发起进攻，第 52 师和第 3 师分别从北边和南边发起进攻。此时的不来梅已是满目疮痍，城中心几乎没有一栋能屹立在原地的建筑，偶尔有一两栋没有被夷为平地的房屋，也被炸得只剩下了空壳。我驾驶的"谢尔曼"坦克率先开进城内，站在炮塔上的我被眼前地狱般的景象惊呆了，但我一点也不同情德国人，因为我想起了自己的国家——当初希特勒发动闪电战时，我们的伦敦和考文垂也遭受了同样的蹂躏。城内仍有许多顽固分子，他们由希特勒青年团成员、海军陆战队士兵和党卫军的残部组成，誓要与自己的城市共存亡。这些人固守在路障后方、狭长散兵壕内和废墟二层的门窗内侧，使用"铁拳"与机枪不停朝我们射击。但这样做徒劳无功的行为，只能徒增伤亡和拖延一点时间，他们最终还是被我们击败了。见此情形的我们不禁纳闷，这些人为何死战到底不肯投降？显然，这个问题的答案没有那么简单。极权政治下的绝对服从、对希特勒狂热崇拜的根深蒂固、对盟军提出无条件投降的恐惧，都是造成这一现象的原因。当然，国家恐怖主义也是重要的推手——成千上万的战斗人员与平民，只因表现出轻微反战迹象与厌战情绪，就被德国的国家机器无情地处决。不过，我们才不关心这些，只要德国人有意同我们决一死战，我们绝对会毫不犹豫地使用最大限度的武力，以确保死的是他们而不是我们。

在建筑物密集的地带遭遇殊死抵抗，任何部队都会放慢进攻的节奏，特别是在战斗即将结束的情况下，部队会尽可能地避免不必要的伤亡。绝大多数将领，下至陆军准将，上至霍罗克斯这样的中将，都对此表示理解，只有冯·托马还在不停地向手下各营长施压。其中一位营长向他解释了推进缓慢的种种原因，结果这名战功赫赫（曾两次被授予杰出服役勋章）的军官得到的回答却是："你他妈的给老子继续打下去。"但是，继续向前推进意味着部队会遭受更大伤亡。起初，步兵为了减少伤亡而十分依赖炮兵的火力，但火炮间接射击的效果在城市地区大打折扣。所以，步兵转而要求我们开到他们前面，用高爆弹炸掉前方的德军火力点。我们勉强答应了他们的要求。加特赛德瞪大双眼，疯狂地用 0.3 英寸口径机枪扫射每一扇门，以防门后藏有手持"铁拳"的德军。与此同时，我驾驶坦克在狙击手射出的子弹间穿行，目的是引蛇出洞供马丁射击。在炮膛的另一侧，梅奥在一刻不停地装填着弹药。韦伯中士在我的身后，与我的坦克保持着一个战术距离。他为我提供火力掩护，负责射杀任何企图从后方攻击我坦克的敌军步兵。我们会尽量炸毁建筑，这样步兵就可以上前肃清被压在瓦砾下的敌人，或者趁敌人从废墟掩体中突围之际，和我们一起射杀他们。

在其他装甲连队或者中队赶来接替我们之前，我们不断地重复着上述步骤，挨个肃清每一栋建筑、每一个街区与每一条街道，每当遇到敌人的火力点或者成堆的瓦砾，都不得不放慢推进的速度，每次向前推进的距离不到 100 码。如果条件允许，我们会呼叫"滑稽坦克"去对付体型更大、更为坚固的敌军堡垒。丘吉尔 AVRE 支援坦克（AVRE，全称为 Armoured Vehicle Royal Engineers，即"皇家工兵装甲战斗车辆"）的爆破迫击炮可轻松摧毁阻碍我们前进的任何建筑，"鳄鱼"喷火坦克则会向建筑喷射点燃的液化石油。面对我方的进攻，一些德军士兵退回到纵深防御阵地的后部，从更远的地方向我们发起反击，而其余士兵则会乖乖地举起双手从地堡里钻出来，有人身上还背着受伤的战友，这些伤员大多在被背出地堡后不久就没了呼吸。进攻一直持续至深夜，战斗稍事结束后，我们龟缩在坦克内打盹，而四周的建筑废墟还在熊熊燃烧。第二天，我们逼近了不来梅城中心的市民公园（Bürgerpark）。敌人在公园内设置了一处战略要点，并以此为中心构筑了防御阵地。德军指挥官弗朗茨·贝克尔的指挥碉堡就在这里，而这块阵地也就成了我们需要攻取的最后一个目标。A 中队成功绕至公园后方，和威尔特郡团的步兵一同从北侧发起进攻，但他们遭遇了德国海军陆战队的顽强抵抗。这时，C 中队在萨默塞特郡轻步兵团下辖的 1 个营的配合下，从公园南侧发起进攻，击败了这股负隅顽抗的敌人。与此同时，B 中队从我们一侧经过，冲上前去包围了贝克尔的指挥碉堡，迫使贝克尔率众投降。4 月 28 日，我们解放了不来梅城。在这之后，我们接到了新的命令，需要与第 43 师一同北进 30 英里，去夺取位于威悉河入海口的不来梅港（Bremerhaven）。当我告诉车组成员我们将继续接受冯·托马的指挥时，他们不约而同地发出了一声叹息，摆出了一副无可奈何的表情。接下来，肃清城内残敌的任务就留给了步兵。除此之外，那些重获自由的奴隶劳工在城内烧杀抢掠无恶不作，也需要步兵出面干预。

第二天出发时，我亲身感受到战友们的那份无奈。每个中队都被分配到不同的战斗群里，每个战斗群都会沿着自己的路线单独行动。果不其然，我们所在战斗群的步兵指挥长提出让坦克带路。不来梅北部地势低洼，土壤终年潮湿泥泞，我们的坦克只能沿着公路前进，随时会轧到地雷或遭遇伏击。就在我们北进的路上，一名德国军官突然从路旁的堑壕里冒出来，打算用手里的"铁拳"攻击我们。不过，他的目标是韦伯中士的坦克，而这个决定直接要了他的命——韦伯的"谢尔曼"坦克前部焊接了一段备用履带。我原本以为这是多此一举，但没想到它真的挡住了"铁拳"射出的反坦克榴弹。逃过一劫的韦伯直接命令坦克将这个倒霉的军官撞倒在地，从他身上压了过去，将他碾得粉身碎骨。这一幕虽然残忍，但眼前的德国人是尚未投降的战斗人员，他会抓住一切机会袭击我们，如果他刚才成功了，车内的五个人就会被烈焰活活烧死。然而，更可怕的事情还在几英里外的地方等着我们，且与战斗本身无关。

4月底的时候，一则消息开始在军中流传：在汉堡（Hamburg）附近的吕讷堡石楠草原（Lüneburg Heath），盟军发现了一处阴森恐怖的拘留营，名为"贝尔森集中营"（Belsen）。当时，第43师正在向北行军，第8装甲旅只能单独行动。于是他们找了一处地方安营扎寨，以便为接下来进攻不来梅港做好准备。结果，该旅在营地以北8英里的地方[桑德博斯特尔村（Sandbostel）附近的树林里]发现了这座集中营。在此之前，除了隐约听说过一些难以启齿的事情外，我对集中营一无所知。因此，当A中队在5月初驶过XB战俘营前往位于希普施泰特村（Hipstedt）内的营地时，我还没有意识到战俘营的铁丝网与岗哨背后会是怎样一番景象。突然，两个面如槁木的人出现在集中营的大门后面，有气无力地冲我们挥手。我至今清楚地记得，那两个人骨瘦如柴，面色蜡黄且脸部松垮，双眼深陷且颧骨突出，身上穿着不合体且满是污泥的条纹制服。当时，我瞥了一眼大门上的标志，发现上面写着一句让人不明所以的德语"Arbeit macht frei"。后来我才知道，这句话的意思是"劳动带来自由"——奥斯威辛集中营的大门上也有同样的字样。

在A中队路过桑德博斯特尔村集中营时，英国人还没有接管该营地。直到后来，我们才听说了铁丝网背后的具体情况。桑德博斯特尔村集中营最初的设计定位是一座可容纳 10000 人的战俘营，但到最后被解放时，关押在此的人数已激增至 30000 人，其中包括数千名犹太人与苏联人。营地内斑疹伤寒与慢性痢疾肆虐，有 2000 人因感染疾病身亡，横尸在遍地屎尿之间。侥幸活下来的非英法籍战俘则会被塞进拥挤、肮脏、充斥着病菌的牢笼里。甚至在第 8 装甲旅的战地医院抵达集中营后，营地内每天仍有 100 多人死去，这里因此得名"小贝尔森集中营"。对于上述情景，我只是道听途说，"希尔达"·扬格医生与斯金纳神父却亲眼看见了营地内的惨状。两人虽然在战场上见惯了生死，但在看到集中营内的景象时，他们的胃里依旧翻江倒海。直到离开这个难以用言语形容的人间地狱时，他们才稍稍缓过劲来。

根据霍罗克斯中将的命令，周围的城镇与村庄需各派一些妇女来清理集中营和照顾幸存者。霍罗克斯中将后来写到，他原本以为这些妇女会被眼前的恐怖景象所震惊，进而为德国人的行径忏悔。但实际上，并没有任何人表现出些许的同情与懊悔。我们自己也遇到了类似的情况——没有任何德国人会承认自己是纳粹，也不会为自己的所作所为而感到羞耻。第 5 装甲连在希普施泰特村借宿期间，房屋的女主人正是这副德行。当我们提出征用房屋时，她表现得十分抗拒。我手下的弟兄们告诉我，有一位愤怒的女士挡在房屋门口拒不离开。于是我亲自过去查看情况，只见那女人僵硬地站在门口，用蹩脚的英语和德语向我诉说她的难处，并提到了"mein Haus"（我的家）和"nicht essen"（还没吃饭）等词。我只好建议她去桑德博斯特尔村集中营，去看看那里能不能给她提供住处和饭食。结果，她一下子暴怒起来，声称自己跟纳粹没有半点关系，也根本不知道集中营里的情况。但一个人为制造惨剧的魔窟，关押了如此多的受迫害之人，又距离普通德国人如此之近，并且还会定期将数千名囚徒送到周边地区充当奴隶劳工。纳粹在光天化日之下做得如此明目张胆，这个女主人又怎么可能不知道？我懒得听她解释，示意她赶紧走开，让她自己去了解集中营的情况。关上门时，我不禁注意到墙上那些醒目的空画钩，此前我们进入的许多其他德国家庭都有这些东西。我强烈怀疑，它们曾被用来挂阿道夫·希特勒的照片。

4 月 30 日，在苏联红军即将攻入总理府地堡前，希特勒饮弹自尽。此前此后，众多德国人都急于撇清同"元首"的关系。四天之后，也就是我同那位德国妇女（德语：hausfrau）发生口角的第二天，一场极为重要的英德会谈在位于吕讷堡石楠草

233

原的蒙哥马利的指挥所内举行。17时00分，德军一位高级代表签署投降书，宣布荷兰、丹麦与德国西北部境内的德军正式投降，此决议将于第二天（即5月5日星期六）8时00分起生效。而在第二天早些时候，舍伍德义勇游骑兵队已经进入了攻击阵地，准备向不来梅港发起进攻，冯·托马亲自面见了指挥长，指挥长也告诉了他本次行动的细节。欧洲战事结束的消息传来时，我们还在为下一日的战斗苦苦备战。梅奥当时正在操作无线电，所以比我先收到消息。他在炮塔内欣喜若狂地冲我大喊："战争终于结束了。"我愣了一下，不太确定他说的是不是真的。这时，加特赛德突然把脸凑到我跟前，不停地大声重复着："一切都结束了！"直到这时，我才彻底相信自己不是在做梦。

英国广播电台（BBC）宣告欧洲战事结束的消息时，英国举国上下一片欢腾，激动的民众穿过林荫大道（the Mall），涌到白金汉宫门前，想要国王亲自出面宣读胜利的消息。放眼德国境内的英国阵线，沿线的炮火声就此偃旗息鼓，庆祝胜利的红绿色信号弹照亮了夜空。我的车组成员同样欣喜若狂，他们同我握了握手，拍了拍我的后背后，便迫不及待地去寻找美酒与"佳人"了。军官们从战利品中拿出香槟，举杯庆贺，把酒言欢。我刚想加入他们，但凉爽的夜风拂过面庞，让我冷静了下来，往日的一幕幕浮现在眼前。在过去不到11个月的时间里，我们奔袭万里，勇闯诺曼底滩头，强渡塞纳河，血战奈梅亨，熬过了凛冽的寒冬，越过了低地国家的泥泞沼泽，最后顺利穿越德国国境，在洛赫姆与不来梅两地同敌人决一死战。往事历历在目，万千思绪涌上心头，我回想起过去经历的一切，想起了那些离我们而去的人。狄克逊、军士长哈钦森，还有其他许许多多的战友，此刻仍裹着脏兮兮的军毯，躺在异国他乡的坟墓里。最让我想念的，还是哈利·希南，那段真挚而短暂的友谊刻骨铭心。大战已经结束，我会重新站在蓝天下，沐浴在灿烂的阳光里，但希南的生命却永远地定格在了昏暗的战争岁月。

后记

　　1945 年 5 月 7 日凌晨，德国投降签字仪式在法国兰斯（Reims）境内的艾森豪威尔指挥部内举行，德国国防军最高统帅部（German High）正式签署德军无条件投降书。第二天，德国也与苏联签订了无条件投降书。投降书上白纸黑字的签名，向世人宣告欧洲战事彻底结束。在这场持续了将近 12 个月的战争中，舍伍德义勇游骑兵队共有 153 人牺牲，287 人负伤。霍罗克斯中将日后评论说，舍伍德义勇游骑兵队是英国陆军中参战次数最多的部队。德国投降一周后，我们参加了胜利大游行，我们这些幸存下来的老兵开着被擦得锃亮的坦克穿过瓦砾遍地的不来梅街道，从第三十军军长面前驶过。很难想象，就在几天前，我们的坦克还在战火与硝烟中穿行，被爆炸掀起的气浪溅得满身污泥。

　　随着战事正式结束，英国成立了驻德占领军，舍伍德义勇游骑兵队位列其中——起初驻扎在汉诺威（Hanover）负责守卫重要的基础设施，同时确保关系民生的食物与煤炭等物资得以正常发放，以保护当地民众免遭"流离失所者"的报复。过去的五年里，我们拼尽全力与德国人厮杀，用尽一切办法摧毁他们的家园，如今我们却在保护曾经的敌人，防止他们受到被我们解放之人的伤害，想来真有些不可思议。7 月，舍伍德义勇游骑兵队被调至马格德堡（Magdeburg）并与易北河对岸的红军会师。对于占领德国一事，苏联人显然有着不一样的理解。

　　会师后不久，一道连接英占区与苏占区的"友谊桥"（Bridge of Friendship）飞架易北河两岸。我最后驻守的地方是哈尔茨山（Harz Mountains）附近的艾恩贝克（Einbeck），在那里舍伍德义勇游骑兵队接受了德军一个装甲连的投降，共接收16辆"猎豹"坦克歼击车。但即便是投降，这些坦克歼击车也排成了阅兵队形，德国坦克兵也衣着整齐，身穿帅气合身的黑银色坦克服，在移交车辆时齐刷刷地向我们敬礼。

留在占领军内毕竟不是长久之计。眼看战事已经结束，我本想直接退伍还乡，但是当时我的年龄未满21周岁且还有18个月的服役期，而按照英国陆军部的规定，服役期未满的年轻士兵是要被派往日本作战的。8月9日，美国在长崎投下了第二枚原子弹。日本于6天后宣告无条件投降，二战至此结束。我原本已经做好去太平洋战场的心理准备，但随着这种叫"核武器"的东西的横空出世，让进攻日本本土变得毫无意义。所以，我被改派去了埃及。如今，人们在是否应该对日本使用核武器的问题上各执一词，有人甚至上街游行，谴责美国当年使用原子弹结束战争，但我一定不会在这些反对的人之中。在前往远东的途中，所有人身心俱疲——大家好不容易活到欧洲战事结束，谁都不想再继续打仗了。虽说两颗原子弹造成了巨大的伤亡，但它们实际上拯救了成千上万名盟军士兵与日本平民的性命。如果盟军真向日本本土发起全面进攻，一定会造成惊人的伤亡。

在接下来的18个月里，我被划入德比郡义勇游骑兵队（Derbyshire Yeomanry），一直驻守在亚历山大（这里靠近舍伍德义勇游骑兵队此前在北非战役中的作战地点），负责驾驶装甲车在沙漠中巡逻，以帮助当地阿拉伯部落维持战后秩序。在我离开舍伍德义勇游骑兵队后不久，这支部队也面临着被撤销建制的命运——1946年2月2日，斯坦利·克里斯托弗森收到蒙哥马利的来信，被告知舍伍德义勇游骑兵队即将被"冻结"（suspended animation，军事术语，目的是弱化"解散"一词）。其实早在去年夏天，也就是我离开该部队前不久，舍伍德义勇游骑兵队的所有坦克就已被收回。随着战争结束，裁军成为英军的当务之急。

到了3月1日，舍伍德义勇游骑兵队被正式移出战斗序列[为应对日益紧张的冷战对峙局势，舍伍德义勇游骑兵队于1947年接受改编。此后，该部队再遭削减，被降级为一支独立的次级部队。如今，舍伍德义勇游骑兵队仍然存在，是英国陆军预备役部队（Army Reserve）所辖皇家游骑兵队（Royal Yeomanry）下的一支中队]。在人员安置方面，舍伍德义勇游骑兵队被动员参战时就转入该团的本土防卫义勇军（the Territorial Army）官兵，或者在二战初期就被征召入伍的老兵，可即刻办理退役手续。而我因为资历较浅，参战的时间也相对较晚，所以直到 1947 年才正式退伍。作为纪念与补偿，部队发给我一套不合身的军装、一顶军帽和一本"退伍安置证"。

虽然舍伍德义勇游骑兵队的成员们亲眼见证了战场的恐怖景象，亲身经历了战争的残酷，眼睁睁地看着战友在身边死去，但对于他们大部分人来说，加入舍伍德义勇游骑兵队是这辈子最有意义的事情，甚至对部分成员而言，这是他们在成年后全身心投入的唯一事业。正因如此，他们在退伍后，终日被强烈的失落感包围。另外，他们中的大多数人在大萧条时期度过了年少时光，刚刚成年就加入舍伍德义勇游骑兵队参加二战，所以很难适应战后英国单调乏味的大环境，因而无比怀念纪律严明、组织严密的军旅生活，放不下当年的战友情谊。还有人出现了更为严重的心理问题，如创伤后应激障碍，变得对陌生环境和噪声极为敏感。当然，并不是所有人都会这样，比如我就安然无恙。患严重创伤后应激障碍的人，往往是当初战功卓著的勇士。比如出身猎人家庭的乔治·德林中士，他凭借着对地形敏锐的洞察力成为舍伍德义勇游骑兵队中几名最勇敢、最成功的坦克指挥官之一。然而，战争期间的经历却在战后深深地困扰着他。德林本就沉默寡言，在战后多年里更是闭口不谈自己在军中服役的经历，不愿观看战争电影，甚至不愿在乡间独自走夜路。战后一次战友聚会上，有人邀请德林爬上一辆"谢尔曼"坦克。当时他虽已年逾七十，但还是无法抗拒坦克的诱惑。旁人称赞他身手不减当年时，他却反驳道："是啊，但我今晚肯定会做噩梦。"

那时没有"心理咨询"一说，而且对于我们这代人而言打仗有如家常便饭。只有症状最为严重的病人，才会被诊断为患有"弹震症""战斗疲劳症"，进而接受临床治疗。成千上万的退伍军人只能默默忍受心理创伤带来的痛苦，全身心地投入到战后的新生活中。约翰·萨姆科恩在律师行业里大展拳脚，成为英国内政部（Home Office）的高级法律顾问，甚至因表现突出而荣获勋章。在战后的大部分时间里，他对自己的大部分过往经历守口如瓶。斯坦利·克里斯托弗森选择在南非开启新生活，起初涉足金矿行业，成为业内的一名高管，后在伦敦一家顶尖的股票经纪公司谋得一份令人艳羡的工作，魅力与乐观丝毫不减当年。但在亲和友善的外表下，克里斯托弗森仍时常对当年麾下每一位士兵的牺牲感到深深的自责。

我相对年轻，在团里服役的时间也没有其他战友那么长，所以受到的影响要小一些。入伍时我还是个孩子，等到退伍时我已成年，军旅生涯使我变得从容自信了许多，带兵打仗的经历让我做任何事情都从容不迫。退伍还乡时，我已晋升为上尉军衔，回到家里的那天，家人并没有举行大张旗鼓的欢迎仪式。父母为我平安归来感到高兴，但他们都是维多利亚时代的人，性格内敛保守不太会表达自己的感情。父亲最担心我的工作问题，催促我加入了他的公司。一年后，我决定听从内心的声音，打算独自出来闯一闯。于是，我用借来的20000英镑（这在当时可是一笔巨款）买下一家濒临倒闭的混凝土制造公司。经过多年的辛勤努力，到我出售这家公司的时候，它已发展成为一家实力雄厚、效益可观的企业，旗下有100名员工、50辆水泥搅拌车和3个采石场，每天可生产16000块混凝土砖。另外，我还创办了一所农场，养了5000头猪，并利用其盈利广泛投资和经营房地产事业至今。商业上的成功，支撑着我对汽车竞速的热爱与追求：我先于1983年参加了布莱顿全国竞速赛（National Brighton Speed Trials），后于1985年创下了该赛事的竞速纪录，并将这项纪录保持了九年时间。

在战争结束后的几年里，我们大多数人都忙于开启新的人生，或者接续之前被战争打断的生活。然而，随着时间的推移，许多人还是十分怀念那段峥嵘岁月里的战友情谊，念念不忘为集体荣誉而战的日子，我也在其中。于是，我开始参加舍伍德义勇游骑兵队战友聚会，随战友一起去欧洲重游诺曼底、弗农镇与奈梅亨等地。后来，故地重游成了每年一次的固定战友聚会活动。参加聚会的人数也在逐年壮大，我们甚至举办了多场隆重的纪念活动，如纪念诺曼底登陆50周年典礼和纪念诺曼底登陆60周年典礼。活动期间，我们寻访战斗过的地方。战争造成的破坏早已被修复，炮火在地表留下的伤疤大多也被岁月抚平。偶尔会有一片树林或一条小路保持着被炸毁时的惨状，勾起刻骨铭心的回忆，让我们重新回想起当时的情景、声音和感受：88毫米口径火炮发出的爆炸声、德军机枪开火时断断续续发出的"噗噗"声、火药爆炸瞬间窜入口鼻的呛人气味。感谢这些聚会与纪念活动，我们得以在轻松愉悦、互相尊重的氛围中重叙战友情谊。萨姆·加特赛德与锡德·马丁偶尔会参加活动，并且每次见到我都坚持称呼我为"长官"。浓浓的战友情并没有因年岁的增长而变淡，我们常会聊起某个地方的闷热潮湿，或者发生在另一个地方的欢乐瞬间——并肩作战仿佛就在昨日，战斗时的热血沸腾，内心偶尔的恐惧，会在说笑之间再次涌上我们心头。我们还会缅怀没能活到回家的战友们，比如静静躺在荷兰尤康贝尔战争公墓（Jonkerbos War Cemetery）里的哈利·希南。每次举办活动，大家都会想起他，聚会也因此增添了些许伤感的气氛。我的另一个遗憾是在战后再没能联系上肯·梅奥。在战争结束后的那几年里，我多次试图与他取得联系，但从未能如愿，他也从来没有参加过战友聚会。据说他搬到了诺福克（Norflok）并在那里找到了一份无线电工程师的工作。斯坦利·克里斯托弗森于1990年去世，他是战友聚会的常客，大家对他的爱戴一如既往的强烈，这种情感恐怕只有当过兵的人才能理解。约翰·萨姆科恩也在我们心中同样有着举足轻重的位置，他的严谨认真不减当年——筹备纪念诺曼底登陆60周年典礼期间，由于身体欠佳和视力衰退，萨姆科恩提前以口述的方式，让家人代笔完成了自己的战场巡游笔记，然后用三天时间背下了笔记上的每一句话，只为巡游马车拉着我们重游战斗过的地方时，能面向我们准确地讲述70年前发生的每一件事。

　　萨姆科恩也和我们一起参加了在黄金海滩举办的官方纪念活动。不过，我在活动结束时独自溜出了人群，来到当年登陆的那片海滩上漫步。这时的海浪比"D+4"日那天还要大，我静静地凝望着远方——海浪在不停地翻腾，在涌到距离岸边只有几码远的地方时猛地拍上海滩，化为一摊白色的泡沫。此情此景，让我想起了当年那辆沉入海底的"克伦威尔"坦克。我环顾四周，很快就找到了它落水的原因——向后退去的水流与向前涌动的海浪碰撞在一起，在距离海滩几码外的浅水区形成激潮。激潮退去后，卵石滩上浮现出一道巨大的潮汐裂缝。显然，它是在潮汐的常年冲击下形成的，其深度和宽度足以吞没一辆"克伦威尔"坦克，这也就解释了为什么70年前那辆"克伦威尔"坦克刚一驶出坡道就一头扎进了海里。裂缝两边其实只有几英尺深，"克伦威尔"坦克贴着裂缝一侧驶入水中后，最多只能在4英尺深的水里行进，结果这道裂缝在海浪的持续冲击下，竟深达10多英尺。坦克落水后，坦克登陆舰的坡道就扣在它的头顶，致使车内的两名年轻坦克兵根本没有机会逃生，两条年轻的生命就这样被诡异的黄金海滩地貌夺走了。我忘不了他们的名字，却早已记不清他们的模样，只知道他们看起来非常年轻。这两人葬身海底的场景在脑海中久久挥之不去，我独自一人沿着海滩走了很久，望着卵石滩上的裂缝，心头的那份自责才渐渐释怀。

　　随着年龄的增长，参加纪念活动的老兵越来越少，战友们也愈发力不从心。但我们只要尚有余力，仍会坚持每年聚在一起。我们会再一次戴上褪色的坦克贝雷帽，套上笔挺的西装，系好舍伍德义勇游骑兵队的领带，挂上战斗勋章，坐下来纪念和追忆往事。我们会共叙战争铸就的深厚战友情，回忆多年前在欧洲西北部的那段峥嵘岁月里，我们如何并肩作战、在逆境中取得胜利。我们始终为自己是舍伍德义勇游骑兵队的一员而感到骄傲，为部队的光荣历史而自豪，同时也会继续缅怀那些没能回家的人。聚会纵然有些伤感，但我并不后悔，且绝不会错过每年的重逢。我已经万分走运了——不仅在战争中幸存了下来，而且在战后收获了属于自己的事业与爱情。可纵使生活再美满幸福，我也始终不忘自己的军人本色。有人曾问我，离开舍伍德义勇游骑兵队那天是什么感觉。我回答说，我从来没有想过这个问题，因为那一天还没有到来。

致谢

作为本书的作者，我深知创作不易，因此特别感谢许多人在撰书期间给予的帮助，正是他们不辞辛苦的付出，才使本作顺利成书。首先，特别感谢二战史历史专家詹姆斯·霍兰德（James Holland），他先帮助我写完了引言部分，又在后续的创作过程中提供了大量的原始材料与专业指导。其次，我们要感谢舍伍德义勇游骑兵队前上校乔纳森·亨特（Jonathan Hunt）及随团秘书麦克·艾略特（Mike Elliot），他们二人对本项目给予了大力的支持，并慷慨地抽出时间提供建议与指导。另外，吉姆·克拉克（Jim Clark）的工作尤其值得一提，他精心修复的一辆"谢尔曼"坦克能够在格洛斯特郡（Gloucestershire）的乡间攀爬前行。克里斯托弗·萨姆科恩（Christopher Semken）也是如此，他为我们提供了与其父亲约翰·萨姆科恩间接接触的机会，对我们的帮助非常大。

我们还要向安妮（Annie）和萨莎（Sasha）表示衷心的感谢，她们是我们生活中的贤内助，自始至终支持着我们，容忍我们常年把自己关在书房里、一次又一次前往法国和没完没了地通电话。

与猎户星出版集团（Orion Publishing Group）的合作非常愉快，在此特别感谢艾伦·萨姆森（Alan Samson）及其团队给予我们的信任。最后，我还要感谢菲尔·帕特森（Phil Patterson）。作为我们的代理人，他一直陪在我们身边，不厌其烦地提供详尽的建议与支持，自始至终都在用他的热忱鼓舞我，以及参与创作此书的所有人。

参考文献

公开出版资料

Bailey, R., *Forgotten Voices of D-Day* (Ebury 2010)

Beevor, A., *D-Day* (Viking 2009)

Bishop, G., *The Battle – A Tank Officer Remembers* (privately published, n.d.)

Buckley, J., *Monty's Men* (Yale University Press 2013) Campbell, J.D. and Leinbaugh, H.P., The Man of Company K (Bantam Books 1986)

Cross, R., *Fallen Eagle* (Caxton Editions 1995)

Douglas, K., *Alamein to Zem Zem* (Faber and Faber 2008) Ellis, J., *The Sharp End of War* (Corgi Books 1982)

Forty, G., *Companion to the British Army* (The History Press 1998)

Hastings, M., *Armageddon* (Macmillan 2004) Hastings, M., *Overlord* (Book Club Associates 1984) Hills, S., *By Tank into Normandy* (Cassell 2002) Holland, J., *An Englishman at War* (Bantam Press 2014) Horrocks, B.H., A Full Life (Leo Cooper 1974)

Hunt, J., *Hard Fighting: A History of the Sherwood Rangers Yeomanry 1900–1946* (Pen & Sword 2016)

Jarry, S., *18 Platoon* (Sydney Jarry 1987)

Kite, B., *Stout Hearts* (Helion 2014)

Lindsay, M., *So Few Got Through* (Pen & Sword 2000)

Lindsay, T.M., *Sherwood Rangers* (Burrup, Mathieson 1952)

McNab, C., *Hitler's Armies* (Osprey 2010)

Reddish, A., *A Tank Soldier's Story* (privately published, n.d.)

Reynolds, M., *Steel Inferno* (Spellmount 1997)

Ryan, C., *The Longest Day* (Coronet 1988)

Skinner, L., *The Man Who Worked on Sundays* (Revd. Leslie Skinner RAChd 1997)

Skinner, L., *The Sherwood Rangers Casualty Book 1944–1945* (Revd. Leslie Skinner RAChd 1997)

Trelor, G., *The Memoirs of Trooper G. Trelor* (privately published, n.d.)

Urban, M., *Tank War* (Little Brown 2013)

Whiting, C., *Bloody Bremen* (Leo Cooper 1998) Whiting, C., *West Wall* (Pan Books 1999)

Wilmot, C., *The Struggle for Europe* (Richard Clay 1954) Zaloga, S.J., *The Sherman Medium Tank* (Osprey 1993)

未公开出版资料

8th Armoured Brigade, War Diary – WO171/4327, WO171/613 and WO171/666

43rd Infantry Division, War Diary – WO223/45 59th Infantry Division, War Diary – WO171/667

Stanley Christopherson, War Diary

The Private Letters of David Render – 1944–45

The Sherwood Rangers, War Diary

引文

Christopherson, Stanley (Lieutenant Colonel, DSO) – WO373/51/280 Lanes, James (Corporal, MM) – WO373/53/196

Semken, John (A/Major, MC) – WO373/49/47

Webb, Dennis (Sergeant, MM) – WO373/52/733

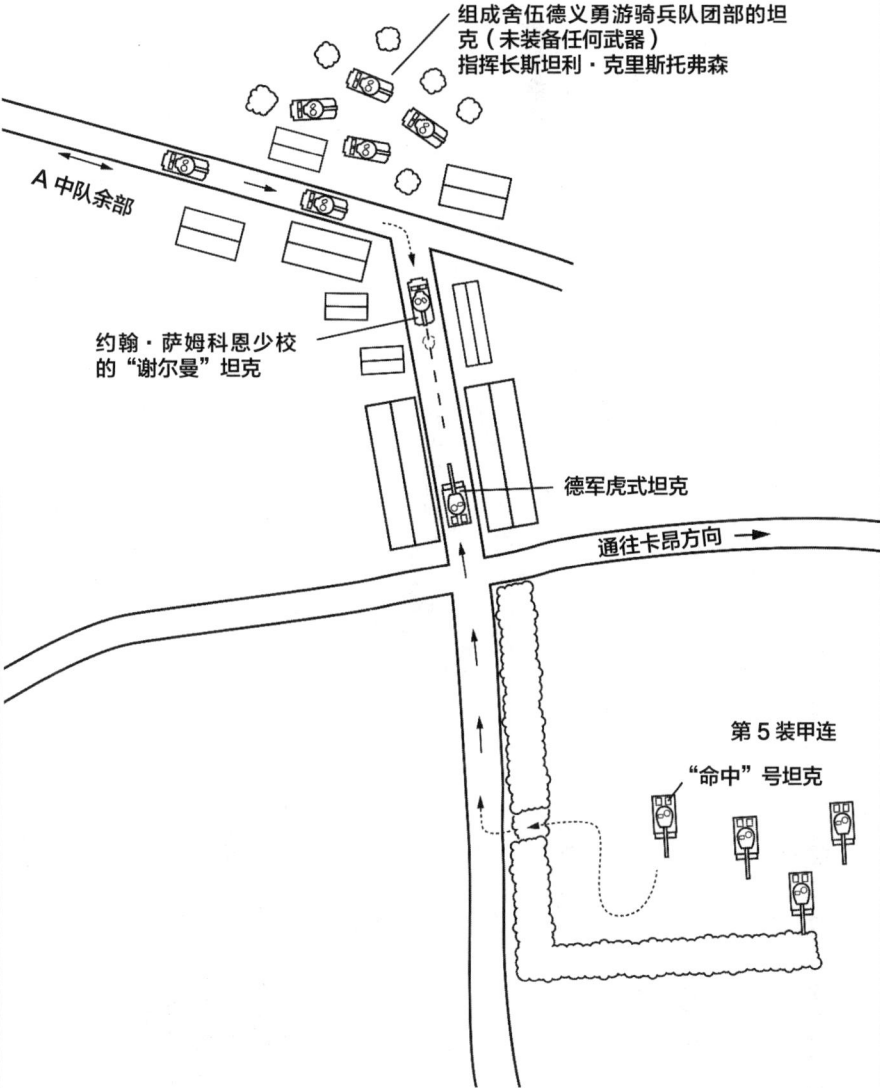

萨姆科恩正面遭遇虎式坦克，丰特奈村，1944 年 6 月（第六章）

组成舍伍德义勇游骑兵队团部的坦克（未装备任何武器）指挥长斯坦利·克里斯托弗森

A 中队余部

约翰·萨姆科恩少校的"谢尔曼"坦克

德军虎式坦克

通往卡昂方向 →

第 5 装甲连

"命中"号坦克

诺曼底，1944 年 6 月—8 月（第八章）

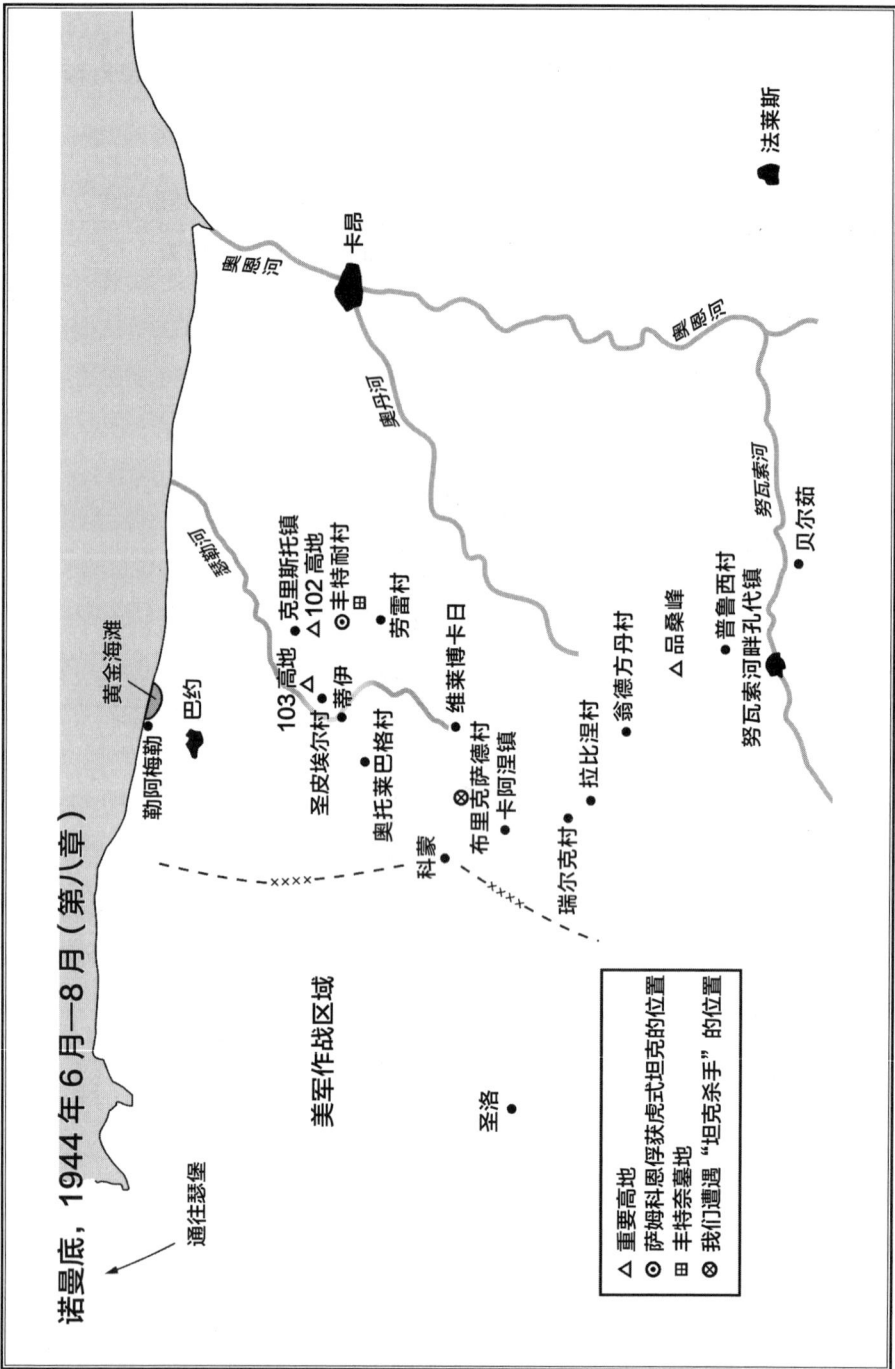

通往瑟堡

黄金海滩

勒阿梅勒

巴约

圣洛

奥恩河

卡昂

法莱斯

奥恩河

奥丹河

瑟勒河

103 高地

克里斯托镇

102 高地

丰特耐村

蒂伊

劳雷村

维莱博卡日

圣皮埃尔村

奥托莱巴格村

布里克萨德村

卡阿涅镇

科蒙

瑞尔克村

拉比涅村

翁德方丹村

品桑峰

努瓦索河

贝尔茹

普鲁西村

努瓦索河畔孔代镇

吕桑峰

美军作战区域

△ 重要高地
⊙ 萨姆科恩俘获虎式坦克的位置
🞖 丰特奈墓地
⊗ 我们遭遇"坦克杀手"的位置

△ 重要高地
萨姆科恩俘获虎式坦克的位置
丰特奈墓地
我们遭遇"坦克杀手"的位置

杜朗镇（第九章）

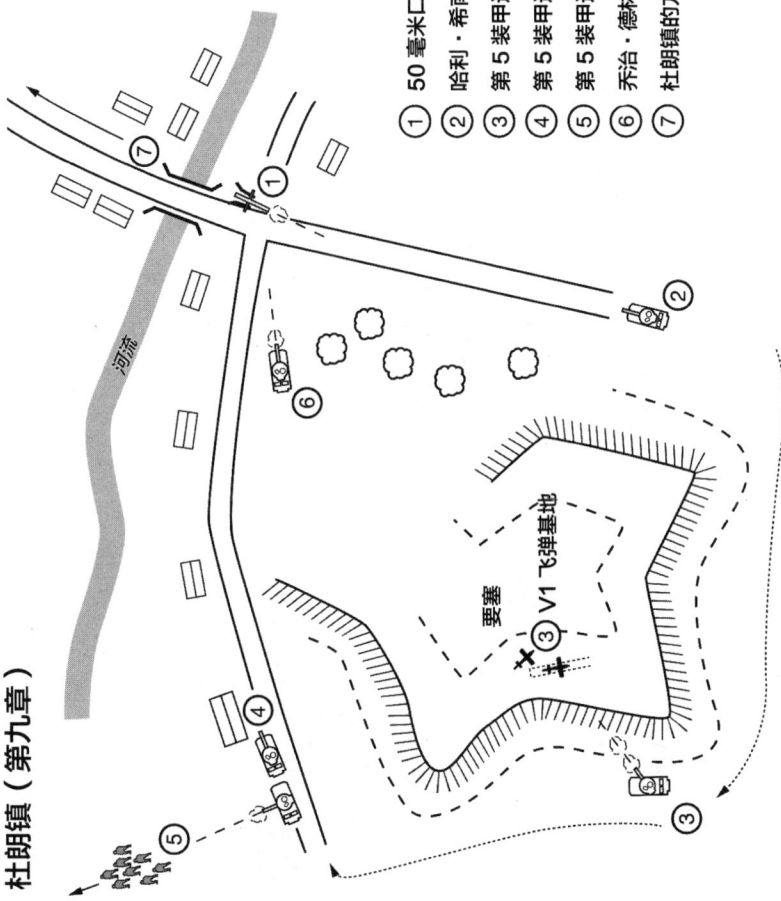

① 50毫米口径 PAK 反坦克炮开火
② 哈利·希南的"谢尔曼"坦克突然遭遇袭击
③ 第5装甲连迂回至敌军左翼并摧毁 V1 飞弹基地
④ 第5装甲连浮虏了仓内的德军 V1 飞弹发射班组
⑤ 第5装甲连击倒逃跑的德军
⑥ 乔治·德林中士的"谢尔曼重火虫"坦克击毁德军反坦克炮
⑦ 杜朗镇的方向

河流

要塞

③ V1 飞弹基地

247

反坦克伏击战，奈梅亭（第十章）

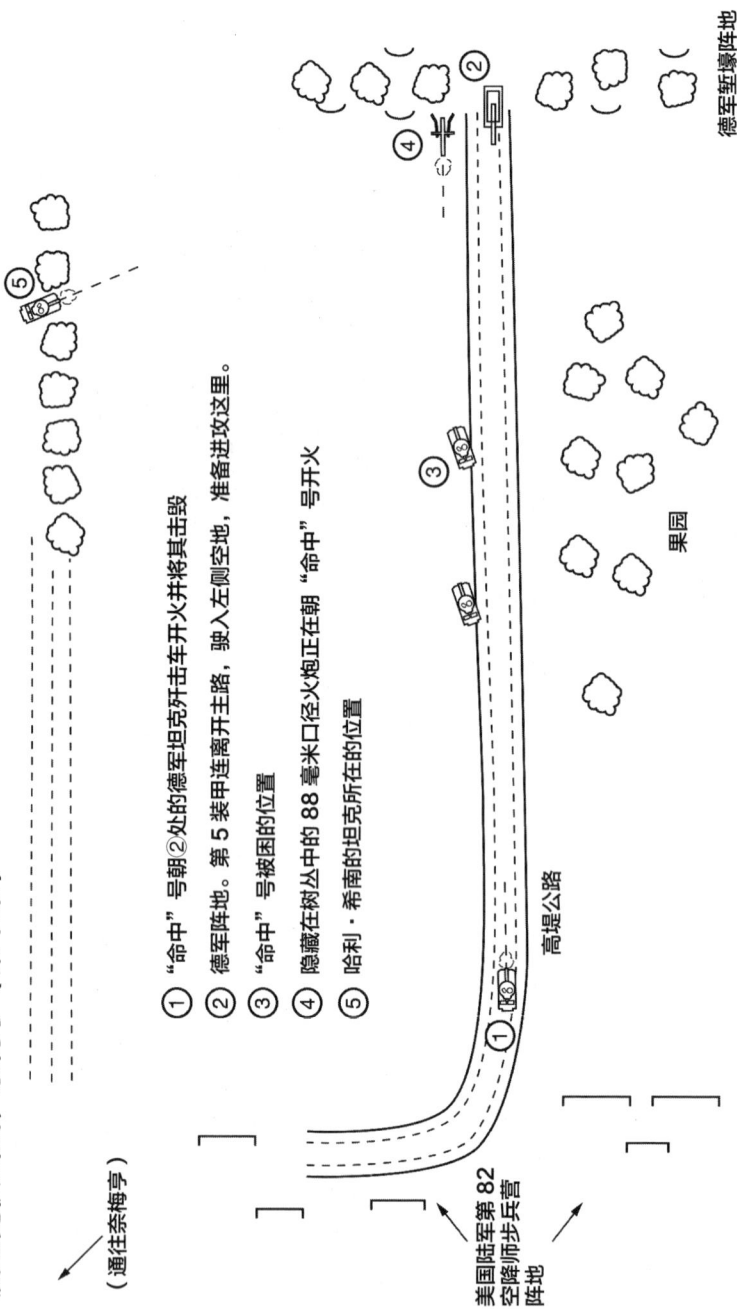

（通往奈梅亭）

① "命中"号朝②处的德军坦克纵队开火并将其击毁

② 德军阵地。第5装甲连离开主路，驶入左侧空地，准备进攻这里。

③ "命中"号被困的位置

④ 隐藏在树丛中的88毫米口径火炮正在朝"命中"号开火

⑤ 哈利·希南的坦克所在的位置

高堤公路

美国陆军第82
空降师步兵营
阵地

果园

德军堑壕阵地

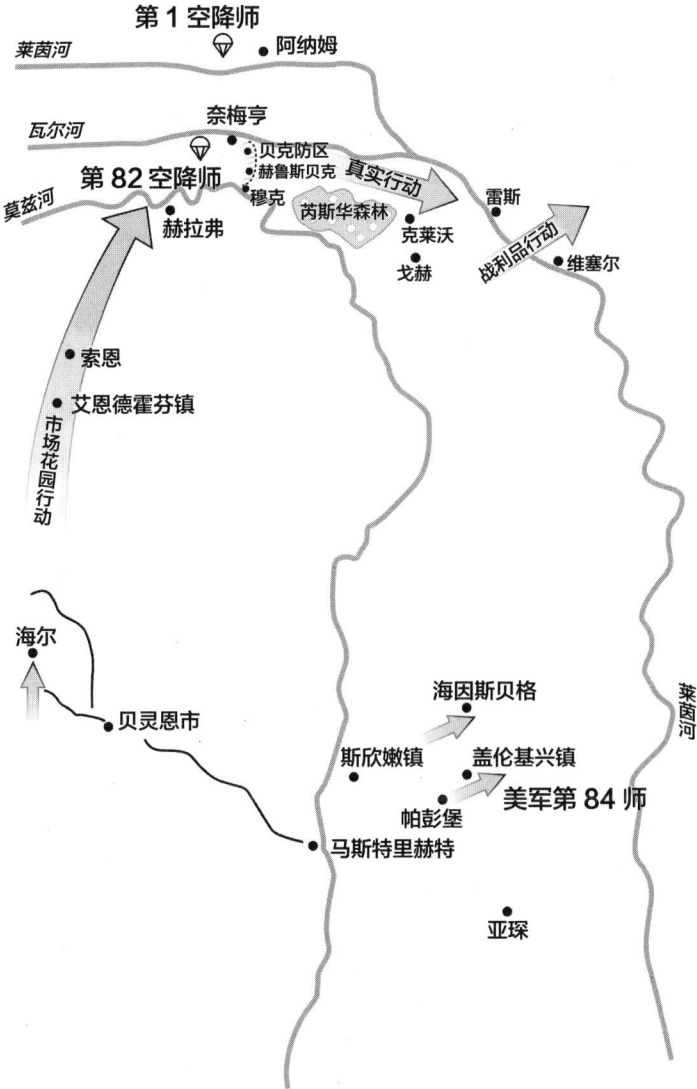

1944 年 9 月—1945 年 3 月的战斗（第十一章）

第 1 空降师

莱茵河
阿纳姆
亨厄洛

瓦尔河
奈梅亨

第 82 空降师
贝克防区
赫鲁斯贝克
真实行动
莫兹河
穆克
雷斯

赫拉弗
芮斯华森林
克莱沃
戈赫
战利品行动
维塞尔

索恩

艾恩德霍芬镇

市场花园行动

海尔

海因斯贝格

贝灵恩市

斯欣嫩镇
盖伦基兴镇

帕彭堡
美军第 84 师

马斯特里赫特

莱茵河

亚琛